会计与财务新论

周　兵　编著

西南交通大学出版社
·成 都·

图书在版编目（CIP）数据

会计与财务新论 / 周兵编著. —成都：西南交通大学出版社，2021.10

ISBN 978-7-5643-6683-4

Ⅰ. ①会… Ⅱ. ①周… Ⅲ. ①会计学－文集②财务管理－文集 Ⅳ. ①F230-53②F275-53

中国版本图书馆 CIP 数据核字（2018）第 290934 号

Kuaiji yu Caiwu Xinlun

会计与财务新论

周　兵　编著

责任编辑　王　蕾
特邀编辑　张宝珠　顾　飞
封面设计　严春艳

出版发行　西南交通大学出版社
（四川省成都市金牛区二环路北一段 111 号
西南交通大学创新大厦 21 楼）
邮政编码　610031
发行部电话　028-87600564　028-87600533
网址　http://www.xnjdcbs.com
印刷　四川煤田地质制图印刷厂

成品尺寸　170 mm × 230 mm
印张　17
字数　291 千
版次　2021 年 10 月第 1 版
印次　2021 年 10 月第 1 次
定价　58.00 元
书号　ISBN 978-7-5643-6683-4

课件咨询电话：028-81435775
图书如有印装质量问题　本社负责退换

目 录

审 计

财 务

会　计

一带一路

审　计

注册会计师审计责任问题及对策探讨

张云秀

一、引　言

注册会计师通过审计，可以对被审计单位财务报表出具不同类型审计意见的审计报告，以提高或降低财务报表信息使用者对财务报表的信赖程度，能够在一定程度上对被审计单位的财产、债权人和股东的权益及企业利害关系人的利益起到保护作用，如投资者为了减少投资风险，在进行投资之前，查阅被投资企业的财务报表和注册会计师的审计报告，了解被投资企业的经营情况和财务状况。投资者根据注册会计师的审计报告做出投资决策，可以降低其投资风险，由此对投资者的经济利益具有一定的保护作用。

还有，审计报告是对注册会计师审计任务完成情况及其结果所做的总结，它可以表明审计工作的质量并明确注册会计师的审计责任。因此，审计报告可以对审计工作质量和注册会计师的审计责任起证明作用。通过审计报告，可以证明注册会计师在审计过程中是否实施了必要的审计程序，是否以审计工作底稿为依据发表审计意见，发表的审计意见是否与被审计单位的实际情况相一致，审计工作的质量是否符合要求。通过审计报告，可以证明注册会计师审计责任的履行情况。

二、注册会计师审计责任的界定

注册会计师的审计责任主要是指注册会计师以超然独立的第三者身份对被审计单位财务报表的合法性、公允性发表意见，以提高或降低财务报表信息使用者对财务报表的信赖程度，能够在一定程度上对被审计单位的财产、债权人和股东的权益及企业利害关系人的利益起到保护作用。

审计责任是审计人员在执行审计业务、出具审计报告中所应负的责任。

审计责任具体包括法律责任和职业责任两个方面。

1. 审计职业责任

职业责任是指人们在一定职业活动中所承担的特定的职责。在审计活动中，注册会计师需要承担的职责包括：独立、客观、公正的原则（即“注册会计师执行审计或其他签证业务，应当保持形式上和实质上的独立”“注册会计师执行业务时，应当以客观事实为依据，实事求是，不为他人所左右，也不得因个人好恶影响分析、判断的客观性”“注册会计师执行业务时，应当正直、诚实，不偏不倚地对待有关利益”）；专业胜任能力要求（即不得从事不能胜任的业务，对助理人员和其他专业人员的责任，接受后续教育）；技术规范（即不得对未来事项的可实现程度做出保证，不得代行委托单位管理决策的职能）；对客户的责任（即按时按质完成业务以及保密责任）；对同行的责任（即反恶意诋毁以及反行业垄断行为）等。

审计职业责任是指审计人员在其执行的审计业务及出具的审计报告时所承担的责任。注册会计师在执行审计业务过程中，应按照职业规范履行职责和义务，并恪守职业道德准则。审计职业责任的核心内容是审计职业责任的范围和审计责任的程度。审计职业责任的范围是对审计人员在审计过程中应负什么责任的界定，审计责任体现在审计授权人或委托人的期望目标即审计目的。对审计职业责任的界定，可以从注册会计师的审计目标和审计行为规范两方面来看。

审计职责与审计目标密切相关，审计目标决定了审计职责，审计的职业责任就在于“运用恰当的审计技术和方法保质保量地实现审计目标”。

围绕审计目标，审计职责主要有以下两大方面。

第一，审计人员必须对被审计单位的财务报表是否按照《企业会计准则》和国家其他有关财务法规的规定编制，在所有重大方面是否公允地反映了财务状况、经营成果和现金流量并做出了正确的评价。

第二，审计人员必须揭露出对会计报表有重大影响的错报、漏报和舞弊行为，否则有可能被认为审计是失败的。

从注册会计师审计目标来看，审计目标是指在一定的历史环境下，审计主体通过审计实践活动所期望达到的境地或最终结果。目前，我国独立审计准则规定，财务报表审计的目标是注册会计师通过执行审计工作，对财务报表发表审计意见。

从注册会计师审计行为违法来看，审计行为规范在《中国注册会计师职业道德守则》《质量控制准则》《中国注册会计师审计准则》等里面得到体现。因为审计准则具有最强的可接受性及公众性，目前普遍认为注册会计师在执行审计工作时严格遵守了审计准则，且保持了应有的职业谨慎，就认为履行了其职责。

2. 审计法律责任

法律责任是指因违反了法定义务或契约义务，或不当行使法律权利、权力所产生的，由行为人承担的不利后果。审计法律责任是指注册会计师在执行审计工作时没有按照合同条款执业，或者自身故意而不披露错误，抑或没有尽到应有的职业谨慎，出具不实的审计报告，给被审计单位或其他利害关系人造成损失，注册会计师或会计师事务所应承担相应的法律责任。现行注册会计师的法律责任主要包括民事责任、行政责任和刑事责任三种类型，这三种责任可单处、也可并处。行政责任，对审计人员包括警告、暂停执业、吊销审计人员证书；对会计师事务所而言包括警告、没收违法所得、罚款、暂停执业、撤销等。民事责任主要是赔偿受害人损失。刑事责任是指触犯刑法所必须承担的法律后果，包括罚金、有期徒刑以及其他限制人身自由的刑罚等。

注册会计师承担审计法律责任必须符合以下构成要件。

第一，适合的行为主体，即承担审计责任的主体，必须是参与审计活动的注册会计师或有关组织和个人，凡参与审计活动的组织和个人均可构成审计责任的主体，具体包括注册会计师、会计师事务所、主任会计师及受聘参与审计活动的专家与助理人员等。注册会计师对自身的审计行为及其结果负责，承担的是审计责任；一般而言，负责审计活动的项目负责人（注册会计师）应对其审计行为和结果负责，即审计过程应符合《独立审计准则》的规定，并保持应有的职业谨慎，否则应承担相应的审计责任（包括法律责任和职业责任）。在审计报告中签名的注册会计师应对审计活动的结果负责，并对外承担全部或主要的审计责任；会计师事务所在审计报告中加盖公章，需以法人身份对注册会计师审计活动的行为及其结果负直接责任；在审计报告中加盖事务所公章是主任会计师的职权行为或者授权行为，主任会计师承担三级复核中的最后一级复核，因此应对事务所的全部审计活动承担相应的审计责任；主任会计师对其签名的审计报告结论负直接责任，受聘参与审计活动的专家及助理人员应就其相应的工作承担责任。

第二，行为主体存在过错，即行为主体存在的过错，这是对行为主体的主观心理状态的描述。“过错”在法律层面上是对行为人的主观心理状态的归纳和总结，它主要包括故意和过失两个方面：故意是指行为人对自己的行为将要造成对受害人的损害的认知是清楚的，但仍旧继续其加害行为；过失是指行为人对自己的行为对受害人的损害的认知是清楚的，但自信自己有能力避免损害发生或者因为疏忽大意而最终没能避免损害的发生。在履行审计职责的过程中，注册会计师主观上不论是违约行为、过失行为还是欺诈行为，其在主观上均存在过错。

第三，行为违法性，即行为主体的过错行为违反了相关法律法规或业务约定的规定。注册会计师履行审计职责中的过错行为主要有违约、过失和欺诈三种。其中，违约行为违反当事人之间的约定，而注册会计师主要违背的是与被审计单位所签订的审计业务约定书的条款；过失行为主要是指注册会计师违背《注册会计师法》《中国注册会计师职业道德守则》《质量控制准则》《中国注册会计师审计准则》等相关法律法规；所谓欺诈，行为人故意制造假象、隐瞒事实真相并可能使他人误解上当的行为。注册会计师在履行审计职责中，可能与被审计单位相互勾结，故意隐瞒事实真相或者制造假象，使得相关利害关系人误解而做出错误的决策造成其利益损失。上述这些行为均违反了国家的法律法规，具有行为违法性的特征。

第四，有损害事实，即对他方当事人已经造成了财产损失。在审计过程中，由于注册会计师的违约、过失或欺诈行为，造成了被审计单位、投资人、债权人等利害关系人的财产损失。

第五，因果关系，即行为主体的违法行为与损害事实之间存在引起与被引起的关系，这是确定对某一特定损害是否应由行为主体承担法律责任的关键要件。原因和结果是揭示客观世界中普遍联系着的事物具有先后相继、彼此制约的一对范畴。原因是指引起一定现象的现象，结果是指由于原因的作用随之串联而引起的现象。也就是说，受害人的财产损失是由加害人的违法行为直接导致的，损失与违法行为之间存在直接的因果关系。在审计过程中，被审计单位、投资人、债权人等利害关系人的财产损失是由注册会计师的违法行为直接导致的，即财产损失与违法行为之间存在直接的因果关系。

三、审计职业责任和法律责任的关系

审计职业责任是审计职业所固有的。依据功能主义的观点，职业必须具备四个特点：专业知识的综合体、为公众利益服务的定位、允许进入的标准及对公众信任的需求。公众的需求催生某项职业（职业的权利），该职业必须利用专门知识服务于公众利益（职业职责），职业对公众利益的保护决定公众对职业的信任程度，这又将加强或降低职业存在的必要性。因此，任何职业都将服务于社会公众利益视为最根本的职业责任，注册会计师职业也不例外。

1. 审计职业责任要求“应履行”，而审计法律责任则强调“要承担”

审计的职业责任是注册会计师在承办审计业务时应履行的义务和职责，而审计的法律责任是指注册会计师出现工作失误或欺诈时，在法律上应承担的责任。前者是无论是否发生负面后果，都需要在审计工作的履行过程中贯穿的行为规范与职责，表现为负面后果发生前和发生后的责任；而后者则是负面后果被暴露后司法机关需要根据事情发生的动机、行为、后果追究的责任，仅表现为负面后果发生后的责任。因此，注册会计师必须把职业责任时刻铭记在心，规范自身的言行举止，以防被追究法律责任。

2. 职业责任推动着法律责任范围的扩大

任何一种职业，其社会地位与其承担的责任之间有着直接的联系。近些年来，注册会计师的社会地位不断提高，反过来必然要求注册会计师在其执业过程中承担更多的职业责任，否则其社会地位的提高与执业水平将不被得到认可。而在审计责任中，职业责任是本源的，法律责任是随后发展的，职业责任的发展和规范必将推动法律责任的扩围。近几年针对注册会计师的诉讼大量增加，其中一个很重要的原因就是法律判例中对注册会计师的赔偿范围扩大。

3. 违反职业责任是承担法律责任的前提

审计的职业责任与法律责任之间存在着一种因果关系，即因为审计从业人员在执业过程中没有具备专业胜任能力或者没有秉持“独立、客观、公正”原则而给他人造成严重经济损失，所以会受到法律的制裁。没有履行职业责任是因，承担法律责任是果。然而需要注意的是，这里所说的因果关系并不是一种绝对的因果关系，有的时候虽然审计人员违背了职业责任，但是由此带来的经济利益可以忽略不计，也并不必然带来法律责任的承担。

4. 法律责任的风险不以违反职业责任的事实而存在

虽然审计的职业责任与法律责任有着因果关系，但是他们各自发生的风险并不以对方的存在而存在，有的时候，审计人员面临着的法律诉讼并不必然因为他们自身违反了职业责任，还有可能是被审计单位方面的责任或者是审计报告使用者错误理解注册会计师的责任而对其控告。这就要求注册会计师应当审慎选择被审计单位，与正直的客户打交道以降低和减少审计风险。

5. 职业责任的范围大于法律责任

审计的职业责任包含了审计工作的方方面面，是一个广义的、多层次的概念，是审计的职业道德、职业资格技术规范、职业行为准则的总和，而审计的法律责任是注册会计师出现工作失误或欺诈时，在法律上应承担的责任。从概念上说，审计的职业责任大于审计的法律责任，职业责任的违反并不一定导致法律责任的承担，而法律责任的承担一定有违背职业责任的行为存在。注册会计师只有首先违反了职责，并给相关利益人造成了经济损失，才有承担法律责任的可能。

6. 法律责任的威慑力保证职业责任的履行

法律责任的追究是由国家强制力实施或者潜在保证的，具有强大的威慑力，能够对审计人员遵守职业责任起到一个很好的约束作用，没有法律责任保障的职业责任无异于纸上谈兵，难以在实践中得到落实；相反，没有职业责任的法律责任是无根之木而难以为继。

总之，审计的职业责任和法律责任相互联系、相辅相成、缺一不可，共同促进审计工作的健康发展。首先，各种规章制度和合同提供了法律依据，审计工作者必须铭记职业规范和职业责任；其次，审计法律责任由国家强制力直接保障，而审计的职业责任通过法律责任的威慑间接也有国家强制力的保障，国家强制力、职业前程与职业道德良心共同促使审计工作者履行自身的责任，在职业领域里为社会做出贡献。最后，注册会计师社会地位的发展对其审计的职业责任和法律责任提出了更高的要求，进一步规范了其行为。

四、实践中注册会计师审计责任存在的问题

1. 审计职业责任方面存在的问题

第一，审计期望差。审计期望差距是指社会公众对注册会计师审计应起作用的理解与注册会计师行为结果及注册会计师业界自身对审计业绩看法之间的差异。审计期望差的形成原因众说纷纭，其原因是多方面的。首先，公众对审计的认识存在误区。公众时常会以自身的期望来评判审计工作，对审计的保证程度预计过高，对审计的服务期望范围太广，即使审计服务符合质量，达到了审计准则的要求，公众也不会很满意；其次，由于信息不对称的

前提存在，委托人和代理人的利益又不一致，客观上期望独立的第三方审计承担信息风险的减少者和保险者的角色，以协调他们的利益冲突，这就是审计需求产生的经济学动因之一，因此契约双方信息的不对称是形成审计期望差的理论原因；最后，审计工作的固有限制，即审计风险是客观存在的，审计人员能够提供的是对财务报告的合理保证而非全面保证，即使注册会计师出具无保留意见，也不能保证编制报表的企业在报告期必定没有舞弊与非法事件发生。

第二，审计责任的解除。由于审计期望差的存在，注册会计师审计责任的解除除了依靠审计职业内部的努力，还要依靠公众这个重要的社会因素。一方面通过明确注册会计师的职责，剔除不合理的期望；另一方面通过把合理的期望用审计准则、业务约定书的形式确定下来，使合理的期望合法化，最终实现缩小期望差的目的。因此，注册会计师审计责任的解除也应该从两个方面进行：一方面需要公众理解注册会计师，明确注册会计师应该承担的职责，剔除那些不合理的期望，并进一步将合理的期望专业化、合法化，缩小期望标准与专业标准的差距；另一方面，注册会计师应该严格要求自己，努力提高审计的质量。

2. 审计法律责任方面存在的问题

第一，从立法层面来看，我国相关法律、法规对注册会计师审计法律责任规定方面尚有缺陷，注册会计师审计法律责任立法有漏洞。首先，在注册会计师应当对谁承担法律责任问题上划分不明确。各类法律法规条例中，除了“委托人”之外，“其他利害关系人”“他人”等说法过于广泛，对范围和标准不做具体规定，很容易导致对注册会计师的滥诉。其次，法律中对注册会计师和会计师事务所之间的责任划分模糊不清，目前对于区分注册会计师和会计师事务所之间的责任承担问题，我国相关法律并没有明确规定流程；另外，对虚假报告的认定也缺乏法定标准。

第二，注册会计师审计法律责任立法之间尺度不一。以“提供虚假证明”为例，《注册会计师法》只是处以 “警告”，若情节严重则暂停或吊销其执业资格证书，而《股票发行与交易管理暂行条例》是“警告或并处三万以上三十万以下的罚款”，显然《公司法》的处罚更重。那么在执法过程中到底适用哪部法规呢？对于注册会计师民事责任、刑事责任和行政责任，由于《公司法》《证券法》等法律存在矛盾和冲突，导致在司法实践中对同一问题有不同裁决。

第三，重行政、刑事责任，轻民事责任。从我国目前与注册会计师法律责任相关的法律法规中，行政责任的体系构建较为完善，民事责任的体系构建则尚不完善，而在审计司法实践中这种趋势更为严重，对审计违法行为往往以“行政处罚”代替“民事赔偿”。在实际的法律纠纷案件中，由于注册会计师利用相对而言比较宽松的标准来减少或者规避民事和刑事责任的承担，这就致使一些法律纠纷在处理解决上显得不公正公平。正基于此，才使得我国的行政处罚远远多于民事和刑事处罚。在审计领域，特别是证券审计业务中，很少有受害人从注册会计师那里得到任何他们本应得到的赔偿。这种重“行政处罚”轻“民事赔偿”的现实既不利于公众利益的保护，也不利于审计行业的发展。

五、针对注册会计师审计责任问题的建议

1. 针对审计责任的解除提出建议：协调和缩小审计期望差

第一，加强公众与注册会计师的沟通和对审计责任的宣传。公众作为一个整体，把自己对注册会计师审计业务寄托的希望与审计职业界沟通，使注册会计师行业尽可能了解公众的期望。加强两者沟通，大力宣传注册会计师的审计责任、审计程序和审计方法；加强职业教育，包括对公众的职业教育，让公众对注册会计师的作用和责任有一个正确的认识。审计职业界应理性并积极地对待审计期望差距，在可能的范围内积极承担起责任，为社会提供有价值的服务，以回应公众的期望。

第二，由于准则的制定具有一定的滞后性，公众个体在作为委托人时，可以将自己的期望而准则却没有规定的部分体现在双方签订的业务约定书中，双方可以通过互相沟通达到一个都比较满意的期望。

第三，建立注册会计师审计报告评价制度。建议由财政部门负责抽调相关人员组成审计报告评价小组，对注册会计师出具的审计报告进行核查，对于公允地披露了会计信息的审计报告给予肯定和表扬，提高其知名度；对于出具虚假会计信息的审计报告，由财政部门在职权范围内根据现行法律、行政法规和规章的规定对有关责任人进行处理和处罚或通报批评，对情节严重的，除了追究罚款、赔偿等经济责任外，还应取消其执业资格直至追究刑事责任。对于上述信息应及时披露给社会公众。

2. 加强注册会计师和会计师事务所的自律

第一，树立良好的职业道德，提高自身素养。注册会计师在执行审计工作的过程中要严格遵守职业道德的基本原则，不断参加继续教育、更新知识，提高自身的专业水平，以适应多变的市场环境，不应接受自身不能胜任以及在规定要求的时间范围内不可能完成的业务。注册会计师协会应定期考核、评估，以督促各事务所和注册会计师加强对自身职业道德的培养和提高。

第二，注册会计师应加强责任心，保持审计独立性。不论是事务所还是注册会计师，都应该严格遵守《独立审计准则》，在执行审计工作中要保持形式上和实质上的独立，不依附任何机构与组织，避免与委托单位之间存在利益关系，回避有利益关系的委托单位；应实事求是地表述对有关事项的调查、判断和意见；应公平与公正对待包括被审计单位之内的各方当事者；不应利用自己的身份与地位和执业中所掌握委托单位的资料和情况为自己或所在的会计师事务所谋取私利。

第三，建立完善的质量控制体系。加强员工责任制度建设，实行注册会计师的质量自查和互查，通过执行人员的自我控制将风险降低。强调树立全员风险意识，建立完善的风险评估、预警、监测和防范机制。同时，设立质量控制委员会，统一质量标准，对业务提供技术支持与咨询，并经常进行质量检查，对质量检查的结果进行通报，并形成质量考核评价与奖惩制度，从而使会计师事务所的业务质量控制贯穿审计全过程，对过程实施全面质量控制。

3. 针对相关法律法规的修改建议

第一，填补注册会计师审计法律责任规定的漏洞。首先，对第三方关系人进行详细分类，明确其权利义务关系。将债权人、潜在的投资人分为一个主体，银行、财务、审计咨询服务机构分为另一个主体，即“其他利益关系人”；其次，要明确区分注册会计师与会计师事务所之间的责任，在法律中明确规定被审计单位经营失败的责任不是注册会计师的责任，而是应当在责任的承担上进行区别化，即进行责任比例的限制；最后，对虚假报告进行明确的界定并制定统一的认定标准。

第二，统一注册会计师审计法律责任的规定。我国立法机关应加强对《证券法》《注册会计师法》与《公司法》《刑法》《股票发行与交易管理暂行条例》等相关法律法规中对审计法律责任的规定进行整合与修订，在统一原则的指导下尽量保证规定实质的一致性。中国注册会计师协会应积极参与相关法律中有关注册会计师法律责任条款的拟定，本着既要保证审计质量和职业信誉又要保护注册会计师合法权益的原则，随时向立法机构提出合理建议。可以建立起一套专门针对注册会计师行业的法律法规，成立专门的民事责任赔偿纠纷的受理机构、专家鉴定机构和裁决委员会，优化工作程序。

第三，增强注册会计师审计法律责任的追究机制。政府部门应当建立严格的质量管控及定期、不定期的常态化监督制度，对审计工作的监督应当注重全程化，加强审计工作的程序监督，提升审计工作的质量。在此基础上，可以引入严格的分级复核制度和竞争机制，改善追求审计的进度和规模而牺牲质量这类问题的情况。可以在司法机关中建立适度的竞争机制，促进相关案件的审理，建立一种良性机制从而促进司法机关积极作为，降低注册会计师出具虚假审计报告案件的数量。

参考文献

[1] 夏绍新. 我国注册会计师审计责任界定问题研究[D]. 湖南大学，2006.

[2] 李伟强. 注册会计师的审计责任研究[D]. 吉林大学，2015.

[3] 颜军，孙益文，牟蔚. 注册会计师审计责任研究[J]. 审计研究，2004(6): 68-70.

[4] 李德文. 浅议审计责任[J]. 湖北审计，2004（4）: 28-29.

[5] 刘建军. 注册会计师对舞弊现象承担审计责任的思考[J].审计理论与实践，2003（5）: 62-63.

[6] 武俊. 关于审计中期望差距问题的探讨[D]. 博士生论坛，45-47.

[7] 谢福泉. 审计期望差距构成要素剖析[J]. 中州审计，2006（6）: 37.

[8] 邬娟. 论注册会计师审计责的解除[J]. 审计监督，2006（1）: 32-33.

[9] 张敏. 注册会计师审计法律责任研究[D]. 华中师范大学，2015.

[10] 黎仁华. 关于注册会计师审计责任判断标准的思考 [J]. 中国注册会计师，2005（11）: 56-58.

我国创业板市场IPO审计风险分析及防范

徐 茜

一、我国创业板市场的发展历程

创业板市场（Growth Enterprises Market）与主板市场并不相同，它是专门给不能在A股主板市场上市但又迫切需要进行融资和发展的创新、创业型以及中小型等企业而设立的。我国创业板市场2009年才正式挂牌成立，起步时间相较于其他国家来说较晚。但十多年来创业板发展势头迅猛异常，上市公司数量与日俱增，市场规模稳步扩大。截至2017年10月27日创业板市场共有690家上市公司，总市值55 000亿元，占A股市场上市公司总数量的1/5，占其总市值的9.5%，创业板已然成为我国资本市场中必不可少的一部分。

创业板市场规模变动表

年度	2009	2010	2011	2012	2013	2014	2015	2016	2017
上市公司数量	36	153	281	355	355	406	492	570	690
总市值（亿元）	1 610.1	7 229.6	7 433.8	8 731.2	15 092	21 851	55 916.3	52 254	55 499
流通市值（亿元）	299	1 967.8	2 504.1	3 335.3	8 218.8	13 073	32 078.7	30 537	32 785
总股本（亿股）	34.6	175.1	399.5	600.9	761.6	1 077	1 840.5	2 631	3 221
流通股本（亿元）	6.5	50.4	142.2	242.1	430.1	688	1 168.9	1 700	2 148

二、我国创业板公司IPO审计风险的表现形式

截至2017年，证监会已经审核了498家公司的首发申请，其中383家公

司的申请获得通过，86 家公司的申请被否。被否的 86 家企业中，创业板数量高达 43 家，占比超过 50%。下面具体分析我国创业板公司 IPO 审计风险的主要表现形式

1. 内部控制风险

当前申请 IPO 时遭否的企业中大多数出现内控制度流于形式等问题，所以内控体系不完善逐渐成为 IPO 审计风险点之一。如 2017 年被否的 43 家公司中有深圳华龙讯达信息技术股份有限公司、深圳西龙同辉技术股份有限公司、长春普华制药股份有限公司、柳州欧维姆机械股份有限公司等。对于高新技术产业中运行好、发展前景优、成长性强的中小企业来说创业板的低门槛为它们提供了一条融资捷径。但这类公司一般成立时间短，且民营、家族企业居多，内部治理结构混乱、内部控制基础薄弱等问题非常突出。对于注册会计师来说，如果拟 IPO 公司内部控制制度方面存在着非常大的缺陷，而注册会计师并没有及时发现并进行披露改正，那之后的各种审计程序等于是无用之功，审计风险骤增。

2. 会计政策及估计风险

在 IPO 过程中公司通常会利用变更会计政策等方法来粉饰报表。为了达到这个目的，企业会采取非常多的手段和花样，因而会计政策及估计成为 IPO 项目审计的审计风险点。例如，北京福星公司在 2007 年 9 月收购一家富根智能的公司，经过全面清查后确定企业合并后形成 1 504.07 万元的商誉，同时在当年底经过资产减值测试后，公司最终计提了 336.37 万元的资产减值准备，但在 2008 年又以商誉实际发生的资产减值损失小于其已经计提的资产减值损失为由不再对商誉进行减值准备调整，因此发审委以缺乏合理依据驳回其上市申请。由此可见，被审计单位的会计估计变更的合理性和会计政策的一致性都会对会计师事务所出具的审计报告产生深远的影响。

3. 利润操纵风险

虽然目前我国已经没有了对于企业 IPO 必须要盈利三年的硬性指标，但是 IPO 发行价格是由市场最终决定，而发行价格主要受公司财务指标的影响。例如，2012 年 7 月 16 日，被业界公认为“创业板造假上市第一股”的新大地公司本来已经成功上市，却因媒体揭穿其 2009—2011 年连续三年虚增利润 2 042.36 万元、305.82 万元、280 万元，占利润总额的比例较高，该公司被列入终止审查的 IPO 企业申报名单之中。

4. 关联方交易风险

企业可能将会利用关联方交易，营造业绩增长状态，或者使关联方的利润充当自身的利润，隐藏经营不善、业绩下降的状况，目的是达到上市要求。如果被审单位及其关联方存在复杂关系或者交易等行为而注册会计师未能识别、理清，这将会导致审计风险的产生。例如，株洲飞鹿公司与其关联方南车长江株洲分公司在涂料涂装一体化业务中发生的交易金额分别为 5 200 多万元、3 600 多万元、3 060 多万元，占营业总收入的比例分别为 1/5、2/15、2/15。但令人怀疑的是，该公司向关联方公司出售产品的毛利率却明显高于非关联方。审计机构在进行 IPO 项目审计时，若未及时发现关联方交易，会使审计风险大幅增加，最终影响审计结果。

5. 持续经营风险

我国近几年申请创业板上市的企业大多数产品单一、技术时效性短、销售渠道狭窄，导致市场竞争地位下降，风险承受能力低。例如，深圳 IT 公司海联讯从事网络构建、企业信息平台构建、专业应用系统开发、技术服务与支持四大类生产经营活动，该公司在招股申报表上面的数据显示了由核心技术带来的专业应用系统、企业级一体化信息平台带来的业务收入在近年来占总收入的比重都达到 1/2 以上。审计报告中却显示该公司核心技术实现的软件开发收入还不足整体主营业务收入的 1/10，所以证监会发审委认为其核心技术实现的销售收入占比不高，核心竞争力较弱，可能会对海联讯的持续盈利能力和募投项目未来的持续盈利能力产生重大不利影响。所以，注册会计师在 IPO 审计时应当对被审计单位是否拥有持续经营能力以及其公司财务报表的真实合理性加以密切关注。

三、防范创业板公司 IPO 审计风险的建议

1. 要充分了解被审计单位内外部环境

注册会计师进行 IPO 审计时，为了能更好地识别和评估企业的重大错报风险，首先应从被审计单位着手，对企业方方面面都要有全面的了解。注册会计师对前期尽职调查方面需要投入更多的精力，必须准确判断该项业务的承接存不存在风险或风险极低。审计人员要从两个方面入手：一是内部因素，审计人员可以通过查询、观察或者是询问等方式来进行；二是外部因素，注册会计师应对公司所处的市场竞争环境有深入了解，比如行业市场前景、公

司核心技术的市场竞争力等；同时充分了解创业板 IPO 的法律环境，以便正确判断公司下一步的经济活动，最终判断公司是否符合上市条件。

2. 强化 IPO 审计业务质量控制体系

注册会计师强化风险意识、降低审计风险的必要条件是强化会计师事务所质量控制体系。首先，会计师事务所在承接业务时要谨慎选择，避免出现重利益轻质量的现象，派出有经验的注册会计师组成专家小组进行前期尽职调查，评价业务承接的风险；其次，在审计业务工作过程中要建立合理的业绩评价、工资奖励程序；再次，严格按照三级复核制度的操作流程并强调实质重于形式，形成相关文件记录。审计人员应严格按照会计审计准则进行执业，另外还要组织同业复查以及定期检查等。

3. 识别和加强重点风险点的审计

为了防范 IPO 审计风险，注册会计师要加强对重点风险点的审计。首先，我国创业板上市公司在内部控制制度的建设上多多少少都会存在着一定的问题，因此注册会计师可以先对其内控体系进行审计，这样在提高效率的同时可合理控制并减少审计风险；其次，创业板公司大多是新兴产业，技术风险大，盈利能力不确定性强，因此 IPO 审计时需要对企业的各项财务指标的合理性予以关注，加强对可持续经营能力方面的审计；最后，注册会计师应依据创业板公司的自身特点，分析其重点风险点，并制定具体的审计程序进行审计。

4. 改革 IPO 审计的委托代理关系

我国拟 IPO 的企业一般都是自己直接接洽会计师事务所并洽谈审计业务约定，IPO 企业与会计师事务所之间是直接委托代理关系。依据目前的市场环境，会计师事务所容易出现恶性竞争。从最近几年多起 IPO 审计失败案例看，会计师事务所通过降低审计费用的方式来拉拢客户，引起被审计单位与会计师事务所串通合谋，导致审计失败。建议可以由证监会、证券交易所或注册会计师协会等第三方对会计师事务所发出委托，改变现在的直接委托代理关系。IPO 公司可事前先将审计费用交与第三方，最后由第三方依据注册会计师审计工作质量的好坏来进行费用结算。这样的改革可起到互相监督的作用，从制度上保证会计师事务所和注册会计师的独立性，降低审计风险。

5. 加大对 IPO 造假的打击力度

目前，我国对企业的欺诈处罚和企业成功上市后募集到的资金相比，后者的诱惑力更大。提高欺诈发行的违法成本长期被市场所呼吁，原因在于违法成本与所得收益不成比例。因此，想要遏制违法行为，只有提高违法成本，建议修订《证券法》中违法行为处罚力度的条款。监管部门应根据相关责任人违法情节的轻重依法追究刑事责任。为了从源头上遏制 IPO 舞弊行为，我国监管部门应该提高违法成本，从思想上震慑舞弊造假行为，让他们从不能造假到不敢造假再到不想造假。只有“零容忍”欺诈上市的情况，才能确保我国资本市场健康有序的发展。

参考文献

[1] 丁婷. 创业板 IPO 审计风险及规避[J]. 内江师范学院学报，2018（2）：80-84.

[2] 陈贺鸿. IPO 审计风险及应对措施研究[J]. 中国国际财经（中英文），2017（13）：143-145.

[3] 范瑾. 论会计师事务所 IPO 审计的风险控制[J]. 经贸实践，2017（22）：267.

[4] 杨洁. 高新技术产业 IPO 审计风险应对——以海联讯为例[J]. 财会通讯，2017（31）：80-83.

[5] 成颖，杨朝丹. 创业板 IPO 审计风险研究——基于“当升科技”的案例分析[J]. 财会通讯，2013（12）：78-80.

加强审计创新 助推供给侧结构性改革的思考

喻建红

近年来，由于人口增加、资源短缺和环境污染等问题，我国经济增长方式逐步由粗放型向集约型转变。2015 年以来，中央财经领导小组会议、中央经济工作会议多次强调，坚持以推进供给侧结构性改革为主线，做好稳增长、促改革等各项工作，促进经济平稳健康发展和社会和谐稳定。宏观经济政策需要由需求管理转向供给管理，政策目标由总量目标转向质量效益目标。当前，供给侧结构性改革成为新常态下经济难题的应对之策。供给侧要素主要有劳动力、土地和自然资源、资本、制度和科技创新五个方面。世界各国的经验表明，在进入中等收入阶段之后，制度创新、科技和管理创新对于经济组织的贡献会更大。供给侧改革的核心内涵是有效制度供给问题，即通过特定的程序和渠道进行正式规则创新和设立的过程。面对当前促进供给侧结构性改革的紧迫性，审计工作必须创新思路，用新的审计方式方法提升审计质量，最大程度地发挥审计监督的职能作用，为供给侧改革服务。

1. 加强审计理念创新，增强审计创新意识

从总体上看，我国经济发展长期向好的基本面没有变，经济结构调整优化向前的态势没有变。但我们必须要看到国家经济面临的结构性矛盾依然突出，主要矛盾就是供给与需求不匹配、不协调、不平衡，且矛盾的主要方面在供给侧，矛盾的根源在体制机制障碍，存在严重的“供给约束”与“供给抑制”，因此必须推进供给侧结构性改革，扩大有效供给。作为审计工作者必须充分认识推进供给侧结构性改革的必要性和重大意义，用科学的审计理念提升审计创新意识。首先，要把审计监督与审计服务结合起来，即在行使审计监督权力的同时体现出服务的本质特色，以服务供给反映审计的创新作为；其次，审计必须拓宽工作思路，在做好稳增长促改革政策落实情况跟踪审计的基础上，面向宏观，立足于微观分析，为宏观决策服务，在更高层次和更广阔领域发挥审计的作用；再次，审计工作必

须建立以审计理论创新为导向的审计创新体系，推动审计工作思路创新、工作方法创新、审计内部管理机制创新、审计技术方法创新和实践活动创新，按照新形势的要求全面推进审计创新工作；最后，树立整体意识，整合和开发现有审计资源，发挥各种积极因素，形成新的审计优势，以群体创新优势助力供给侧结构性改革。

2. 加强审计人才队伍建设创新，弥补审计力量短板

供给侧改革审计涉及面广、行业多、任务重、要求高，对审计人员来说不仅是审计任务的增加，更是对其审计技能的挑战。为此，审计必须引进计算机审计、复合型审计等方面人才，充实审计队伍，补齐审计人才短板；积极强化实践创新研究，及时总结经验教训，通过建立审计实务“导师制”，加强审计人员业务学习、培训，通过开展审计质量和审计价值“提升年”活动等措施，进一步强化质量管理和价值提升举措，完善审计整改督查机制，认真研究对策措施，扎扎实实“补短板”，做到“知不足” “找差距” “明方向”，促进审计价值和审计成果的全面提升，进一步提高审计人员的审计能力和业务水平。

3. 发挥审计专业优势，加强审计实践中创新，科学甄别供给侧结构改革中政策执行偏差

供给侧改革绝非简单地将管理重心由需求管理转向供给管理，而是从政府主导和管理经济彻底转向市场主导和调节经济，旨在通过对于行政管制的放松激发市场活力，充分发挥市场作用，服务创业创新，从而使供需双方由不相匹配走向重新适应；而对于企业税负的大幅降低则必将逐步改善企业生存环境、政策环境与发展环境，促进劳动力、土地、资本和创新等几大供给侧要素的重新优化配置。因此，在审计实践中，必须以中央精神和实际效果为依据，对被审计单位的创新性做法予以鼓励。中央已对供给侧结构性改革做出顶层设计，国家审计署审计长也强调对实践中的创新探索报以支持、鼓励的态度，但具体任务的推进和落实、政策手段的选择更需要通过基层进行探索，因此要加强审计实践中的创新。供给侧结构性改革实践中的政策创新有时会与若干部门的规章制度不符，要区别“敢作为”与“乱作为”，要依靠审计人员发挥专业优势加以分析判断。为此审计人员应着力提升业务素质和分析能力，要以习近平总书记系列重要讲话精神为指引，对与之相符的基层创新敢于识别、勇于推而广之，对与之不符的要指出其缺陷，提出建设性的改进意见和建议。

4. 加强审计方法和手段创新，准确判断供给侧结构性改革效果

2016 年，国务院在政府工作报告中指出："充分释放全社会创业创新潜能。"去产能、去库存、去杠杆、降成本、补短板，是供给侧结构性改革的主要任务。国家要补的短板就是企业需要开拓的市场；企业必须不断开发出具有自主知识产权的高品质产品，这就需要创新。而政府要拿出更多举措，支持和鼓励企业实施模式创新、制度创新、技术创新、产品创新。同样，审计创新是全社会各行各业创新的组成部分，在审计实践中有许多方式方法的"短板"要补，供给侧结构性改革是国家根据发展实际情况适时推出的新举措，无现成审计模式可以借鉴，因此审计人员可以利用供给侧结构性改革政策执行情况的审计契机，积极探索大数据审计等各种审计方式方法的运用，把推进大数据审计作为审计业务与信息技术深度融合的突破口，创新采集数据途径，建设大数据审计系统，补审计方法的短板。

5. 要加强对机制体制的创新性审计分析，为供给侧结构性改革各项政策落实建言献策

当前，我国若干行业的供给结构存在较为突出的问题，背后有深层次的机制体制原因，如"僵尸企业"占用了大量的社会资源却不创造价值，但是"僵尸企业"为什么能长期僵而不死？部门和地方政府支持"僵尸企业"的内在机制是什么？还有许多发生过的事情都与国家决策层的初衷"事与愿违"。这些"事与愿违"的沉痛教训其根本原因究竟在哪里呢？开展审计工作面对这些问题必须认真加以分析，搞清楚这些问题既能以点带面提出促进供给侧结构性改革的审计建议，又能为在机制体制层面落实"全面深化改革"各项要求奠定基础。说到供给侧结构性改革，不能不客观地分析政治与经济的关系，因为政治与经济的关系是不可偏颇的形影相随的关系，是不能够侧重和突出哪一方的。我们要想达到什么样的经济目标，必须要有相应的政治环境、制度、机制和法制作为保障，否则就要出大问题。我们制定政策的人或单位一定要把方方面面的问题考虑周全，把政策的配套工作做得细之又细，绝不能"粗制滥造，大而化之"。因此，只有在审计实践中，创新运用审计分析的方法，客观评价体制机制方面产生缺陷的原因，才能为政策深化、修正、落实、再修正、再落实建言献策打下强有力的基础。

6. 要利用综合性信息优势，创新加强研究性审计，准确判断供给侧结构性改革效果

研究性审计就是发挥审计工作掌握综合信息的优势，发现审计项目背后

的深层次问题。在审计实践中，除定性分析外，还可以大数据审计为基础，引入学术界常用的政策评估方法，对于各项供给侧结构性改革的实际效果给出定量分析，对政策实施效果的传导机制做出准确的识别。当前和今后一段时期，供给侧结构性改革的目标是提高供给效率，改善供给结构对需求变化的适应性和灵活性，但是其各项具体政策任务与最终目标之间的联系是非直接的。因此，注重研究性审计，对于供给侧结构性改革，引入新的审计技术手段，既要关注其政策执行和落实情况，更要关注各项政策并不直接体现出来的效果。例如，去产能单个项目的执行情况可以很清楚体现出来，但是其对改善行业结构、提升企业竞争力贡献程度有多大？都不是单个审计项目能够给出答案的。因此，加强对审计成果的综合利用和分析，进行研究性审计，发挥全国审计一体化的优势，才能对供给侧结构性改革各项政策任务落实的实际绩效给出准确的审计评估。

参考文献

[1] 吕剑，李泽广. 经济新常态下的供给侧改革战略创新[J]. 华北金融，2016（1）.

[2] 范社民. 浅议审计监督如何在供给侧结构性改革中发挥重要作用[J]. 理财（经论版），2016（4）.

[3] 刘决琦，曹必武. 在供给侧改革背景下实现新作为[J]. 中国农村金融，2016（1）.

供给侧结构性改革背景下建筑企业税务审计探析

温 蓓

2015 年 11 月，习近平总书记提出了供给侧结构性改革的概念，即在适度扩大总需求的同时，着力加强供给侧结构性改革，着力提高供给体系质量和效率，增强经济持续增长动力。2016 年 1 月，习近平总书记在主持召开的中央财经领导小组第十二次会议上强调：供给侧结构性改革的根本目的是提高社会生产力水平，落实好以人民为中心的发展思想。要在适度扩大总需求的同时，去产能、去库存、去杠杆、降成本、补短板，从生产领域加强优质供给，减少无效供给，扩大有效供给，提高供给结构适应性和灵活性，提高全要素生产率，使供给体系更好适应需求结构变化。

建筑业是国民经济的支柱产业，是改革开放后市场化发展较早的行业之一。长期以来我国建筑业企业生产和经营规模不断扩大，建筑企业数量及从业人员数量持续增加，签订合同总额保持增长态势。近几年，随着我国进入 GDP 和固定资产投资增速下行的新常态，建筑企业也出现投资减少、项目数量下滑等问题，也出现建筑业企业营业总额增速放缓、产值增速放缓、新增合同额增速大幅降低、房屋施工面积增速下降、建材价格持续走低、行业利润率下滑等现象，产能过剩日渐明显。因此，建筑业都存在着调整供给结构的显著需求。在推进供给侧改革、化解过剩产能上升至国家战略的关头，建筑企业应抓住机遇，及时跟进产业结构调整和生产方式革新，推进建筑行业市场化改革，通过转型升级实现从要素投入型向创新驱动型跃迁成为当务之急。供给侧结构性改革旨在调整经济结构，使要素实现最优配置，提升经济增长的质量和数量。分析供给侧的主要要素，包括劳动力、土地、资本和制度创造、创新等要素，而针对企业纳税情况是否完整准确的税务审计在建筑企业中显得尤为重要。

针对建筑企业异地施工的税务审计应从建筑企业经营所在地税务审计和项目所在地税务审计两方面进行。

针对建筑企业经营所在地税务审计，首先要根据按照国家税务总局颁发的关于建筑安装企业所得税纳税地点问题的通知规定，建筑施工企业一旦离开工商登记注册地或经营管理所在地到本县或区以外地区施工的，均要建筑企业提供异地施工的中标通知书、与建设方签订的施工合同、已取得的施工许可证或者是开工的报告，以及施工队伍的情况及申请外出经营活动税收管理证明，未出具外出经营活动税收管理证明的，经营所在地税务机关将不做合并计征所得税处理，而作为独立纳税人在项目所在地税务机关就地缴纳企业所得税。经营所在地税务审计还包括检查建筑企业是否按照国家财务、税收的有关规定设置账簿，正确计算应纳税所得额，按规定税率缴纳所得税。如未按规定设置账簿或虽设置账簿，但账目混乱、资料残缺不全，不能正确计算应纳税所得额的建筑安装企业，税务机关可依照有关规定，核定其应纳税所得额。从2010年起，建筑企业总机构直接管理的跨地区设立的项目部（包括与项目部性质相同的工程指挥部、合同段等），应按项目实际经营收入的0.2%按月或按季由总机构向项目所在地预分企业所得税，并由项目部向所在地主管税务机关预缴。

作为项目所在地税务机关，应关注本地区工程项目，对于异地建筑企业要求在第一时间主动向项目所在地主管税务机关递交建筑企业《税务登记证》的副本和外出经营活动税收管理证，项目所在地的主管税务机关要在以后的施工过程中随时检查建筑企业根据完工进度或完成的工作量据以计算应缴纳所得税的完税证明，项目所在地的税务机关核实无误方能予以登记，不再另核发税务登记证。建筑企业持有所在地税务机关核发的《税务登记证》（副本）方可在项目所在地进行经营活动。

税务审计项目所在地税务部门应关注从2015年9月1日起建筑企业异地项目人员个人所得税，总承包企业、分承包企业派驻跨省异地工程项目的管理人员、技术人员和其他工作人员在异地工作期间的工资及薪金所得个人所得税，由总承包企业、分承包企业依法代扣代缴并向项目所在地税务机关申报缴纳。同时总承包企业和分承包企业通过劳务派遣公司聘用劳务人员跨省异地工作期间的工资、薪金所得个人所得税，由劳务派遣公司依法代扣代缴并向项目所在地税务机关申报缴纳。建筑企业实行全员全额扣缴明细申报的，项目所在地税务机关不得核定征收个人所得税。

税务审计中涉及增值税的，项目所在地税务机关应注意要求异地施工的建筑企业在预缴税款时，要提交《增值税预缴税款表》、与发包方签订的建筑合同原件及复印件、与分包方签订的分包合同原件及复印件、从分包方取得的发票原件及复印件。适用一般计税方法计税的，以取得的全部价款和价外费用扣除支付的分包款后的余额，按照2%的预征率计算应预缴税款，其中应预缴税款=（全部价款和价外费用-支付的分包款）÷(1+11%)×2%；选择适用简易计税方法计税的，以取得的全部价款和价外费用扣除支付的分包款后的余额，按照3%的征收率计算应预缴税款，其中应预缴税款=（全部价款和价外费用-支付的分包款）÷(1+3%)×3%；小规模纳税人以取得的全部价款和价外费用扣除支付的分包款后的余额，按照3%的征收率计算应预缴税款，其中应预缴税款=（全部价款和价外费用-支付的分包款）÷(1+3%)×3%。经营所在地税务审计应注意异地施工的建筑企业增值税预缴后，应回经营所在地税务部门补齐未缴部分。建筑企业经财政部和国家税务总局或者其授权的财政和税务机关批准，可以由总机构汇总向总机构所在地的主管税务机关申报纳税。

针对建筑企业机械设备租赁与劳务分包的税务审计应关注相关的税务规定，机器设备租赁为以纳入营改增试点之日前取得的有形动产为标的物提供的经营租赁服务。

对于在一份租赁合同中，只写租金总额没有注明设备出租方配备操作人员的，税务审计应区分不同的情况进行核查。注意机械租赁是在2016年5月1日后，租给建筑企业工地上的设备是2013年8月1日之前购买的，则租赁公司将机械租赁费用和劳务费用一起全部按照3%简易计税方法征收增值税，并给承租方的建筑企业开具用于一般计税方法的项目3%的专票或用于简易计税方法的项目普通发票。如果机械租赁是在2016年5月1日后，租给建筑企业工地上的设备是2013年8月1日之后购买的，则租赁公司将机械租赁费用和劳务费用一起全部按照17%计算征收增值税，并给承租方的建筑企业开具用于一般计税方法的项目17%的专票或用于简易计税方法的项目普通发票。

税务审计中对于在一份租赁合同中，有租金总金额并且设备出租方配备操作人员，或者在租赁合同中分别注明机械设备租金和操作人员劳务费用，或者注明租金总金额并且租金含操作人员操作劳务费用，这就要区别两种不同的情况，如果从事的项目是老项目和一般计税方法的项目，机械租赁费用和劳务费用按照3%简易计税方法征收增值税，给承租方的建筑企业开具3%的专票或用于简易计税方法的项目普通发票。

如果从事的建筑项目是2016年5月1日之后新中标的新项目，则按照11%计算征收增值税，并给承租方的建筑企业开具11%的用于一般计税方法的项目增值税专票或用于简易计税方法的项目普通发票。

对于施工总承包企业或者专业承包企业即劳务作业发包人将其承包工程

中的劳务作业发包给具有相应资质的劳务承包企业即劳务作业承包人完成的活动的建筑劳务分包。在税务审计中首先要根据《合同法》《建筑法》《最高人民法院关于审理建设工程施工合同纠纷案件适用法律问题的解释》及《建筑企业资质管理规定》等的规定，明确其是否具有合法性。

同时因劳务分包适用 11%税率，而设备租赁适用 17%税率，故劳务分包项下有涉及设备使用时，建筑施工企业的最佳选择是将劳务分包 11%与设备租赁 17%分离成两个不同的交易，分别签订合同。

对于建筑企业税务审计中，还要特别注意建筑合同只有合同和会计凭证、税务凭证能够相互印证、相互联系和相互支持才能保证避免相关的税收风险。同时要关注银行的收、付款凭证和发票的开票人、收票人以及物流的相互统一，收款方、开票方和设备租赁方必须是同一个经济主体，而且付款方、收票方和设备承租方也必须是同一个经济主体。如果在经济交易过程中，不能保证资金流、票据和物流的相互统一，则会出现票款不一致，涉嫌虚开发票。最后是要关注合同价、发票价和结算价的相互统一问题，必须注意一个前提条件：合同上的价格是符合民法规定有效合同上载明的价格。

参考文献

[1] 国家税务总局（2012 年第 57 号）：关于印发《跨地区经营汇总纳税企业所得税征收管理办法》，2012.12.

[2] 国家税务总局（国税函【2010】156 号）：《关于跨地区经营建筑企业所得税征收管理问题的通知》，2010.4.

[3] 国家税务总局（2015 年第 52 号）：《国家税务总局关于建筑安装业跨省异地工程作业人员个人所得税征收管理问题的公告》，2015.7.

[4] 刘光焱. 供给侧改革给建筑企业带来的机遇与挑战[J]. 企业改革与管理，2016.24.

[5] 赵振宇，姚蒙蒙，李兴才. 我国建筑业的产能过剩分析及应对策略[J]. 建筑经济，2016.6.

[6] 杨文川. 基于税务审计的企业税收风险管理分析[J]. 中小企业管理与科技，2016.9.

[7] 丁红梅. 浅议当前税务审计中存在的问题及改进策略[J]. 财会学习，2017.3.

供给侧改革视角下的高校审计专业人才培养优化策略

王 婷 谷晓楠

2015 年 11 月 10 日，中央财经领导小组召开第十一次会议，首次提出“供给侧改革”。习近平总书记指出：加强供给侧结构性改革，着力提高体系质量和效率。供给侧结构性改革成为经济政策领域的高频词。审计作为一项独立的经济监督活动对经济的发展、社会的进步发挥的作用越来越大，而高等院校是培养审计专业人才的重要场所。但目前我国高校培养审计专门人才的部分功能有所缺失，传统的需求侧改革已无法从根本上解决我国高校培养审计人才面临的诸多问题。因此，本文旨在探讨从供给端发力进行高等审计教育供给侧改革，按照社会经济生活对审计人才的需求调整高校审计人才培养模式，从而培养出适应社会经济需要的应用型、复合型、技能型审计人才。

一、高校审计专业人才培养现状

不同时代对审计人才的需求不同，如果不能根据时代变化而对专业人才培养理念、内容和模式进行适时调整，很容易造成专业人才结构性失衡。从供给侧视角来看，当前我国高校审计专业人才培养主要问题包括：培养理念落后，教学内容上重理论知识、轻实践能力，课程结构与教学模式欠合理。

1. 审计人才培养理念滞后，创新能力不足

首先，审计是一门理论性和实践性均很强的学科，其教学目的是使学生在掌握审计理论知识的基础上运用审计实务方法去实施审计，能够得到审计实务操作、实际分析和判断问题、处理遇到问题的能力，从而在步入工作岗位后能够胜任相应的工作。但目前，很多高校在培养审计人才的理念上存在

局限，一些高校的教学活动都是围绕着证书开展的，学生热衷于考证，而对于专业判断能力、实践能力的培养却不够重视，致使其审计专业建设与职业需求相脱节。

其次，通过教育不断培养学生的创新意识和创新思维，最终形成创新能力，这是高校的基本职责之一。而我国高校所培养的审计人才大多“千人一面”，不善于独立思考问题，缺乏创新意识，创新能力差，无法满足社会经济发展对创新型审计人才的需求，这是供给侧视角下高校审计人才培养存在的一个突出问题。究其原因，还是由于高校的人才培养理念落后，没有意识到或不重视培养学生的创新意识、提高创新能力。

2. 师资队伍结构单一，双师型比例较小

审计是一门综合性很强的学科，涉及许多专业的知识，但目前很多高校在教学内容上仍以“理论”为主，“应用能力”的培养比较薄弱。一方面，在实际教学中，拥有较为广博的经济背景基础知识的教师不多，而且大多缺乏实践经验，授课照本宣科的情况较为常见。目前，高校审计专业的教师队伍主要是由会计学、财务管理、审计学等专业毕业的硕士生、博士生构成，这些教师直接从“校门”到“校门”，虽然不乏相关理论知识教育，但是这部分教师缺乏审计实务工作经验，即只具备知识的“宽度”但没有深入实践的“深度”，因此在教学内容的安排上难免重理论知识轻实践能力，在教学中只能按照教材讲授理论知识，无法联系实际工作中鲜活生动的审计案例进行讲授，学生们感到审计知识枯燥无味，失去学习兴趣，丧失学习的主动性。另一方面，大部分高校教师教学任务、科研任务重，学校无法提供给教师实践的机会，导致教师均是非应用型教师，无法培养学生的应用能力，也就难以满足社会对于复合性应用型审计人才的需求。

3. 课程体系设置不合理，校企对接力度不大

目前，我国高校在培养审计专业人才时，缺乏与企业之间的深度合作，对市场所需的审计专业人才要求了解不够，对审计培养目标和课程规划没有根据市场需求进行合理调整，造成课程结构和设置欠合理。就效果来讲，课堂学习侧重教师讲解，利于培养学生的理解力，而实践学习为学生经验的积累提供条件，为适应社会对应用型、复合型审计人才的需求，实践学习是更加有效的学习模式。但目前高校审计教学中，在教学模式上课堂学习与实践学习失衡，虽然在课堂讲授过程中不断结合案例进行讲解，但大部分案例只是针对具体个别项目的审计方法进行介绍，知识点被零散地灌输给学生，学

生无法通过审计课程的学习对审计工作形成整体的审计思路、培养审计工作观念。且在传统的以教师为中心的教学模式下，教师通过讲授的方式将知识传授给学生，学生在此过程中只能被动地接受教师所灌输的现成知识，不利于激发学生学习的积极性，同时学生将绝大部分课堂时间用于被动地听课，无法形成对所学知识进行独立思考的习惯，造成其对知识盲目地接受，对问题的认识往往不够深刻，缺乏应有的质疑精神和发现新问题的敏锐性。

二、供给侧高校审计专业人才培养优化策略

要建立供需匹配的高校审计专业人才结构就必须从供给端发力，进行高校审计专业人才供给侧改革，解决供给侧视角下高校审计专业人才培养面临的诸多问题。从供给端来看，主要策略包括：加强实践教学体系，创新审计人才培养模式，加强创新型、应用型师资队伍建设。

1. 从供给端发力贯彻落实理论与实践相结合的教学模式

我国高校审计人才培养存在教学内容上重理论知识、轻实践能力的问题，而企业所需要的是既懂理论知识又有实践经验的综合能力强的创新型审计人才。要有效解决高校与企业间的供需矛盾，就必须从供给端发力贯彻落实理论与实践相结合的路线。

首先，在培养模式上除了最基本的向学生传授理论知识之外，还要增强对实践活动的重视，相应地开展一些相关的实践活动，将课堂学习与实践学习相结合，使学生在深刻理解知识的基础上，也具备实践经验，在实际工作中可以满足职位要求。

其次，应当以市场为导向，采用理论与实务“嵌入式”教学，打破以教师为中心的传统教学模式。教师应在理论教学中融入实际案例分析，结合情景式教学、互动式教学来增强课堂教学的生动性、趣味性和可理解性，加深学生对理论知识的感性认识。同时高校应当主动为学生搭建自主学习的平台，充分发挥学生的主动性与积极性，培养学生的实践性，合理地提高实践性教学的时间比例，加强审计的实训工作。配合课堂教学，高校应充分利用信息化技术，推动审计软件教学；还应当设置仿真的审计模拟实训室，审计模拟实验室不仅可供学生进行手工模拟审计实习，而且可供学生进行审计电算化模拟实习。通过这种模拟实验教学，可以增强系统辅助教学的效果，而且能

有效地解决实验中存在的烦琐、枯燥等问题。

此外，通过“学校与审计机构合作”“校企合作”“校所合作”，建立稳定的审计实训和实践基地，实现资源整合、优势互补，能够有效解决审计专业人才实践经验缺乏的现状。

2. 着眼需求侧大胆创新审计人才培养模式

创新审计人才培养模式要开展审计专业人才市场需求调研，建立以市场为导向的应用型审计人才培养模式。应对社会对人才的需求，高校应展开人才需求的社会调研，了解社会对应用型审计人才的实际需要和要求，调查用人单位对相应工作岗位的人才知识能力、工作能力等的实际需要，了解审计专业毕业生的工作去向，分析其所从事的岗位和工作内容，工作中所需要的各种知识、技能，开展有针对性的研究并针对研究后的成果制定科学的人才培养方案，创新人才培养模式。

应用型审计人才的培养除了校内建设模拟实训实验室外，高校可根据地方经济发展规划及其产业发展的需求，建立高校和产业间的互惠互利合作机制，加强“校企合作”，构建校企联合、产学研相互促进的教学模式，建立审计实训基地，鼓励学生走向企业，增强对企业审计工作的感性认识，让学生能实地去参加企业的审计项目，这样高校为解决产业生产中的实际问题提供人才及科研支持，企业为高校提供先进设备和实习基地，实现了资源整合、优势互补，这在缓解审计专业毕业生就业问题及拉动地方经济发展方面都有益处。同时，学校还可以与审计部门联合办学，帮助审计部门培养所需的审计人才，联合办学过程中理论界与实务界的对话与交流也有利于学校审计实践教学改革的推进。这些都是对审计人才培养模式的创新。

此外，教师需在教学过程中扮演好引导者的角色，增加师生互动。互动的师生关系可改变学生被动接受知识的现状，增强学生主体地位，激发学生的学习积极性与主动性，引导学生主动思考，有利于其创新思维的培养。目前，已有不少学者提出“翻转课堂”的教学模式，这种教学模式充分体现了课堂教学中学生的主体地位，对构建互动的师生关系是一个良好的借鉴，这也是人才培养模式的一种创新。

3. 以问题为导向的教育供给侧改革利于培养优质师资队伍

作为审计人才培养的关键，就是要建设一支应用型、创新型的教师队伍。一流的师资队伍可以及时地向学生传授最新的审计知识、理念、技术与方法。

为此，教师应当经常参加审计实践工作，收集第一手资料，有效提高教学质量，增进教学的实用性。为提高教师队伍水平，高校应鼓励教师提高学历水平，参加相关的审计资格考试，积累更多宝贵的知识和经验，并适当鼓励审计教师正当兼职。高校应创造条件，让教师能够轮流到企业参加审计实践工作，收集资料，主张教师“带薪实践”“带薪实习”，鼓励教师向“双师型”教师转变，传授给学生最新的知识、技术和方法，提高教学质量，增强教学的实用性。这些举措均有利于提高教师的知识结构和教学水平。

参考文献

[1] 刘婧. 高校审计信息化建设研究——以广西大学为例[J]. 现代商贸工业，2017（02）.

[2] 周赛. 基于应用型人才培养的审计教学改革初探[J]. 亚太教育，2016（34）.

[3] 龙霞，刘中爱. 高校技能型审计人才培养的现状与对策[J]. 湖南城市学院学报（自然科学版），2016（01）.

[4] 王志志. 高校审计人才培养存在的问题及对策[J]. 审计与理财，2015(11).

[5] 董丽英. 审计课程教学范式改革研究[J]. 财会通讯，2014（24）.

JH 商贸有限公司内部控制的问题及对策探析

唐 俐 兰雅梦

一、前 言

内部控制是一个企业很重要的管理手段。企业运用合适的内部控制可以预防一些重大风险、减少无谓的控制成本以及尽可能让企业获利等。所以，在当前越来越激烈的经济环境下，中小企业必须建立一个完善的内部控制系统。但我国目前还没有形成较为规范的内部控制制度体系，中小企业在经营的过程中，受到了许多内部控制方面存在的问题的影响，妨碍了其正常的发展和获利。

本文以三门峡 JH 商贸有限公司为例，分析其具体情况，有针对性地提出了该公司内部控制存在的问题以及解决问题的方法和策略，以期能为我国中小企业的内部控制发展提供有效可行的建议。

二、JH 商贸有限公司内部控制存在的问题分析

JH 商贸有限公司是一家从事副食零售的企业。该公司筹建于 2011 年 5 月 28 日，现有职工总数 150 人，注册资金 120 万元、总资产 120 万元。该公司经营范围包括预包装食品兼散装食品、乳制品（含婴幼儿配方乳粉）的零售，洗涤用品、日用百货、五金工具、家用电器、服装、鞋帽的销售等。

JH 商贸有限公司（以下简称：JH 公司）内部控制存在的问题分析。

1. 治理结构不规范

JH 公司所有权与经营权没有分离。该公司在建立初期组织规模小、产品样式单一、员工人数少，所以其管理方式简单。但是随着其发展越来越好，相应的管理层增多，问题就随之显现出来。问题有：第一，这种家族式的管

理模式让员工找不到归属感，所以该公司的人员流动较大；第二，许多有能力的管理人才因为这个公司权力的过于集中，无法发挥自己的长处而不愿意到这里任职；第三，这两种权力的集中，使该公司不仅拥有权力，也承担了相应的义务和责任。

该公司家族色彩浓厚，股权高度集中，总经理与副总经理之间的权力划分不明确，没有一个有效的权力监督、激励和制衡机制。在这种情况下，公司的权力都集中在总经理身上，并不会有权力的制衡，在进行决策时，很容易发生决策失误。

2. 内部审计职能弱化

JH 公司审计范围狭窄。在时间范围上，JH 公司的内部审计一般都只涉及事后审计，很少考虑到事前审计和事中审计。在空间范围上，JH 公司的审计一般包括会计凭证、会计报表以及相关会计资料等。企业经营管理方面的审计该公司很少涉及。

JH 公司审计人员专业素养不高。JH 公司的内部审计工作有时候由会计人员进行。这些人员之前没有接受过系统的学习，一般缺乏专业的审计知识、技能以及审计判断水平，对公司的内部控制没有很深的了解。同时，在该公司的内部审计人员中，拥有相关专业职称的人几乎没有。在这种情况下，内部审计不具有权威性。

3. 轻视风险管理

JH 公司管理层风险管理意识较弱。该公司有一个很大的特点就是重视数量而忽视了质量的重要性，这种思想致使总经理注重销量和利润，对于存在的风险则很难发现。所以该公司也没有建立风险分析和管理机制，总经理都是凭借自身主观意愿进行决策，具有很大的盲目性。这样就可能会给公司带来巨大的利益损失。

JH 公司风险管理水平落后。JH 公司的管理者由于自身文化水平以及眼界的限制，大多认为企业的管理可以凭借个人的直接控制和直接观察，不用依靠现代管理技术来监督企业的活动。他们对内部控制的重要性认识不够，不愿意建立内部控制制度，对于潜在的风险，往往认为不会影响企业正常的生产经营活动。下属一般按习惯办事，长期以来养成了没有制约、监管、授权意识的办事方式。

三、强化 JH 商贸有限公司内部控制的对策

1. 规范治理结构

要想内部控制正常运行，必须有一个合理的治理结构。JH 公司治理结构的改善首先就是要改变现有的家族治理模式，使公司的治理模式更好地适应现在的经济发展，进而提高经营效益。对此，有如下两点建议。

第一，JH 公司管理层应明确权力界限。在总经理和副总经理之间，其权利应该有一个清晰地划分，这样才能有一个有效的公司治理结构。在进行重大决策时，要召开股东大会，共同商议相关事项。各个职能部门要明确各自的职责，把自己的任务牢记心中。最后公司的利益要公平分配，要使分配结果清晰可见。

第二，JH 公司的总经理可以雇佣职业经理人对公司进行管理。在引入职业经理人后，该公司的所有权和经营权就可以分离，从而建立一个有效的监督、激励和制衡机制，这样才能让公司更加多元化。职业经理人可以充分发挥积极性，从公司的整体和长远出发，用最适合 JH 公司的方式来治理企业。同时也可以制衡公司内部股东之间的权力。

2. 充分发挥内部审计的作用

JH 公司应适当扩大审计范围。首先要加强事前和事中审计，不管是企业的采购、销售还是费用预算环节，日常生产经营中存在的普遍问题都可以事先预防并解决；其次要开展经济效益审计，可以促使该公司改善管理，提高效益。

内部控制的执行阶段需要所有部门、所有员工的配合，所以 JH 公司要加强内部审计人员队伍建设。在内部审计部门中，不仅要充实人员数量，也要注重质量。首先，要对审计人员进行专业化培训，提高其知识储备；其次，企业应对员工进行有效的监督，加强对员工的约束，促进其行为规范。在进行内部审计过程中，要对遵守内部控制的行为给予不同程度的奖励，同时对违反内部控制的行为也要给予适度的惩罚。这样可以突出内部控制的重要性，使员工对内部控制重视起来，同时也为其遵守内部控制提供了动力，有利于内部控制的后续执行。

3. 加强财务风险管理

JH 公司的管理层应加强风险意识，并且提高改善管理模式。首先，完善

财务信息的收集和传递。这些信息包括公司的各种报表，交易处理信息以及相关法律法规等。财务信息是应对风险的基本，要在不影响企业正常运营的情况下独立进行。其次，在财务风险分析阶段，可以通过不同的财务指标来分析。指标包括流动比率、资产负债率、资产净利率等，在选择指标时要科学、全面地选取，尽量通过一个指标将公司的不同指标联系起来，例如净资产收益率等。最后，财务风险处理是根据财务分析的结果进行的，要制定适合公司防范、降低或者消除风险的措施。一套适合自身发展的、完善的管理制度是企业实现目标的关键，有了这样的制度，企业内部的信息交流会畅通无比，内部控制就需要在这样的制度环境下才能有效地发挥作用。

四、结　论

内部控制问题的出现很大原因是目前企业中管理层的不重视，尤其是一些中小企业。相对于其他发达国家的内控体系来说，我国的内控制度还处于初级阶段，所以内部控制在我国中小企业的实施更是十分困难。JH公司若想长久地发展下去，要积极从自身找原因，优化组织结构和管理结构，建立良好的内部控制环境；积极进行风险评估以应对风险；实施相关的控制活动，保证信息传达的通畅；要建立健全内部控制制度。由此可见，我国的中小企业要想拥有良好的内控体系，不仅需要法律法规的健全完善，也需要企业自身的努力，从企业内部找到阻碍内控发展的因素并积极解决，为自身的可持续发展打下一个良好的基石。此外，通过本文的研究，希望能为我国中小企业的发展提供一些帮助。

参考文献

[1] 中国中小企业协会. 中国中小企业蓝皮书——现状与政策（2012-2013）[M]. 北京：中国发展出版社，2013.

[2] 邓琳. 优化企业内控管理研究[J]. 中国乡镇企业会计，2013，02（01）：11-12.

[3] 于海洁. 如何加强企业内控管理[J]. 经营管理者，2011，10（09）：25-26.

[4] 郭赢. 浅议如何加强企业的内控管理化财经界[J]. 财经界（学术版），2014，03（05）：13-14.

浅析风险导向审计的发展及其在应用中的问题

张云秀

随着 21 世纪全球化和信息变革的发展，企业的形式和经营模式也在不断创新，随之而来的舞弊欺诈现象也时有发生，如某些企业的管理层为了实现其盈利目的故意造假。因此，传统的审计模式已经不能使审计人员实现审计目标，不能再将被审计单位当作一个单独的个体来分析，而应站在整体战略的角度综合考虑，由此风险导向审计模式便应运而生，其审计核心就是根据企业内外环境评估的结果加以分析并得出重大错报风险水平，之后逐步确定具体审计的内容和时间。本文就是对风险导向审计发展及其变化进行分析，运用风险导向审计的思维，分析山西某科技有限公司舞弊造假一案，并在此基础上提出对策建议。

一、风险导向审计的背景及发展

1. 风险导向审计发展历程

审计的发展历程可以分为四个时期，分别为账目导向审计（1940 年以前）、制度导向审计（1940 年至 1970 年）、传统风险导向审计（1970 至 1990 年）、新型风险导向审计（1990 年以后）。1983 年，风险导向审计模式由美国注册会计师协会（AICPA）提出，但是随着影响因素越来越多，专家及学者发现传统风险导向审计思维也开始有越来越多的局限性了。

2003 年，新的风险导向审计模式产生，即新型风险导向审计，是国际审计准则委员会（IAASB）经过多年探讨和分析得出的，而在其逐步发展的历程中审计师们逐渐认识到每一个被审计单位都不是单独的个体，要站在更高的一个视角看待风险导向审计，综合考虑被审计单位的内外环境，了解其战略优势、经营状况，并了解其创造价值的能力和产生未来现金流量的能力。专家学者将风险思想整体提前，即将战略思想考虑进风险程序中得出风险基础战略系统审计。

2006年2月，我国为适应国际审计准则，颁布了1211号《了解被审计单位及其环境并评估重大错报风险》，正式将新型风险导向审计模型运用到适合我国国情的审计模式中。

2. 风险导向审计两种模式的差别

传统审计风险的模型由三者构成，即：审计风险=固有风险×控制风险×检查风险。传统风险导向审计模式注重于审计人员事先对风险进行测定和处理。然而，因为独立审计师在财务账表中并不能找到并报告所有的错报以及审计师发现舞弊现象的能力也受到限制等原因，严重制约了其在运用中的实际效果。最重要的是独立审计师并不能明确区分固有风险和控制风险，同时因为审计效果也没有必要对这二者进行区分。

国际审计准则委员会（IAASB）总结模型在运用中遇到的缺陷，将固有风险和控制风险合并，将其二者结合在一起构成了会计重大错报风险。根据战略管理思想和系统思想，风险导向审计更加有效地分配审计资源，将评估财务报表重大错报风险的方法做了改进，使新型风险导向审计在新审计环境的发展中得到逐步推广。

3. 风险导向审计的特点

将固有风险和控制风险合并为重大错报风险，虽看似简化了，但考虑审计风险的范围却在不断扩大，不仅考虑了被审计单位的内部环境，还考虑到其宏观经济环境。

重大错报风险不是上述两者的简单结合，在应用中包括两个层次的重大错报风险：会计报表的总体水平（overall financial statement level）和认定水平（assertion level），具体含义如表1所示。

检查风险与重大错报风险之间存在什么样的联系？经研究，假定在确定审计风险时，二者的变动方向为反向，即当重大错报风险越高时，注册会计师的工作就要适当增加审计的内容和扩大审计范围，并相应增加实施审计程序，使检查风险降低至可接受的水平，通过这些方法以此降低整体审计风险，反之亦然。

表 1

<table>
<tr><th colspan="2">名 称</th><th>解 释</th></tr>
<tr><td rowspan="2">重大错报风险</td><td>会计报表整体层次风险</td><td>会计报表整体层次风险主要是指战略操作风险（短期战略风险）。将战略风险融入现代审计模式，可以建立更全面的审计风险分析框架</td></tr>
<tr><td>认定层次风险</td><td>认定层次风险指交易风险类别、账户余额、披露等具体层次的识别，包括传统固有风险和控制风险。认定中的错报主要是指企业交易的复杂性、由企业管理层的知识和技术水平造成的虚假陈述以及欺诈和欺诈造成的虚假陈述、管理部门的本地人员和个人的认识和技术水平造成的虚假陈述</td></tr>
<tr><td colspan="2">检查风险</td><td>检查风险可能来自审计程序的不当选择、不恰当地使用适当的审计程序或错误地解释审计程序</td></tr>
</table>

二、开展风险导向审计程序

在实施财务报表审计时，注册会计师有两大总体目标：一是保证财务报表整体的合理；二是审计报告按照审计准则发布。为了达到审计目标，注册会计师需要根据风险导向审计过程完成工作。审计程序的开展按照项目实施的时间顺序分为以下三个阶段。

1. 审计计划阶段

审计师因为在传统模式中只着重考虑被审计单位自身内部控制情况而忽略外界宏观经济环境因素，从而确定审计风险重点、评估审计风险，这样在实施中有可能会发生很多难以预测的情况。而现代风险导向审计在决策阶段加入风险导向审计的思想，将审计思想贯彻在每一步审计程序的实施中，即包含在签订审计约定书时先全面了解企业的内、外部环境，将足以影响审计风险的重大错报风险的各个层面都加以考虑，为后续重大虚假陈述风险的认定和评估打下基础。注册会计师可以通过追踪行业趋势与竞争对手、分析被审单位战略目标、股权结构、治理机构等来处理企业与其环境的关系。

注册会计师需要根据项目实施的规划阶段制订总体审计计划和具体

审计计划两大部分。注册会计师制定全面的审计策略，以确定审计工作的内容、时间和范围，并逐步确定具体的审计计划。

首先，需要了解外部环境因素，包括法律环境、监管环境、被审计单位同行业状况、被审计单位有关服务实施对象状况及其他外部环境因素。根据审计程序实施的相关规定，注册会计师需要了解和识别的相关行业包括：① 被审计单位所在行业的市场发展趋势及其前景；② 经营周期的变化规律；③ 被审计单位所需相关技术运用的改变；④ 能源供应技术与成本；⑤ 被审计单位本行的经营风险。除此之外，宏观经济环境包括法律、准则、监管情况等外部因素，也是需要注册会计师了解的。

其次，需要了解被审计单位的性质即内部环境因素，其性质主要包括：① 股权结构。注册会计师如果想检测关联方关系，避免公司管理层运用这些交易关系实施舞弊，就要了解股权结构识别其关联方，同时了解审计单位决策管理层做决策的具体流程。② 治理结构。被审计单位的治理结构对公司的经营实施有很大程度的关系。被审计单位的治理层次越完善，越能发挥其监督和治理的作用，这样能减少管理层舞弊现象产生的可能性。③ 组织结构。被审计单位组织结构的复杂程度越高，相应的工作执行就可能越繁琐，产生重大错报风险的可能性也就越大。

2. 审计实施阶段

根据上文所述，总体审计计划与具体审计计划在实施中不同阶段也有不同的审计应对措施，分为总体应对措施和具体应对措施。总体应对措施是面对不同情况派遣的人员、执行审计的地点、审计抽样方法的种类等。

具体应对措施则是根据在风险评估识别阶段识别出的各项重大误报风险的结果，以及其对财务报表整体的影响程度确定实施进一步程序的内容和时间，并针对不同问题制定不同的处理审计程序。具体应对措施则分为询问、分析程序、观察以及检查。

（1）询问被审单位相关人员。CPA 是可以知道的信息来源，可以向内部审计人员或参与经营活动的相关人员询问，了解被审计单位经营管理的主要环节流程是否有异常、被审计单位最近的财务管理情况、经营成果和现金流量，以及可能影响财务报告的重要事项和其他重要的变化。

（2）分析程序。分析过程的意义是用来评估财务信息，注册会计师可以通过对比不同财务数据或财务数据与非财务数据之间的相互关系，找出差异或相同之处分析潜在关系。分析程序还可以通过依照审计的数量、比例和趋向的不同用于识别异常交易或事件，当遇到异常或未预期到的现象时，注册会计师可以通过分析程序识别出重大错报风险，尤其是由于舞弊情况导致的。在这一环节，需要以企业财务资料及非财务资料的表面关系乃至可预测关系作为切入点，对相关信息的真实性和合理性进行判断，然后再进一步评估企业内部的财务状况，分析财务信息中可能存在的风险。在此阶段，还可以通过分析性复核工作收集各类交易相关证据且做出分析，并进行实质性测试程序。

（3）观察和检查。首先要明确企业的基本情况，尤其是财务状况、生产情况和管理情况，以便能够及时识别企业财务报表中出现的重大错报风险，审计工作人员应该常查看企业的重要工作场所，浏览董事会会议记录，和企业管理者进行深入交流，和职工进行基本谈话，全面了解企业所处环境，获取有效信息。

（4）审计工作的控制测试以及实质性程序。这一环节的工作，主要是为了提升企业内部控制结构，确保各项审计程序有效实施，针对预测到的风险提出解决对策并能够在企业管理中贯彻落实下去。预测和发现风险是风险导向审计的核心任务，因此在工作过程中应该格外注意对于风险评估的量化预测，加强风险控制。同时，可以通过对内部控制结构的评价，判断其财务经营的合理性、财务报告的真实性与完整性，并预测其中是否存在重大的舞弊和违法行为。细节的测试和实质性的分析程序是实质性程序的两种基本类型。实时分析程序可作为账户的主要测试方法，也可以与其他细节测试结合使用，以适当减少后者实施的范围。

CPA实施的实质性程序与下列审计程序相对应：一是对财务报表及其会计记录进行检查和调整；二是检查主要会计准则；三是编制财务报表时所做的记录和其他调整。

3. 审计报告阶段

当要出具审计报告时，应检查是否完成以下两项工作：一是已获取审计证据的评价；二是形成审计意见并完成审计报告的编制。评价审计证据的可靠性，应该针对财务报表整体层次是否不存在由于舞弊或是错报导致的重大错报，得出审计意见，之后再根据审计意见判断应该出具什么类型的审计报告。

具体来说，会计师在形成审计意见时，应当注意下列事项：一是重要性，根据被审计单位的实际财务结果，其重要性是否仍然合适，以及是否错误地分别纠正和共同构成了重大错报；二是审计证据的获取过程是否存在缺陷以及会计政策的使用是否合理，二者是否适用于当前被审计单位；三是财务报表披露、公允列报编制基础是否能如实反映被审计单位的情况。

三、我国风险导向审计存在的问题及案例

1. 案例简介

山西某科技公司成立于 2006 年，公司位于太原高新技术开发区，占地面积近 3 万平方米。公司从事太阳能开发和研究，公司拥有一批先进的单晶硅制造、切屑加工、芯片加工和封装以及专业的检测和生产设备，还拥有瑞士、德国、日本等地的 30 兆瓦太阳能电池生产线。

在预披露的招股说明书中，TIN 技术称：从 2011 年前三季度，其营业收入为 5 亿 7000 多万元，总利润 7100 多万元。然而，通过调查，在应县路照明项目、金沙植物园太阳能照明项目和和谐住宅小区太阳能照明项目三个项目的财务账目中，工程决算的方法有错误记录：伪造和虚拟增加销售回报。财务报告虚增收益为 8500 多万元，利润虚增 3815 万元，占本期总利润的 53.18%。此外，该技术的销售由 4 家由其董事长控制的公司控制，销售额高达 1 亿 2 千多万元。

2013 年 5 月 31 日，中国证监会批评了涉及山西某科技公司和相关机构的非法活动案件，具体内容如下。首先，当年审计山西该公司的某会计师事务所，在针对该科技项目的审计过程中，没有保持充分的职业谨慎，在没有充分的审计过程和充分的审计证据的情况下，出具了不合格的标准审计意见报告；其次，在本项目中，保荐人的民生证券没有履行应有的尽职调查工作程序，并没有保持足够的专业审慎性，发行了含有虚假内容的出版物发起人和核查报告。两家公司都受到处罚，并责令改正。

2. 案例分析

会计师事务所究竟是为什么没有在当时发现该科技公司的造假情况呢？分析如下。

（1）战略分析。自 2000 年以来，全球太阳能产业进入了高速发展期，但是到了 2011 年至 2012 年，受到全球经济、欧债危机、贸易摩擦等因素影响，全球太阳能企业增速明显放缓，市场已趋于饱和，审计师在此时的行业状况下没有意识到山西某科技有限公司会由于管理层的压力或其他

舞弊动机，提前确认收入以实现利润目标。注册会计师应对照同行业发展水平，依照记载金额计算的比例或趋向对可能发生的结果做出合理设想，若发现被审计单位可能存在舞弊现象或预期不存在的现象时，注册会计师需注意这些情形发生的原因、识别重大错报风险，并将解决措施考虑其中。

（2）重大错报风险。山西某科技公司在应县路、金沙植物园和和谐社区太阳能照明工程三个项目的财务账目中，由于 2011 年 9 月的收入未达到应确定的时间，便按收入提前计算，所得利润总额为 3815 万元，占本期利润总数的 53.18%。而审计当事人胡某和吴某未对此表示关注。对于如此高额的收入，为什么审计单位没有及时、合理地发现并处理呢？近年来舞弊现象越来越多、造假手段也多种多样，会计师事务所的压力也随之增长，导致这种现象的一个重要因素便是被审计单位的重大错报风险。《审计准则》第九十六条规定：注册会计师应采取措施，确定和评价财务报表的水平、认定水平和与内部控制有关的重大错误报告的风险。

为了达到审计目的，注册会计师应当取得充分的、相关的、合适的审计证据，将财务报表重大错报风险降低至可以接受的水平。收入的完整性、发生、准确性、存在性、截止、与收入相关的余额、计价与分摊都是一些与重大错报风险有关的认定，而收入这项内容本身就属于比较容易发生错误的风险领域，注册会计师在有关重大收入的项目中应重点予以关注。

针对上面提前确认收入的大型工程，因为其收入金额占销售比重过大，在审计过程中，应查阅项目规定的具体程序，判断确定收入的具体时间，现场检查，并追究相关合同，重点关注服务内容、收付款方式、范围、服务所需完成时间以及双方确认的条件。要遵循重要性原则及重大错报风险，对其收入确认进行严谨核查。对于大额交易事项，注册会计师更应保持应有的职业怀疑态度，仔细检查任何可能出现舞弊现象的项目。

（3）检查风险。从审计程序的角度看，该科技公司董事长所控制的 4 家公司为什么没有被发现？这 4 家公司都是由 4 家公司董事长伪造的“空壳”公司，没有办公地点甚至没有一位办公人员。因为如果被审计单位与另一公司受同一方控制，这种关系会影响到被审计单位，则管理层更会注意到或者利用这种关系，大额关联方交易的性质和交易都应该是重点关注的对象，关联方交易甚至可能导致出现财务报表错报风险。但在这种情况下，对于往来如此频繁的交易实体，且金额大都相近，审计人员并没有获取到充分的审计证据来证明该科技公司的舞弊行为，这是不是还预示了审计程序的不健全及审计人员的职业谨慎不充分呢？

对此，提出以下改进措施：一是审计人员需要关注与审计相关的内部控制，并评判是否会对财务报告造成重大影响。除了询问以外，注册会计师还可以查阅文献和报告，了解被审计单位的组织、治理流程、决策流程、相关子公司的名单、公司主要高层人员信息等，还可以核查被审计单位在该领域的主要经营场所，增强对被审计单位可能影响财务报表的内容。二是注册会计师需要识别和评估关联方关系，判断其交易是否可以影响重大错报风险，并确定这些风险是否是特殊风险。如果发现识别的舞弊风险因素，包括对被审计单位或管理者施加主导影响的相关各方，CPA 应识别和评估欺诈造成的重大错报风险。三是对于该科技公司的收入确认情况，审计人员也未进行充分的函证、现场勘查及分析等审计程序，应该着重考虑在主要交易类型、账户余额和披露类型中可能发生的错误，然后识别重大错误陈述的风险，将风险与分析相关联，然后比较完整性检查的标识，以查看是否存在风险。主要错误陈述被识别，或被认为是主要交易类型、账户余额和披露事项的识别。考虑可能被识别的错误，以便识别重大错报的风险。在设计询证函时，注册会计师不仅要考虑应收账款的余额，还要考虑在执行函电和变更销售协议时被审计单位的非财务人员。面对特殊风险，注册会计师需要同时使用细节来检验或细节测试和实质性程序，以完善审计流程、收集审计证据。

（4）审计收费。由于该科技公司是由本土的会计师事务所进行审计，而本土事务所审计收费较低，较低的审计收费有可能会使审计师工作不严谨、进而有可能造成审计质量不高，若是从营销学的方向考虑，会给社会公众造成低价可能会导致低质的感觉；如果从成本效益的方向考虑，从“投入”和“产出”的关系中看，若是“投入”较低的成本，相应的“产出”也会低，因此较低的审计费用可能会影响审计结果。同时监督也不到位，那么审计失败的发生也在情理之中。

四、我国风险导向审计存在的问题

1. 审计环境方面

审计环境包括内，外环境两种，具体涉及被审计单位内部环境、同行业发展情况、法律环境及监管环境等。

从上述案例来看，我国风险导向审计战略思维还有待提高，注册会计师没有及时、合理地对照同行业竞争者状况考虑被审计单位的发展趋势，并分析其经营能力、获利能力，对被审计单位的战略分析落实不到位，对于新提出的战略导向风险审计没有做出合适的审计流程。而从监管环境和法律环境看，在 2011 年发生的此案例，直到 2013 年 5 月 31 日中国证监会才批评了涉及山西某科技公司和相关机构的非法活动案件，这也显示出我国审计法律制度及监管的不完善。

2. 被审计单位方面

被审计单位对内部控制的健全与重视不到位。只有那些具有良好的内部控制意识、内部控制制度设计完善的被审计单位其有效运行才有保障。单位的负责人应负责本单位内部控制的建立健全和有效实施，如上述案例中的内部审计人员没有通过内控制度把握其关联方交易，造成关联方造假。不仅如此，我国很多企业仍然存在岗位设置不合理现象，不相容岗位分离制度未贯彻落实，从而缺少彼此制约，监督关系不到位，容易出现漏洞。而且，还有很多企业并没有设立内审机构，内部控制制度仍停留于表面而未真正落实。

3. 注册会计师方面

（1）专业胜任能力偏低。在面对现代新型风险导向审计的发展情况，注册会计师只拥有基本的专业知识是远远不够的，还要有丰富的经验。这样，在面对不同审计单位时，注册会计师可以根据自己的经验和专业知识了解和识别被审计对象的操作和舞弊风险，从而找出风险点。这样一来，既可以减小风险，又可以提升审计效率，同时还可以合理分配审计资源。

如上述案例所提到的会计师事务所审计人员在审查山西某科技公司时未能保持应有的职业谨慎，在其虚报利润时没有依照重要性、相关性原则和重大错报风险，对其收入确认进行严密核查，并且基于注册会计师分析被审计企业的内控情况的目标是为了识别相关的重大错报风险，从而进行更加有效的审计。在这个过程中，注册会计师不需要知道被审计企业的所有内部控制，而只需要知道与审计相关的控制，从而提高审计效率。在审计人员了解山西某科技公司的内部控制中过多地花费时间了解其运作流程，不但耗费了大量资源，对于该公司构造出的关联方交易也未能及时发现。

（2）审计程序单一，对分析性程序的重视程度不够。以抽样审计为基础的审计程序，对该企业的审计程序也应更完善。抽样审计本身就存在一定的风险，可能会因为费用的规划使样本的选择存在数量不够或代表性不足的问题，所以针对已抽查样本应更完善审计流程。现代风险导向审计的分析与传统的分析不同，它同时使用企业内外部生成的信息，因此审计流程更要完善，要确保分析结果的准确性和有用性。从目前的现状看，收集的信息比较分散，缺乏系统性。因此，注册会计师必须实施更多的审计程序，以确认风险点的存在，降低审计风险。

五、优化风险导向审计的对策建议

1. 审计环境方面

建立审计法律法规支持。目前，我国关于企业审计的制度规则还未完善，还未脱离传统审计模式带来的弊端，对于新型风险导向审计的工作仍缺少相关方面的规定，缺乏规范性的工作流程，导致风险导向审计不能合理有效的完成。应该依照风险导向审计的工作情况，建立与之相适应的法律法规，明确审计责任界定标准，同时加强监管建设，及时准确地处理各个项目情况的发生。

2. 被审计单位方面

创建良好的内部环境及内部控制。应建立良好的内控制度，并贯穿全面性、重要性、制衡性原则。内部控制应该在企业及其子公司的决策、执行和监督的全过程中都有体现，不应该只存于表面。在整体控制层面，内部控制对于是重大项目和可能出现高风险的领域应该着重注意。同时，还要考虑运行成本和运行效率。

3. 注册会计师方面

（1）培养新型人才。专业胜任能力，不仅包含审计人员的业务知识、专业技术，还包括审计人员的职业道德。其中最重要的是审计人员需要通过不断积累，学习风险导向审计中的主要技术与步骤，并能在实践中分析并运用。此外，随着风险导向审计的技术方法的发展，审计人员也要针对这些变化做出调整，自身要拥有较强的综合素质，不仅对专业基本问题要牢牢掌控，对相关学科以及有关学科也要涉猎，做对社会发展有贡献的新型审计人才。

审计机构还要加大人才的引进力度，应对社会和企业的变化，引进一些对风险有应对能力的专业人员，从而更好地将风险导向审计的新思维、技术、方法应用于实际审计工作中。另外，还需加大软件投入，在当今网络急速发展的时代，需加强风险导向审计的信息化工程，尽快开发出属于中国注册会计师行业的信息共享平台，监理相应的网络设施，实现审计资源的共享。同时，加大对辅助审计软件的研发力度，使用分析性测试程序进行数据处理，以提高审计工作效率，减少审计成本。

（2）慎重选择审计客户。有时中小型企业也许会为了盈利所需，对各种各样的审计客户来者不拒。风险导向审计要求，在承接业务前，无论是首次承接还是接连承接客户，都应该进行初步业务活动，即评价客户风险与自我评价，以便在事前控制审计风险。

（3）慎重识别风险。在考虑内部控制之前单独评估固有风险，这将有助于识别所有特别风险，并为评估内部控制的设计和执行提供必要的基础。对于识别出的每一项风险，注册会计师应当认真考虑以下两个方面：一是每项风险会产生怎样的后果，可能导致财务报表发生什么类型的错报；二是风险将会影响到哪些财务报表领域和认定，有哪些与风险相关的特定类型的交易账户余额和披露以及相关认定会受到波及。注册会计师应对所识别的风险进行评估，并评估其是否会影响财务报表，并可能影响多重认定。同时，考虑企业的相关控制，确定识别的风险水平与可能发生错报的领域相联系。重新考虑错误陈述的可能性，包括多重错报的可能性和潜在错误陈述的数量，足以引起重大错误陈述。

风险导向审计的发展较为缓慢，其自身运转及体制建设方面还有缺陷，尤其是在运作成本方面。针对这一问题，相关审计机构应依照我国企业发展实际，增加对于工作程序的分析，有目的有针对性地进行抽样检查，提高审计效率，减少运作成本。

参考文献

[1] 秦岚. 企业风险导向审计模型实证应用研究——侧重于重大错报风险研究[J].商场现代化，2017（19）：88-89.

[2] 孙磊，刘伟滨，邵安然，胡天雨. 风险导向审计在经济责任审计的运用[J]. 劳动保障世界，2017（26）：52.

[3] 彭磊. 风险导向审计下企业内审人员应具备的素质[J]. 企业改革与管理，2017（17）：124-125.

[4] 尚玉钢. 基于风险导向分析事业单位内部控制如何改进[J]. 现代经济信

息，2017（16）：48-49.
[5] 陈夏诗筠.论风险导向审计模式在审计实务中的应用[J]. 企业科技与发展，2017（07）：109-112.
[6] 李洋宇. 浅析风险导向审计模式对完善我国国家审计技术方法的启示[J]. 中国管理信息化，2017，20（11）：20-22.
[7] 中国移动江苏公司内审部课题组. 基于风险导向的内部控制嵌入性审计：理论分析与案例研究[J]. 中国内部审计，2016（12）：13-19.
[8] 董沥鸿. 现代风险导向审计在我国的应用与发展[J]. 企业改革与管理，2016（21）：142.
[9] 邢晨. 风险导向审计在财务舞弊中的应用[J]. 黑龙江科学，2016，7（20）：136-137.
[10] 宋秋华，李睿琪. 风险导向审计在中小型会计师事务所的应用研究[J]. 商，2016（27）：162.
[11] 杨亚蓉. 基于现代风险导向审计技术的纳税评估方法研究[D]. 西南财经大学，2013.
[12] 潘宇. 帕玛拉特公司案例分析——对现代风险导向审计运用的思考[J]. 商业文化（学术版），2009（08）：85-86.
[13] 徐向阳. 开展风险导向审计所需要的方法、技术工具与数据挖掘技术[A]. 中国内部审计协会.中国内部审计协会 2008 年度全国“风险导向审计在风险管理中的应用”理论研讨暨经验交流会三等奖论文汇编[C] .中国内部审计协会：中国内部审计协会，2008：11.
[14] 朱颖. 风险导向审计在企业年报审计中的应用研究[J]. 当代会计，2017（09）：51-52.
[15] 崔春. 现代风险导向审计在识别财务舞弊中的应用研究[D]. 安徽财经大学，2017.
[16] 李小咏. 基于风险导向环境下的社会审计理论研究[J]. 财经界（学术版），2016（23）：293-295.
[17] 张一伟. 基于现代风险导向审计的现代海关风险管理模式研究[D]. 天津财经大学，2016.
[18] 马梦菲. 风险导向审计模式下国有企业内部审计研究[D]. 云南大学，2016.
[19] 杜雪娇. 现代风险导向审计理论及其实务中的应用[D]. 首都经济贸易大学，2016.

财　务

企业并购的财务风险探析

温　蓓

随着经济的快速发展，各个产业或行业面临的竞争压力日趋严峻，传统内部积累式发展模式已无法完全满足经济组织在新时期发展的需求，异质性优势是企业获得核心竞争力的关键驱动力，兼并与收购成为众多优质企业削弱竞争压力、增强竞争优势、获取异质性资源的不二选择。2016 年商务部披露的相关数据显示，从 2006 年到 2016 年的十年间，我国企业并购投资活动日趋活跃，完成并购交易量高达 9 052.37 亿美元，每年平均提高 43.56%，整体呈现出持续增长的态势。2015 年企业创下并购数量及并购金额的历史新高，完成并购交易总额达约 3 022.47 亿美元，较上年度增长 60.98%。

伴随并购佳绩潜在的各种风险逐渐显露，其中能够对经济组织带来重大、直接经济损失的风险莫过于财务风险，它是导致企业并购成功几率偏低的重要原因。据 2016 年普华永道的统计显示，我国企业并购投资的成功率仅达 50.50%，相较于同时期欧美区域其整体质量不高，大多并购项目呈现亏损或不亏不盈的境况。企业并购本身既是一种效率较高的经营管理手段，同时又是一种收益及损失均具有不确定性的财务活动。该种财务活动的风险性主要体现在前期调查阶段、方案筹划阶段、协商谈判阶段及后续整合阶段，这四大主要阶段中影响最为显著的风险表现为对买方企业的评估定价风险、融资结构安排风险、支付选择风险、交接整合风险。

一、企业并购财务风险现状

纵观我国企业的并购历程，可划分为两个并购高潮阶段，第一阶段是 20 世纪 70 年代改革开放到 80 年代，第二阶段为 20 世纪 90 年代至今。第一阶段的企业并购是在经济改革初期，主要是在政府部门干预下的国有大中型企业对亏损小企业的兼并整合，并购效率整体不高，且带有非市场自由意志和强制干预色彩。第二阶段的并购盛行之时，是我国经济不断深化发展并迈入一个新台阶的时期，随着国内企业改革的不断推进，开始注重提高并购规模与质量，逐步利用目标企业的丰富资源和先进的行业技术来壮大实力。

1. 目标企业定价风险

对目标企业进行合理的定价评估是并购活动中的首要工作，同时也是买方企业在前期并购案筹划过程中需要重视的关键因素。定价风险的产生原因较多，主要来源于市场交易信息不对称、评估体系缺失、被并购组织的财报存在纰漏或粉饰等。上述风险致使并购组织对被并购组织的估价偏离合理价值范畴，从而在后续环节支付较高的溢价，使自身现金支付能力和偿债能力受损，最终引发财务恶果。

阿里巴巴于2015年以约348.91亿人民币收购国内互联网巨头优酷土豆。阿里巴巴作为并购方在对优酷土豆的估值上存在诸多难度与挑战，譬如此次并购涉及跨行业并购，面临大量交易信息障碍的风险，在获取相应估值信息、统计财务会计数据、评价经营财务业绩方面均存在较大困难。依照阿里巴巴所聘请的资产评估机构对优酷土豆的估价测算，其价值在228.15至235.53亿元人民币区间内较为合理。而阿里巴巴对目标企业的价值判断和未来盈利能力预计偏高，最终以高达 29.71%的溢价完成本次并购。该投资活动存在目标定价偏高的可能性，具有较高财务风险。从结果上看，阿里巴巴牵手优酷土豆后，付出了较高的并购代价来完成娱乐影视版块的扩张，耗费了不必要的财务资源，远超相关的资产评估机构给出的合理定价区间，存在较高目标定价风险。

2. 融资风险

鉴于融资风险与并购活动的最终成效唇齿相关，应根据并购的实际情况和资本结构来选择满意度较高的最佳融资方式。企业常用的融资途径基本分为两类方式：一是股权筹资；二是债务融资。前者的融资门槛标准较高，不必负担偿债重担，能有效规避大额现金流量的流出。但在具体操作层面，过多倚重股权性筹资，将会影响企业股权结构，最终致使原有股东的控制权分散。而后者则需要并购组织承担较大的债务压力，若单纯以债务融资为主导，该企业的财务杠杆系数将会被抬高，可能会引发偿债困难乃至更大的财务危机。

中化于2015年并购倍耐力存在的融资风险而言，通过研究并购年度及其前后年度披露的财报变动，如表1所示。比较衡量其融资风险的各项财务指标，不难发现，中化在实施并购前的两年，其营运资金充裕，短期、长期偿债的综合能力保持稳定。然而中化于2015年采用债务性融资方式支付高达466.74

亿人民币后，短期、长期偿债能力和变现能力均进入转折点，打破了并购前各项财务指标良好、稳定的态势，呈下降态势。中化在利用外部债务资金融资后，需承担债务融资后还本付息的压力，招致偿债能力下降，融资风险激增。

表 1　中化国际融资风险数据及财务指标表　　单位：亿元

阶段	年份	营运资金	流动比率	速动比率	资产负债率
企业并购前	2013 年	17.73	1.18%	0.96%	50.59%
	2014 年	31.49	1.36%	0.97%	51.67%
企业并购后	2015 年	19.38	1.13%	0.85%	50.83%
	2016 年	22.07	0.91%	0.58%	68.09%

* 数据来源：中化国际的各年年度财务报告。

3. 支付风险

作为并购活动过程中关键环节之一的支付，需要实际付出较高昂的对价，而不恰当的支付选择会提升支付风险出现的可能。通常来说，企业在并购活动中采用的主流支付方式为现金、股票、混合支付相结合等。采用现金支付简便易行，可缩减并购目标企业的时间成本。但以自有资金完成支付本身是“一把双刃剑”，在企业资金链紧张的阶段过渡采用现金付讫，会加剧资金量紧张。另外，并购方选择使用股权支付，会增加市场上所发行的股份数量，影响企业原有的资本构成情况，进而稀释了原有股东的应有收益。

2016 年万达集团选择采用现金支付方式以约合 225.42 亿元人民币收购传奇影业，该项支付决策对于万达的自身资本要求和流动性显然限制较高，从表 2 中不难发现，万达影业的流动负债从并购前的 5.072 亿元升至并购后的 20.579 亿元，而同期的非流动负债由 616.28 亿元提高到 2 500.19 亿元。纵向对比并购年度前后的负债总额同样呈现快速攀升的态势，增长约 272.86%。此外，自 2016 年执行并购后呈激增趋势发展的还有资产负债率，更是从并购前的 62.46%升至 87.12%。

表 2　万达影业并购前后财务指标表　　单位：亿元

阶段	年份	流动负债	非流动负债	负债总额	资产负债率
企业并购前	2014 年	5.072	616.28	51 339.96	62.46%
	2015 年	5.518	681.27	55 864.32	76.23%
企业并购后	2016 年	20.579	2500.19	208 296.54	87.12%

* 数据来源：万达影业的各年年度财务报告。

4. 并购整合风险

经济组织对猎物企业进行全方位的资源整合是并购战略成功不可缺失的步骤，同时也是并购成效和质量的强有力保障。在并购融合阶段下，双方企业整合协调的过程客观上存在较大的冲突和差异，譬如两者的企业管理体制、人力资源、运营模式、企业文化等诸多方面。故而，并购方想要克服并购障碍，必须重视后期整合风险的规避与控制，否则将会较大地增加并购企业的运营成本，可能会导致所预期的财务收益与实际相差甚远，最终并购整合风险孕育而生。

华润三九于2013年以5.77亿元人民币并购天和药业96.21%的股份，通过对华润三九并购前后的盈利能力、营运能力等重要财务指标和数据（见表3）分析得出，并购后的整体绩效呈持续下降态势。

表3 2011—2015年华润三九财务状况评价指标 单元：亿元

项目	指标	2011年	2012年	2013年	2014年	2015年
盈利能力	总资产报酬率	13.46%	15.48%	14.97%	12.67%	13.39%
	营业利润	9.17	12.49	13.97	12.16	12.29
	总营业收入	54.7	68.22	77.24	72.04	68.21
营运能力	资产周转率	0.8	0.84	0.82	0.69	0.59
	存货周转率	3.82	3.51	3.36	2.99	3.44
	应收账款周转率	14.56	14.83	14.95	13.11	10.94

* 数据来源于wind数据库。

二、企业并购财务风险的成因

1. 并购双方信息的不对称

在实际并购的前期调研中，双方或多方交易组织对信息的了解和掌握程度往往存在较大差异。在并购筹划准备之初，市场上并购主体由于非对称信息的属性，难以理智而准确地判断目标企业的真实经营状态和实际盈利能力，导致后续对其的价值估值偏离实际范畴。信息不对称的客观现状通常会给并购最终效果造成非正面的影响，可能会影响其难以达成预期收益成果，乃至并购后的企业绩效反而出现反向变动，甚至陷入财务困境。

2. 并购企业融资方式的不合理

并购活动的顺利开展必然无法离开大宗资金的保证与支持。对于开展交易投资活动来说，充足而稳定的资金融通、筹措资本的渠道对企业继续维持经营、发展壮大起着极其重要的影响。若企业的资金融通结构不合理，可能使其承担较高的债务比率、较低的资金使用率甚至于控制权旁落的恶果，进而产生因融资不当而诱发的财务风险。从全局经济视角来看，大多数企业并购融资可选择的主流渠道不多，基本可分为债务融资、股权融资两类。联系实际并购融资环节而言，部分企业在完成并购交易时选择以自身内部积累的资金支付全部巨额对价。此法虽简便高效，但组织的自身积累，即留存收益额度毕竟有限，过度依赖只会占用宝贵的现金流，可能给后续造成较大损失。另外，并购方使用债务融资的方式来获取并购执行所需资金，主要体现为向银行为代表的金融机构、信托公司、保险公司、信贷平台等贷款。该法的用资成本较内源性融资成本稍高，需要承担定期还本付息的偿债压力。如果并购活动完成后，长期未达到预期收益水准，目标企业的收益无法抵偿融资债务，可能会导致并购企业资金链断裂，甚至引发并购活动整体趋于失败的后果。从股权性融资而言，经过银行或金融机构的层层审批导致融资速度较慢，与此同时需要在交易市场主动披露企业相关经营管理信息，不利于商业经营的保密，使企业容易受到由于股市波动而招致的负面影响

3. 并购企业支付方式的不恰当

部分并购企业在选择支付方式时带有盲目性和非理性，没有充分考虑不同支付方式可能招致的风险后果，同时忽视了自身的经营状况与资本结构，最终引发并购财务危机。

在并购活动中，支付风险与融资风险休戚相关。选择恰当的支付方式对双方主体而言至关重要，单一支付方式的滥用引发支付风险的可能性会急遽提高。诸如，纯粹依赖于现金支付可能会让资金流动性受挫，而过度使用股权支付则会稀释股东权益，甚至导致控制权旁落等。如果并购企业未充分考虑投资目标与自身实际状况，合理地设计并购支付方案，很有可能会产生较为严重的支付风险，由此引发财务逆境。但是无论采用哪一种支付方式，都会带来相应的财务风险，并购企业应该结合当前具体环境与自身财务状况，正确选用合理的支付方式，将支付风险控制在一定范畴之内，达到并购的期望目标，以实现并购企业与目标企业的价值最大化。

4. 并购企业对资源整合的忽视

企业想要赢得更大市场的青睐，不仅需要通过并购的方式来扩大自身规模和提升市场占有率，而且还需要与目标企业完成后续阶段的优势整合与资源优化。企业为达成做大做强的目标，一般会选择通过并购活动来迅速获得以上资源优势。但是，并购实施方往往忽视对各方资源的整合，仅重视前期的调研探讨、中期的融资支付问题的解决。

并购企业与目标企业地处不同地域或行业，使得双方在管理理念、经营思想、人力配置、核心技术等诸多方面存在较大的差异。因此，并购活动后期在资源整合中所带来的整合难度偏大，难以形成统一的管理标准，造成无法达到双方组织所期望的盈利目标和发展规模，从而产生并购整合风险。因此，并购企业如果忽视对资源的整合和优化配置也将招致财务风险的产生。

三、防范企业并购财务风险的建议

1. 对目标企业进行合理的价值评估

在并购活动实施前，客观、公允而恰当地估算被并购经济组织的整体价值，确定双方市场主体都认同的价格是筹划阶段需重点攻克的难题。因而，就如何还原对卖方企业的真实合理估值是并购实务中急需解决的重要议题。在筹商研讨初期，并购实施方应合理看待信息非对等的不利现状，详细调查目标企业的财务报表及重要披露信息，对其真实可靠、完整合法的属性应仔细核实。若对方企业存在虚增利好或隐匿利空，应对其财报挤出水分，还原出真实估值，不能急于求成，只追求前期调研的速度而忽视其内在质量。同时，并购方除了对目标企业评估外，还应对自身整合能力有正确的认识，谨慎选择执行力所难及的并购项目。此外，企业纯粹依靠自由的市场经济运行来完成并购估值还存在部分不足与缺陷。因此，政府及其相关部门机构作为宏观经济调控的主体，应该加强企业征信建设，进行政策引导，建立健全并购相关的法律法规制度，将对并购价值的评估纳入法制轨道中去，而且应培育合法、客观、诚信的中介评估行业和组织机构。通过企业主体和政府部门的共同努力来解决信息不对称的现状，提高并购投资交易透明度，尽可能降低价值评估所带来的风险。

2. 采用恰当的融资方式

并购企业在制定融资方案的时候，应整体考虑当下的宏观经济政策导向、企业实际经营状况、具体财务状况等诸多方面，最终选择与企业自身贴合的融资方式。

首先，若当前的宏观经济环境较好，企业可通过债务融资积极实施并购活动，大力筹措资金用于扩大经营范围、扩大生产规模；反之，当经济发展陷入疲软，且在企业内部积累有限的情况下，一般可逐渐减少债务融资的筹资规模。企业主体可选择以股票融资为主的结构来获得并购资金，既减轻了资金负担，又缓和了因融资而可能带来的潜伏危机。其次，当企业自身盈利前景发展良好，其财务状况质量偏高，此时偿债能力相对较强，债务筹资成为一种较佳的融资抉择；反之，并购企业可以尝试股权融资，规避定期还本付息的债务压力，尽可能减少融资方式欠考虑周到而导致的风险。综上所述，并购企业应根据所处的外部环境和自身的财务状况，权衡各种融资安排的优势及弊端，采用恰当的融资方式。

3. 选择科学的支付方式

实际支付作为评估价值的兑现与落实，采用不同的支付方式所带来的财务风险存在较大差异。企业应选择贴切自身财务状况的支付方式来降低财务风险。一方面，并购企业在资金约束较大、运营过程中需要耗费大量资金或现金流不充裕的情况下应选择定向增发股票进行支付，避免占用为数不多的现金资源；反之，并购企业可以选择股票、混合支付等方式来兑付所需款项，以此降低这一财务风险。

4. 有效整合并购双方的资源

首先，有关并购企业在并购时应有效整合因跨行业跨领域的资本运作而产生的较大文化差异，并购双方需要在互相尊重、求同存异的基础上积极沟通与交流，促进整体融合；其次，根据并购企业自身的营业状况和并购目标，可实施求同存异的管理策略，避免被并购企业员工的排斥和不安情绪，特别是其原有高管层和业务核心人员。应立足于双方实际状况的基础上，建立一套完善的财务管理体系来规范后续运营和长期发展，实现自身核心竞争力的提升，为其在未来市场的话语权增砖添瓦。

参考文献

[1] 侯林芳. 企业跨国并购财务风险评估与控制研究——以三一重工并购普茨迈斯特为例[J]. 会计之友，2016（13）：60-64.

[2] 李萌. 大连万达集团并购美国 AMC 的案例分 [D]. 兰州财经大学，2015.

[3] 于维洋. 公司财务风险综合评价及应用研究[J]. 会计之友，2014（25）：2-8.

[4] 翟登峰. 我国文化企业跨国并购的效应及风险研究——基于万达收购传奇影业案例[J]. 财会研究，2017（07）：69-76.

[5] 王新红. 唐雪琪. 企业财务能力与并购支付方式研究[J]. 会计之友，2017（24）：45-49.

[6] 王璟楠. 中国民营企业跨国并购动因与风险研究——基于万达集团的案例分析[D]. 首都经济贸易大学，2017.

[7] 葛结根. 并购支付方式与并购绩效的实证研究——以沪深上市公司为收购目标的经验证据[J]. 会计研究，2015（09）：74-97.

[8] 张建儒，王璐. 企业并购财务整合及协同效应评价[J]. 财会通讯，2015（02）：72-75.

[9] 张玉兰，王薇，柯海洋，林春雷. 民营企业跨国并购价值创造研究——基于核心竞争力视角[J]. 会计之友，2016（10）：49-53.

[10] 宋永春. 上市公司并购中的内部控制问题研究[J]. 财会月刊，2014（11）：24-27.

论我国政府综合财务报告模式的构建*①

李定清

一、引 言

编制以权责发生制为基础的政府综合财务报告是我国政府会计总体改革的目标和重要内容。政府综合财务报告是政府财务报告的重要组成部分，它是在政府部门财务报告的基础上合并编制而成，是反映政府整体的财务状况和运行情况，以及政府整体的财政中长期可持续性的综合性财务报告。根据党的十八届三中全会提出的“要建立权责发生制的政府综合财务报告制度”的要求，2010 年财政部启动了政府综合财务报告试编工作，2013 年将试编权责发生制政府综合财务报告扩大到全国所有的省份。2014 年 8 月，全国人大常委会在新的《预算法》中加入第九十七条：“各级财政部门应当按年度编制以权责发生制为基础的政府综合财务报告，报告政府整体财务状况、运行情况和财政中长期持续性，报本级人民代表大会常务委员会备案”。2014 年 12 月，国务院批转的财政部《权责发生制政府综合财务报告制度改革方案》正式公布，对全面推进权责发生制政府综合财务报告制度改革做出部署，标志着我国政府会计重大改革正式启动。2015 年 12 月，财政部国库司印发《政府财务报告编制办法（试行）》《政府综合财务报告编制操作指南（试行）》等制度，以规范权责发生制政府综合财务报告制度改革试点期间的政府财务报告编制问题。由此说明，编制权责发生制政府综合财务报告是我国政府会计改革的突破口和基石。

政府综合财务报告是反映政府会计作为一个信息系统的“最终结果”。因此，政府综合财务报告的编制必须以政府会计准则体系构建为核心的政府财

* 本文是 2016 年重庆市教委人文社会科学研究重点项目（编号：2016SKGH082）和 2016 重庆市会计学会课题研究的阶段性成果。

务会计核算信息为基础，通过专门的会计方法和程序，合并形成真实、完整、准确的权责发生制政府综合财务报告。为此，2015 年 10 月，财政部发布《政府会计准则——基本准则》；2016 年 7 月至今，已发布“存货、固定资产、投资、无形资产、公共基础设施、政府储备物质”等 6 项政府会计具体准则。但由于种种原因，政府会计准则和其配套的政府会计制度目前也没有实施，权责发生制政府财务会计尚没有建立起来。因此，目前权责发生制综合财务报告的编制仍在收付实现制日常核算的基础上进行，年终按照权责发生制原则，采用统计加估算的方法对有关数据进行调整、转换，编制以权责发生制为基础的政府综合财务报告。即便是试编的权责发生制政府综合财务报告，也由于报告目标不明确、编制依据不充分、编制方法不科学、编制内容不完整，难以真实反映政府综合财务状况和营运情况（李建发、张国清，2015）。基于以上原因，本文在政府综合财务报告界定的基础上，就政府综合财务报告编制相关的报告目标、报告主体、报告内容和报告编制方法等问题进行探讨，以此提出完善政府综合财务报告模式的建议。

二、政府综合财务报告及其构成

1. 政府综合财务报告含义及其特征

政府财务报告是政府财务会计系统运行的结果，它是一种公共产品，是为了满足公众对财政透明度的要求。按照国际会计师联合会（GASB）关于政府综合财务报告的界定，政府财务报告是指为信息需求者编制的以财务信息为主要内容、以财务报表为主要形式、全面系统地反映政府财务受托责任的综合报告。政府综合财务报告需要满足政府会计信息利益相关方的信息需求内容和质量标准，以解除政府的公共受托责任。我国《改革方案》和政府会计《基本准则》明确，政府财务报告包括政府部门财务报告和政府综合财务报告。其中，政府部门财务报告是由政府部门编制，主要反映政府本部门财务状况和运行情况，为加强政府部门资产负债管理、预算管理、绩效管理等提供信息支撑；政府综合财务报告主要由政府财政部门编制，主要反映政府整体财务状况、运行情况和财政中长期可持续性，可作为考核地方政府绩效、开展地方信用评级、评估预警地方政府债务风险以及财政中长期规划和其他相关规划的重要依据。因此，政府综合财务报告的实质是反映政府财务

“家底”的合并报表，并通过政府综合财务报告信息反映政府职能和治理水平，以解除政府公共受托责任。

政府综合财务报告的特征主要体现在“综合”上。李建发教授（2014）认为，政府综合财务报告中的“综合”包括目标综合、主体综合、内容综合、时间综合、信息综合、形式综合和基础综合。我们认为，政府综合财务报告的特征主要体现在形式上的全面性、结构上的系统性和内容上的综合性。其中：目标综合性是指既为公众管理服务，也为利益相关者服务，即“向上问责”要向“综合问责”转变，形成一个多元化多层次的财务报告目标体系。合并范围的综合性即报告编制主体的综合性，按照国际惯例编制政府综合财务报告时通常基于控制的基础来对报表进行合并。我国政府综合财务报告的合并范围包括本级政府财政、行政单位、事业单位、社会团体、公益性国有企业和土地储备基金等。报告内容的综合性是指政府不仅仅披露资产负债表、收入费用表等财务信息，还包括财务报表附注、政府财政经济状况、政府财务管理情况等非财务信息。总之，政府综合财务报告的核心是提供一套反映政府整体财务信息的政府合并报表。

2. 会计基础与政府综合财务报告模式

政府综合财务报告模式是指编制政府财务报告的方式、方法的总体框架，它与政府会计核算基础密切相关，即不同的会计基础应用于政府财务报告中形成不同的报告基础；不同的报告基础满足不同的目标，满足不同使用者需求。因此，从理论上讲，政府综合财务报告模式可以分为收付实现制基础下的政府综合财务报告和权责发生制下的政府综合财务报告两种类型。我国《改革方案》和政府会计《基本准则》中明确指出，政府综合财务报告以权责发生制为编制基础，即权责发生制综合财务报告模式。这是由我国政府治理目标和政府综合财务报告目标所决定的，政府综合财务报告主要服务于政府成本控制、经济活动绩效评价、财政风险预警等财务目标要求。

因此，我们认为政府综合财务报告模式构建的基本逻辑是：政府综合财务报告目标——政府综合财务报告主体——政府综合财务报告信息质量特征——政府综合财务报告确认与计量——权责发生制政府综合财务报告等逻辑关系来决定，并以此构建政府综合财务报告的概念框架。

3. 政府综合财务报告的构成

西方各国根据其政府会计改革的实践和政府财务报告的目标，设计了不同的政府综合财务报告体系。国际公共部门会计准则理事会（IPSASB）认为，“一套完整的财务报表应该包括财务状况表、财务业绩表、净资产权益变动表、现金流量表，以及包括重要会计政策概述和解释性注释的财务报表附注。”美国政府会计准则委员会（GASB）认为，美国州和地方政府综合年度财务报告分为三部分：概括部分、财务部分和统计图表。其中，财务部分包括审计报告、基本财务报表、基金财务报表以及必要的补充信息。基本财务报表又包括资产负债表、运营活动表、现金流量表、净资产变动表及财务报表附注等；统计图表部分包括某些非财务信息、有关政府主体的经济和社会信息。法国政府财务报告主要由资产负债表、损益表、现金流量表和报表附注构成。

我国政府会计《基本准则》将政府会计分为政府预算会计和政府财务会计两大系统，要求政府财务会计采用权责发生制。因此，政府财务会计系统是编制权责发生制政府综合财务报告的基础。同时规定，我国政府综合财务报告由财务报表和附注组成：财务报表至少应当包括资产负债表、收入费用表和现金流量表，政府会计主体应当根据相关规定编制合并财务报表；附注是对在资产负债表、收入费用表、现金流量表等报表中列示项目所做的进一步说明，以及对未能在这些报表中列示项目的说明。

我们认为，借鉴西方国家政府会计改革经验，遵循我国预算管理、财务管理、绩效管理和风险预警需求为改革目标，我国政府综合财务报告体系由概况部分、财务报表和统计图表构成。

概况部分，主要介绍政府会计主体的基本情况，包括对政府总体的预算执行情况、宏观经济和宏观调控政策对政府财政资金的重大影响以及资产负债的总体情况进行说明，并对重大建设项目形成的资产、负债情况以及财政可持续性相关信息进行报告，为使使用者理解和使用会计信息提供依据。

财务报表，包括审计报告、基本财务报表和报表附注。基本财务报表包括资产负债表、收入费用表、现金流量表和净资产权益变动表，根据发展需要增加政府运行成本报表和财政可持续性报表，从而形成完整反映政府运营活动的存量、增量和流量的政府财务报表体系。

统计图表部分，主要采用政府综合财务报告分析应用体系，重点分析政府财务状况、政府运行情况和财政中长期可持续性情况，有助于财务报告使用者理解和运用其所提供的财务信息和非财务信息，正确评价政府的受托责任和未来发展的趋势。

三、政府综合财务报告的目标

1. 政府综合财务报告目标的理论内涵

政府综合财务报告的目标，是指编制政府综合财务报告的目的。对报告目标的定位是整个财务报告概念框架的逻辑起点，是对整个财务报告体系的构建起着导向作用。关于政府财务报告目标的研究，不同学者基于不同的理论提出了不同的观点，但大多数是基于会计的受托责任观和决策有用观提出的。国际会计准则委员会和英国会计原则委员会认为，财务报告的目标应同时满足两方面的需求：提供对决策有用的信息；反映管理当局受托责任的履行情况。美国政府会计准则委员会将政府财务报告目标概括为："政府财务报告应当提供信息，以帮助使用者评价受托责任和做出经济的社会的和政治的决策。" 由此表明，政府财务报告目标是决策有用观和受托责任观并存的双重目标，具有多重性。我国政府会计《基本准则》明确规定："政府财务报告的目标是向财务报告使用者提供与政府的财务状况、运行情况和现金流量等有关的信息，反映政府会计主体公共受托责任履行情况，有助于财务报告使用者做出决策或者进行监督和管理。"这也表明我国政府财务报告目标体现了"受托责任观"和"决策有用观"并重的"双重目标"观。

2. 政府综合财务报告目标层次结构

政府的公共受托责任是政府综合财务报告的基础。政府综合财务报告的目标是向使用者提供全面的财务信息，以帮助其评价政府的受托责任和做出相关的决策。因此，政府综合财务报告目标的确立应当以使用者对信息的需求为导向，即要明确"谁是财务信息的使用者""使用者需要什么样的信息"，以及"财务报告能够提供什么信息"。按照政府会计准则的规定，政府综合财务报告信息使用者主要包括以下几类：政府和政府内部管理部门、上下级政府或主管部门、各级人民代表大会及其常务委员会、各级审计和监察机关、新闻媒体、财务分析师、政策分析家和专家学者、社会公众、投资者和债权人、外国资源提供者和国际组织等。根据政府财务报告的内容，政府综合财务报告主要提供如下信息：一是政府财务状况信息，反映政府持续运营和服务的能力，防范财政债务风险；二是政府营运收入费用信息，反映政府成本管理和运行绩效；三是反映政府现金流量信息，反映政府的流动性；四是政府财政中长期可持续性信息，反映政府社会经济状况和未来发展趋势。

我们认为，政府综合财务报告目标是一个多元的和多层次的目标体系，可以将政府综合财务报告目标分解为基本目标和具体目标两个层次。

第一，基本目标：就是受托责任观与决策有用观并存的“双目标”观，在全面反映政府受托责任的同时，提供有助于使用者进行决策的信息，提高政府财政透明度和信息的质量。为了实现政府会计基本目标，必须要有两个转变：一是从内部使用者导向向外部使用者导向转变，以解除内部和外部的受托责任，以此做出科学决策；二是政府综合财务报告提供的信息内容从反映合规性导向向绩效评价导向转变，以评价政府的服务能力和服务水平。

第二，具体目标：政府综合财务报告的具体目标是基本目标的具体化。一方面，通过政府部门健全财务管理制度和内部控制制度，帮助信息使用者对具体政府部门的受托责任进行评价；同时，对公共财政资金运用的合理合规性进行保证，充分保护财政资金的安全。

3. 政府综合财务报告目标的功能定位

政府综合财务报告目标与政府治理目标有着密切联系。政府治理目标决定政府综合财务报告目标。同时，政府综合财务报告是政府治理层面建立政府与市场、政府与社会信任机制的基础，是政府内部全面绩效管理的基础，是政府外部信息使用者评价政府受托责任的依据，也是建立透明政府的基石。因此，我们认为，政府综合财务报告目标体现以下几个方面的功能：一是政府综合财务报告信息的可靠性，以评价政府公共受托责任的履行情况，体现“受托责任观”；二是政府综合财务报告信息的相关性，以便政府做出科学决策或监督管理提供依据，体现“决策有用观”；三是政府综合财务报告信息的透明性，以反映政府公共活动过程和结果公开、透明，接受人民和社会的监督，体现“管控治理观”；四是政府综合财务信息的预警性，以建立政府债务风险防范监控机制，适时监控政府债务的规模和结构，体现“风险监控观”；五是政府综合财务报告信息的绩效性，以反映政府公共业务活动成本效益情况，评价政府工作的效率和业绩，体现“绩效评价观”。

四、政府综合财务报告的主体

1. 政府综合财务报告主体的实质

政府综合财务报告的主体涉及纳入政府综合财务报告的范围、组成结构及其原因解释。所谓纳入政府综合财务报告内容的范围，是指哪些内容应当纳入政府综合财务报告，哪些内容不应当纳入政府综合财务报告，它决定着进入政府综合财务报告内容的界限。所谓纳入政府综合财务报告内容的组成结构，是指政府综合财务报告的各内容之间应当有一个怎样的结构关系，如果是核心内容，应当详细报告；若是次核心内容，可以合并报告；若是附带内容，只需要注释说明。因此，明确政府综合财务报告的主体是编制政府综合财务报告的基础和前提。

政府综合财务报告主体的界定必须首先要明确政府会计主体的含义及内容。从理论上讲，政府会计主体是政府会计概念框架中需要明确界定的一个重要问题，它是解决政府会计为谁记账和为谁报账的问题。会计主体是会计假设的核心，用以界定会计核算与报告的空间范围。由于政府或政府单位是一个对外承担受托责任的整体，它必须对外报告所有财务收支情况及结果，所以政府及政府单位具有组织主体和基金主体的双重性。组织主体是假设政府或政府单位以“组织”界定会计的空间，按对外承担受托责任的组织整体的财务收支作为会计核算和报告的对象。通常政府会计主体分为记账主体和报告主体。会计记账主体是界定会计核算的空间范围，而会计报告主体是界定会计报告空间范围。会计记账主体和会计报告主体区分的标准，在会计上主要看这一会计主体是否进行独立的记账，是否单独编制对外会计报表。基金主体是假设政府或政府单位以“基金”界定的空间，把按照法律法规或其他限定用途的各种财务资源分别设立相互独立的基金，每一个基金必须设置一套自求平衡的会计科目，对基金财务资源的变动情况及结果进行记录和报告。所以，“基金”是政府或政府单位的会计与财务报告主体，这是政府基金会计主体与企业会计主体之间的一个重要区别。

由此表明，政府综合财务报告主体的实质是报告主体，而非记账主体，核心是提供一套政府合并报表。即政府综合财务报告是依据政府部门财务报告为基础合并而编制的综合性财务报告，政府综合财务报告主体就是确定合并政府部门或政府单位的范围和内容。

2. 政府综合财务报告主体的界定标准

国际上确定政府会计主体的代表性标准有美国 NCGA（全国政府会计理事会）的五项标准（财务依存性、管理监督权、管理指派权、业务活动的重大影响力、财政事项的受托责任）和 IPSASB 的四分法（资金授权分配法、控制法、法律主体法、受托责任法），以及国际会计师联合会（IAFC）的公共部门委员会于1996年发布的第3号研究报告《政府财务报告的主体》归纳了世界各国两种不同的界定标准：一是以按规定分配公共资金作为界定标准；二是以控制权和所有权作为界定标准。但在各国政府会计改革实践中，通常采用“控制基础”和“受托责任”两大标准。依据我国国情和政府治理的要求，应该兼顾“控制基础”和“受托责任”两大标准来确定政府财务报告主体。即政府财务报告主体具有层次性的特征。

我们认为，凡是政府活动引起的资金运动就应该纳入政府会计的核算范围，也就是传统意义上的财政总预算会计和行政单位预算会计，还包括由政府拨款的事业单位也应归入政府会计的核算范围，此外国有资本金也应纳入政府会计的核算范围。根据我国政府会计基本准则规定，政府会计主体包括各级政府、各部门和各单位。因此，借鉴国际通行做法和我国政府会计准则规定，我国政府综合财务报告主体可以划分为三个层次：第一层次是中央政府（国家）和各级地方政府（地方）；第二层次是政府部门（部门）和政府所属单位（单位）；第三层次是政府部门所属单位。各级地方政府和中央政府所属部门和单位是中央政府的分部报告主体，各中央政府所属部门的所属单位是中央政府所属部门的分部报告主体，地方政府所属部门及其所属单位是地方政府的分部报告主体。

五、政府综合财务报告的编制

1. 我国权责发生制政府综合财务报告试编情况

我国目前试编的政府综合财务报告是以权责发生制为编报基础，因此又称为权责发生制综合财务报告。按照《试编办法》要求，我国政府综合财务报告包括政府合并财务报表（资产负债表和收入费用表）、政府财务报表附注、政府财政经济状况、政府财政财务管理情况四部分，其中政府合并财务报表是政府综合财务报告的核心。

我国地方财政部门从2010年开始试编权责发生制政府综合财务报告，其编制的主要做法是单位日常核算以收付实现制为主，年终按照权责发生制采取统计加估算的方法对有关数据进行调整、转换，抵消内部交易事项后编制单位财务报表；财政及相关部门依据单位财务报表再次调整、抵消、合并，最后生成政府合并财务报表，这并非真正意义上的权责发生制政府合并财务报表。由此，我国政府综合财务报告编制存在许多不足，主要表现在：一是政府财务报表体系不够完整。《试编办法》中要求试编的财务报表仅包括资产负债表和收入费用表，缺乏对政府运营成本和绩效信息的反映。而政府会计准则规定除资产负债表和收入费用表，还应编制现金流量表；同时，政府预算报表与政府财务报表缺乏钩稽关系。二是政府部门或单位现行仍采用收付实现制进行会计核算，编制政府合并财务报表时，以政府部门财务报表为基础调整抵消后形成，即采用的是“表抵合并法”。这种方法只有等到年终才能编制政府合并财务报表，这就无法适时反映政府财务状况和运行情况，不能适应政府治理的需要。三是政府综合财务报告编报的基础是构建权责发生制政府财务会计，而目前政府会计准则尚未实施，采用统计加估算的方法就会导致政府综合财务报告特别是政府合并财务报表的可靠性和相关性有所降低，影响了政府财务信息满足政府问责和决策有用性的程度。

2. 西方国家政府综合财务报告合并方法

编制综合财务报告是提供会计信息的基本工具，不同的国家和组织实施了不同的财务报告模式。在美国，政府财务报告模式从财务报告主体出发，依次经历了基金财务报告模式、“金字塔”财务报告模式和“双重”财务报告模式。其中“金字塔”财务报告模式也称综合财务报告模式，其财务报告主体是州和地方政府。政府财务报告的内容主要包括预算信息、财务信息和其他信息。美国政府会计准则委员会在其《政府会计和财务报告准则汇编》中指出，政府的年度财务报告由简介部分、财务报表、统计图表三部分组成，其中财务报表是财务报告的核心。美国政府财务报告模式的精髓在于对财务报告目标使用者的准确定位，并始终坚持需求导向。

政府合并财务报表是政府综合财务报告的核心内容，是政府整体财务信息的重要载体。从国际上看，政府合并财务报表的合并方法主要有完全合并法、权益合并法和比例合并法。完全合并法基于实体理论，指编制政府合并财务报表时，将合并主体与被合并主体的会计报表项目单行逐项合并的方法；完全合并的基础是合并主体与被合并主体的会计报表要采用统一的会计政策和会计期间。权益合并法是指投资以初始成本计量后，在投资持有期间，合并主体依据持有被合并实体所有者权益份额的变动对投资实体的账面价值进行调整的方法；权益合并法适用于共同控制且具有重大影响条件下的联营、合营主体的合并。比例合并法基于所有权理论，是指合并主体依照所持被合并实体的权益比例，逐项将合并实体的资产负债、收入、费用并入合并主体的财务报表。使用以上三种合并方法进行合并时都需要抵消内部交易，合并财务报表仅反映与第三方交易的外部事项。从国际经验看，完全合并法应用于美国、英国、加拿大、新西兰、澳大利亚等几乎所有编制政府合并财务报表的国家。其中，新西兰是编制政府综合财务报告最早的国家，合并的范围包括议会部门、所有国企、新西兰储备银行及其他被控制实体。澳大利亚合并报告的主体是联邦政府及其控制的实体，在编制时首先合并政府部门，然后再对财务公司和非财务公司进行合并。

3. 完善我国政府综合财务报告编制的建议

首先，要加强政府会计准则建设，构建政府财务会计核算体系。编制以政府会计准则为基础的政府综合财务报告是我国政府会计改革的总体目标，政府财务报告的质量，很大程度上取决于国家政府会计准则的质量。根据我国政府会计准则的规定，现代政府会计由政府预算会计和政府财务会计组成，而政府财务会计核算资料是编制政府财务报告的依据。政府会计准则的制定有助于我国权责发生制政府财务会计核算体系的构建，同时，它又是建立权责发生制政府综合财务报告的重要基础。因此，只有建立了权责发生制政府财务会计体系，才能从根本上保证政府财务信息的可靠性和相关性。

其次，要制定政府综合财务报告准则，规范政府综合财务报告的编制。目前，对政府综合财务报告的目标、编报主体范围，以及编制合并报表方法、抵消分录编制等问题尚未统一认识。建议通过单独制定政府综合财务报告准则，科学界定政府会计主体、特殊资产与负债的确认，明确政府合并财务报表抵消事项和调整分录，从而实现试编权责发生制政府综合财务报告向正常编制政府综合财务报告转变。

再次，要加强政府会计信息化建设，适应“互联网+政府会计”发展需要。政府综合财务报告涉及合并的范围广，编报程序和内容非常复杂，迫切需要建立政府会计 ERP 系统，适时反映政府的财务状况和运行情况，以便及时评价政府公共受托责任，提高政府财务信息决策的时效性。

最后，要加强政府会计人员培养，为编制政府综合财务报告提供人才支撑。一方面，建立政府会计人才遴选、培养和激励机制，不断提高现有政府会计人员的能力和素质；另一方面，建立高校在会计学专业下设置“政府会计”方向，开始“政府财务会计”“政府综合财务报告”等相关课程，为政府会计人才提供储备。只有这样，才能提高政府会计核算与管理水平，确保政府综合财务报告的质量。

参考文献

[1] 李建发、张国清. 国家治理情境下政府财务报告制度改革问题研究[J]. 会计研究，2015（6）：8-17.

[2] 戚艳霞. 我国权责发生制政府综合财务报告试编工作分析与完善建议[J]. 财务与会计，2015（9）：62-63.

[3] 肖鹏、冉梦雅. 基于会计信息需求角度的政府综合财务报告框架构建[J]. 地方财政研究，2015（9）：9-15.

[4] 李定清. 政府会计治理目标及其功能探究[J]. 商业会计，2017(13):14-18.

对上市公司股利分配问题的探究

余伦芳　陶佳欣

一、我国上市公司股利分配的现状

1. 上市公司股利分配形式多样化

我国上市公司进行股利分配的方式多种多样，主要有送股、资本公积金转增股本、派现与送转股同时实施、现金红利等形式。每一种分配方式都占据重要的地位，也体现了多元化股权结构适应多样化的利润分配方式这一现象。

2. 现金股利逐渐受到重视

现金股利的分配作为国外的主流支付方式，在我国也逐渐变成了大体趋势。对于上市公司而言，现金股利有助于提升公司外部形象，使更多的股东对其更有信心。我国上市公司对现金股利分配运用比例比较高，虽然不是连年增加，但是现金股利的分配公司数量有了明显的增长。

3. 转增股利持续增加

上市公司的股利分配中，转增股利占有不小的比例。我国证券市场发展还不算十分完善，大部分上市公司制定的股利分配政策也不太规范，很多都不是根据对未来的盈利水平和发展前景来制定的。新上市的公司大多数发行新股时都取得了很高的股票溢价收入，也就是资本公积，所以虽然这类公司本年可分配利润不是太多，但是其资本公积却很高，因而把资本公积转增成股本就是其惯常的选择了。

二、我国上市公司股利分配存在的问题

1. 不分配股利现象严重

我国上市公司的股利分配不够规范，最严重的是有的公司选择不分配股

利。未分配的无非有两种可能：一是公司亏损，真的没有利润可供分配；二是公司当年实现了盈利，可以分配股利，但依然选择不分派股利。Wind 资讯统计显示，目前 A 股市场连续 3 年不分红的近 500 家，其中有 91 家未分红的时间超过 10 年，包括神州长城、如意集团、华泽钴镍、山东路桥、曲江文旅、象屿股份、金圆股份、景峰医药、鲁商置业、西藏珠峰、上工申贝、康达尔、中茵股份、视觉中国、南方汇通、匹凸匹、东方航空、宜华健康、中钢国际、道博股份、秦岭水泥、山东地矿、海信科龙、浪莎股份、S 前锋、上海临港、辅仁药业、金瑞矿业等。1992 年上市的金杯汽车更是 23 年“一毛不拔”。

2. 现金分红所占比例较低

国外公司股利分配的主要形式是现金分红，我国主要是非现金的股票股利方式。我国上市公司股利分配最主要的特点就是很少现金分红，现金股利难以达到合理的分配水平。最近不少上市公司应监管部门的要求在其资本发放中都提高了现金股利的比例，但与合理水平相比仍然有很大的差距。数据宝报道，据统计，A 股共有 34 只个股上市以来从未现金分红，其中有 28 只个股是 2000 年以前上市的，其中上市时间最长的是 1992 年上市的金杯汽车和中毅达。一家上市公司经营和财务状况良好的信号之一就是连续分配的现金股利分红，如果一家公司一直无合理的现金分红，那么对外部投资者来说这就是公司的财务状况不佳，或有财务弄假的红灯警告。

3. 股利分配政策的稳定性与连续性不足

为了发挥上市公司股利政策独有的“信息传递”效果，必须保证股利政策的稳定性和连续性，从而巩固投资者的信心，提高他们的忠诚度。然而我国很多上市公司不太重视对投资者的责任，在制定和执行股利政策的时候过于随意，从而让其连续性和稳定性得不到保障，使得股利支付水平时而高、时而低，变化无常，其目的只是为了跟随市场的炒作，也更体现了我国证券市场的局限性，即投机气氛很重、有效性很差的现象。2013 年至 2017 年，1 620 家上市公司中只有 318 家连续五年都有发放现金股利，所占比例为 19.6%。2016 年和 2017 年，整个中国市场只有 321 家上市公司是连续两年派发现金股利的，而连续三年都派现的公司更是少之又少。我国大部分上市公司股利政策的连续性和稳定性不足。

4. 公司间股利政策差异大

由于我国 A 股市场的特殊性，不同上市公司的个体差异导致了公司间的股利政策差异巨大。通策医疗从 2005 年至今，每年属于公司股东的净利润都是为正值，但公司却一直没有实施现金分红的举措。2016 年年报显示，其可供分配利润为 9186.82 万元。通策医疗称，因为公司现在正处于高速发展时期，公司在不久的未来拟要收购和新建医院，需要很大的资本投入，所以暂时先不进行任何形式的分红。相反，工商银行却一直以来都是上市公司分红的“大户”，从 2006 年在 A 股市场上市至今，10 年之间所派发的现金分红累计已经达到 4 868.34 亿元，位居目前为止现金分红最高的上市公司。年报显示，工商银行 2016 年全年实现净利润 2 791 亿元，同比增长 0.5%。拟每股派 0.234 3 元，共派息 835.06 亿元。在已披露的 2016 年年报的公司中，工商银行的分红金额仍然排名榜首。

以上数据表明了不同公司有着不同的股利政策，这样并不利于证券市场的健康成长。

三、我国上市公司股利分配问题的成因

1. 政策法规为不分配股利提供了借口

我国制定了规范上市公司股利分配政策的相关法律法规，以保护投资者的权益。但这些规定却为上市公司不分配股利提供了法律借口。

第一，上市公司必须在提取了 10%法定盈余公积金并补上了前 5 年的亏损后仍有税后利润的情况下发放股利。这项规定无可厚非，但是还有一条规定让公司找到了钻漏洞的通道：在公司按 10%提取了法定盈余公积金后，公司还可以根据实际情况提取任意盈余公积，而且不设提取比例限制，只有在盈余公积累计总额达到注册资本的 50%后才不能够再继续提取。这样在任意盈余公积累计未达到注册资本 50%时就给了上市公司不发股利的“法律保护”。

第二，上市公司所发放的股利不能使用公司的实收资本或者股本，如果实收资本或者股本减少，则不能发放股利，这就提高了上市公司发放股利的门槛。

第三，公司的盈利应该先用于还债，公司发放了股利之后会影响公司还债款能力，所以公司又有了不发股利的借口。

2. 不合理的股权结构让某些上市公司倾向于低股利政策

上市公司的股利分配方案受股东的影响巨大。首先，由公司的董事会制

定股利政策，其依据是公司的盈利状况和财务政策。然而，董事会却不能决定他们制定的股利政策是否最终生效，必须要经过股东大会审议通过后，才能最终确定下来。

不同的股东对于公司的股利政策有着不同的看法。站在中小股东的角度，他们把公司支付的现金股利作为自己的主要收入来源之一，这些股东认为现金股利发得越多越好，就算这些现金股利本可以让公司拿去再投资，获取更高的利益，然而这些股东认为留存利润拿去再投资会让他们承担一定的风险，所以更加乐于直接到手的现成收益。对于大股东们来说，他们更加愿意低股利政策。第一，当通过股票投资会获得较大收益的时候，那这份收入需要缴纳的个人所得税也是一笔不小的数字，因为股票投资收入的个人所得税率是高于资本利得税的。第二，一旦公司实行高股利政策，则会使其留存收益减少，那么公司就有资金不够周转或经营或用于再投资的可能，如果出现这种情况，公司不得不发起再融资，这样就会稀释原有股东的股权。这对于想要一直保持控制权的大股东来说是不愿意发生的，因此他们更加倾向于低股利政策。

由于特殊的国情与社会结构，国有资本是我国大部分上市公司的大股东，会在一定程度上影响甚至决定公司股利分配政策，也是会倾向于低股利政策。

3. 公司的盈利状况影响公司股利分配水平的高低

对上市公司股利分配政策产生重要影响的因素之一是公司的财务经营状况，表现在：一是采用高股利政策的公司一般是那些经营状况好、盈利能力较强的公司，这样的公司一般都是较为成熟的大公司，有稳定良好的财务状况，未来不确定因素小，所以更愿意高发股利。然而经营状况一般，财务状况不稳定的公司，因为未来有很多的不确定性，所以一般会采取低股利政策，因为对其盈利能力不确定。二是上市公司选择低发股利可能是因为其认为有很好的投资机遇，那么公司就会选择留存着收益进行投资；反之如果没有良好的投资机遇，公司并不能在预期投资中获得良好的收益，一般会选择发放高股利。

4. 融资行为增强了股利分配政策的随意性和不稳定性

按理说，在成熟的资本市场中，公司的股利分配是不会过于受到融资行为的影响的。但在我国，有的上市公司为了进行融资而突然地增派现金股利，其动机是为了提高投资者的兴趣，吸引股东前来投资，从而扩大融资。连续稳定的股利分配政策是上市公司财务没有作假、经营良好的信号传递；反之，如果公司长期莫名其妙地不分派红利，也许能看出财务以及经营情况存在问题。

四、规范上市公司股利分配的建议

1. 建立并加强投资者与上市公司的信息交流通道

为了保障中小投资者们的利益，让上市公司有用的信息可以快速传递给相关投资者，可以为中小股东与采取低股利政策或者不分配股利的上市公司之间建立一定的信息交流通道。现在科技快速发展，网络平台可以拉近上市公司与投资者们的距离，比如微博、微信公众号、腾讯社区等可以作为两者的信息交流渠道，保障信息传达的及时性。当上市公司发现一个好项目，可以给公司以及投资者们带来收益，想要利用留存收益进行投资的时候，可以通过这些平台告知投资者，以获得他们的理解。这样可以让上市公司和投资者特别是中小股东之间的信息天平平衡。

2. 建立完善的上市公司分红惩罚机制

当代社会互联网的飞速发展，使收集的数据更丰富、更具代表性，同时网络的运用使数据的收集更为快速便捷。证券监管机构可以利用网络发展建立上市公司的信息大数据库，广泛收集市场数据，传递数据以监督上市公司的股利发放行为。从现金分派的角度讲，奖励那些稳定持续分发薪金股利的公司，惩罚那些采取措施躲避现金股利发放或采取极低股利发放政策的上市公司。例如，奖励措施可采取开辟融资配股或者其他的通道等；惩罚措施可以对这样的公司予以通报，公布其低配股行为。

3. 优化股权结构，保障投资者的利益

适度降低股权集中度是优化我国上市公司股权结构与改善我国上市公司治理状况的必要措施。特别是由于我国的特殊国情与社会结构，国有控股上市公司占上市公司的大部分，所以降低股权集中度、缔造合理的股权结构也是上市公司治理结构得以优化的前提和保障。上市公司应该在考虑自身情况下，有步骤地对股权进行稀释。国内上市公司可以考虑借鉴西方经营发展较为成功的上市公司在股权结构处理上的经验与做法，优化股权结构要有计划、有步骤地进行，避免操之过急从而对大股东利益产生严重影响，甚至损害到中小股东的利益。在股权结构得到优化后，上市公司则需要增强管理上的科学性，在股东大会上赋予中小股东更多的投票权与发言权。

4. 制定持续稳定的股利政策

稳定、连续的股利政策能够体现上市公司良好的发展前景，激励投资者投资，提升公司价值。在较为成熟的西方证券市场上，上市公司大都采取较稳定的股利政策，股利支付一般不受公司盈余波动的影响。而在中国证券市场上，没有一个稳定的股利政策，股利支付水平上下波动，分配随意性很大，不利于投资者对上市公司股价变动趋势做出正确的判断和预测。因此，建立一个持续稳定的股利分配制度有助于实现上市公司价值最大化。

5. 强制股利分配信息透明化

对于当年不分配股利的上市公司，应该要求其在财务报表中披露不分配股利的原因；对于当年仅采用股票股利或资本公积转增股本的分配方式的上市公司，要求其在财务报表中披露货币资金状况、留存大量资金的目的以及未来发展与投资的方向；对于当年申请配股的上市公司，需要在其财务报表上披露近3个会计年度的净资产收益率等。

主要参考文献

[1] 王玲. 中国上市公司股利分配的特征及对策研究[D]. 西南财经大学，2014.

[2] 原红旗. 我国上市公司股利政策分析[M]. 北京：中国财政经济出版社，2014.

[3] 朱南苗. 国上市公司股利分配政策研究[D]. 西南财经大学，2015.

[4] 强国令，半强制分红政策、逆向选择与股利掏空[J]. 投资研究，2014(10)：118-131.

企业社会责任、产品市场竞争与企业绩效
——理论与案例分析

周兵 梁爽

一、引 言

"十九大"报告赋予了企业社会责任新方向、新内涵。企业应该把握报告精髓，做新时代的新企业，做贯彻新理念的新企业，做生态文明建设的先锋企业，做解决民生问题的生力军企业。同时，党的十九大报告指出，我国经济已由高速增长阶段转向高质量发展阶段，这是根据国际国内环境变化，特别是我国发展条件和发展阶段变化做出的重大判断。所谓高质量发展阶段，核心要求就是要把提高供给体系质量作为主攻方向，彻底改变过去主要靠要素投入、规模扩张，忽视质量效益的粗放式增长，以及由此产生的产能过剩、产品库存，杠杆增加、风险加大、效益低下、竞争力不足等问题，通过提高质量和效益实现经济的良性循环和竞争力提升。必须坚持质量第一、效率优先，以供给侧结构性改革为主线，推动经济发展质量变革、效率变革、动力变革，不断增强我国经济创新力和竞争力。根据《金蜜蜂中国CSR指数报告2016》公布的指数，2016年中国企业社会责任实践取得突破性进展，企业社会责任实践指数达到历史最高水平。但近年来，有媒体陆续报道了关于食品安全、产品质量以及企业超标排放导致的雾霾等问题，这些问题引起了人们的广泛关注，给社会和公众带来了诸多不良影响，使得企业的社会责任问题成为政府、企业和社会公众关注的焦点。目前，国内针对企业社会责任的政策也在逐步推出并落实。沪深证券交易所都相继发布了相关的上市公司承担社会责任的报告，同时鼓励有条件的上市公司发布社会责任报告，并披露每股社会贡献值。任何一个企业的自身资源和能力都是相对有限的，企业需要根据自身的实际情况和发展能力，选择合适的竞争战略，适应外界环境的变化，并提升自身能力，以期在激烈的竞争中立于不败之地。因此，积极研究企

业社会责任与企业产品市场竞争的关系，在理论与实践层面都具有重要意义。

重庆三峡库区地处长江经济带的上游，占重庆总面积的51.56%，包括巫山县、巫溪县、奉节县、云阳县、开县、万州区、忠县、涪陵区、丰都县、武隆县、石柱县、长寿县、渝北区、巴南区、江津区及渝中区、沙坪坝区、南岸区、九龙坡区、大渡口区和江北区，共21个区县。随着成渝地区双城经济圈国家战略的实施，给三峡库区带来了发展机遇。但由于其特殊的地理环境和生态功能，具有经济发展相对落后与生态环境脆弱的双重压力，为此三峡库区必须协调好经济发展与生态环境保护之间的关系，以实现生态环境与经济发展的双赢，把保护生态环境作为企业的社会责任之一。因此，三峡库区的企业在面临企业自身发展与承担企业社会责任方面的压力更为突出。本文首先采用实证研究法选取我国沪深两市A股上市公司的平衡面板数据为研究样本，探究了企业社会责任、产品市场竞争与企业绩效的关系。最后选取了三峡库区中典型的上市企业太极集团股份有限公司为研究对象，对其进行企业社会责任、产品市场竞争与企业绩效三者之间的关系进行案例研究。

二、理论回顾

（一）企业社会责任理论

企业社会责任理论概念最早出现于英国学者谢尔顿1924年的著作《The Philosophy of Management》中。他认为企业社会责任是指企业在经营管理过程中应满足产业内外人们的需要，这一概念含有一定的道德因素在内。20世纪70年代起，企业社会责任思想受到社会各界的广泛关注，这一时期最重要的成就就是要求企业重视与其有密切关系的各种利益相关者的需求，“三个同心圆”“金字塔”“三重底线”等比较有代表性的理论在同一时期出现。“三个同心圆”理论的内圆代表企业的经济责任，中间圆是指企业在履行经济责任的同时要关注社会稳定和人类生存环境等重大社会问题，外圆是指其他无形责任；Carroll的“金字塔”理论认为企业社会责任包括经济责任、法律责任、道德责任和自愿责任；John Elkington提出的“三重底线”理论认为企业行业要满足经济底线、社会底线与环境底线，企业要考虑利益相关者的需求和期望，尽量减少和消除经营过程中对社会和环境产生的负面影响，以达到经济、社会和环境的基本平衡。进入21世纪以来，经济全球化使得各国的经济联系日益紧密，履行社会责任成为全球企业的共同义务和追求。

企业并不是孤立存在的，企业的运转和生存发展需要内外部各种利益相关者的共同投入和努力，也需要稳定的社会环境和良好的自然环境的支撑，履行对各利益相关者的社会责任应该成为企业取得经济利益、达到可持续发展的内在需求。与此同时，现阶段我国的社会责任运动已经呈现出新面貌，部分企业开始积极履行社会责任并及时披露，这一举动也得到社会公众的热烈响应。这一现象带给我们的启示是：企业应将社会责任融入企业文化，融入社会责任的企业文化是一种难以被其他企业模仿和复制的稀缺资源，可以为企业带来更加持久和独特的竞争优势。

（二）利益相关者理论

Penrose 于 1959 年提出的"企业是人力资源和人际关系的集合"的观点为利益相关者理论的提出奠定了基础。直到 1963 年，斯坦福大学研究所把利益相关者定义为支持企业生存和发展的团体。目前学术界公认的对利益相关者理论贡献最大的是 Freeman 于 1984 年出版的《战略管理：利益相关者管理的分析方法》一书，书中对利益相关者概念首次进行了全面的界定，他把企业的利益相关者划分为所有权利益相关者（如股东）、经济依赖性利益相关者（如员工、债权人、客户和供应商）和社会利益相关者（如政府、社区和环境）三类。之后学者和机构对利益相关者的各种定义都深受 Freeman 的观点影响。利益相关者理论认为企业的生存和发展不仅仅取决于股东的投入和经营者的努力程度，各种利益相关者都为企业的生产经营提供了资源，因此企业应追求各种利益相关者的整体利益最大化。20 世纪 90 年代以后，利益相关者理论被广泛地运用于对企业社会责任的研究中，该理论明确了企业应该对谁履行以及履行哪些方面的社会责任，在完善企业社会责任理论的同时也提供了一种衡量社会责任水平的方法，为进一步研究社会责任行为对企业绩效的影响奠定了基础。

从利益相关者理论来看，企业履行社会责任的对象不仅包括为企业提供资金来源的股东和债权人，还应包括为企业提供人力资源、实物资源和其他重要社会资源的各种利益相关者。利益相关者都为企业正常运转提供了资源，这些资源有助于企业获得经济利益并实现长远发展，因此，企业要想得到并维持所需资源就必须在决策过程中满足利益相关者的需求。从这种意义上看，企业与利益相关者之间是一种合作共赢的关系，企业履行社会责任有助于企业价值的提升。

（三）声誉理论

企业声誉是公众对企业过去的行为所做的总体评价，直接反映出各种利益相关者对企业的行为方式和准则的认同程度，良好企业声誉的形成是企业长时期努力的结果。那么提升或降低企业声誉的行为有哪些呢？Fombrun（1998）认为企业绩效、产品和服务的质量、员工关系、社区参与、环境表现和组织事务是影响企业声誉的六个方面。根据深交所 2006 年发布的《上市公司社会责任指引》，企业社会责任是指对股东、债权人、员工、消费者、供应商、政府、社区等利益相关者所应承担的责任。对比可知，Fombrun 提出的影响企业声誉的六个方面与深交所的社会责任定义有着惊人的相似之处，其中企业绩效与企业对股东和债权人的责任直接相关，产品和服务质量的优劣与企业对消费者的责任高度相关，企业对职工的责任直接影响员工的满意程度，企业支持社区建设和环保行为在某种意义上都是履行对社区的责任，组织事务是指企业的经营合法性，相当于对政府履行的社会责任。

在信息不对称市场中，企业可以通过向外界发送信号来降低信息的不对称程度，而企业的社会责任行为和社会责任报告就是一种重要的信号，可以赢得更多的内外部利益相关者的支持，树立品牌，提升企业声誉。声誉是现代市场竞争中具有不可复制性的一种重要优势资源，企业声誉一旦形成就会为企业带来源源不断的生产资料，使企业从中获益。

（四）产业组织理论

产业组织是指一个产业组成的方式与结构，并主要表现为同一产业内企业之间的相互关系。在资源有限的情况下，同一产业内企业之间的首要关系是竞争关系，因此产业组织反映的是一个产业内企业之间竞争的具体状态、过程、特征及效果。经济学历史上最早对产业组织进行初步分析的是马歇尔，他在 1890 年出版的《经济学原理》中把组织列为仅次于土地、劳动和资本的第四种生产要素，正式将组织作为一个重要的研究对象。随后的几十年间，西方学者对产业组织相关理论一直进行着广泛和深入的研究，直到 20 世纪 50 年代，产业组织理论形成了较为完整的体系，其主要标志是哈佛学派的代表人物贝恩所著《产业组织》（1959）的问世。贝恩提出的“结构—行为—绩效”范式（SCP 范式）是传统产业组织理论的基本分析方法，后来谢勒对其进行了进一步完善。SCP 范式所涉及的基本环节有五项，包括市场结构、市场行为、市场绩效及产业的基本条件和政府政策。该理论认为，市场结构决定了企业的市场行为，企业的市场行为又决定了企业在经营过程中所能取得的成果，即市场绩效。因此，哈佛学派提出公共政策的核心在于控制市场结构，坚决反对垄断。

几乎同时期出现的芝加哥学派在逻辑和结论上与哈佛学派有很大差异。芝加哥学派遵循米尔顿·弗里德曼的“自由市场经济”观点，强调长期竞争的效率，其主要代表人物斯蒂格勒认为高利润并不完全是垄断的结果，也可能是高效率产生的。芝加哥学派认为市场绩效决定市场结构，因此反对政府对市场的干预和盲目的反垄断政策。传统产业组织理论的产生和发展为 20 世纪 70 年代以后出现的新产业组织理论奠定了基础。尽管产业组织理论中没有具体涉及产品市场竞争程度对企业社会责任的影响，以及在不同产品市场竞争程度下企业社会责任对企业价值的影响差异，但该理论表明市场结构、企业行为与企业业绩之间存在相互影响关系，从短期来看，产品市场竞争程度的不同，会导致企业行为的不同，从而影响企业业绩；从长远来看，市场绩效对市场行为、市场行为对市场结构也有一定的反作用，这一思想对本文的研究具有启示意义。

三、文献综述与研究假设

（一）企业社会责任与企业绩效

越来越多的管理层也将企业积极履行社会责任的目标视为企业的一项重要发展战略。李正（2006）认为，从短期来看，如果企业积极承担社会责任，必然会消耗企业内部资源、浪费企业资本，这就不可避免地要研究企业社会责任与企业绩效的关系，这也一直是国内外学者聚焦的问题，而且也给企业带来了一些额外的负担，最终会对企业价值产生一定的负面影响（Brammer，2006）；但是，从长期来看，依据利益相关者理论，当企业积极承担社会责任时，可以有效地协调各个利益相关者之间的利害关系，并能够形成一种良好的利益相关者关系，而且经过一段时间之后，这种良好的利益相关者关系便可以形成一种无形资产，最终对企业价值产生正向影响。杨熠和沈洪涛（2008）、田虹（2009）认为，企业履行社会责任对企业绩效具有直接的正向影响。基于利益相关者理论，Mc Williams、Siegel（2001）和陈玉清、马丽丽（2005）研究发现，企业履行社会责任对我国上市公司价值的提升在统计上并不存在显著的相关性。Wang 等（2008）在研究 817 家美国标准普尔上市公司企业慈善行为与企业绩效的影响关系时发现，在动态环境中，当企业慈善活动的水平较低时，企业绩效会随着企业慈善活动水平的提高而不断地得到改善；当企业慈善活动的水平超过一定水平时，企业绩效会随着企业慈善活动水平的提高出现下滑的情形，即企业慈善活动与企业绩效显著地呈倒"U"型关系。然而，Bouquec 和 Deutsch（2008）实证探讨了社会责任表现与企业在海外市场盈利能力之间的关系时发现，这些企业在海外市场上的销售获利会伴随着其社会责任活动参与程度呈现先递增后递减的关系，即二者呈"U"型关系。基于中国 A 股上市公司社会责任报告信息，陶文杰和金占明（2012）发现，媒体关注度在社会责任信息披露和企业绩效的关系中充当着重要的中介变量，并发挥显著的中介效应作用。

只有把利益相关者的决策过程分析透彻、弄清楚，才有可能彻底梳理清楚企业社会责任与企业绩效之间的作用路径和影响机理（Schuler 等，2006）。企业潜在投资者往往是采取"感知"企业社会责任等相关信息的途径进行评估企业绩效（Hill 等，2007）。综上所述，本文认为，当企业积极履行社会责任时，可以向潜在投资者传递积极的信号，这样可以吸引较多的潜在投资者，并对当期的企业绩效产生积极的影响。据此，笔者提出第一个研究假设：

H1：企业履行社会责任可以显著地正向影响企业的短期企业绩效。

本文修正了朱乃平（2014）等学者提出的两阶段投资决策模型，并明确地提出了两阶段投资决策模型：首先，潜在投资者往往会将企业社会责任和产品市场竞争等方面的信息"感知"与企业的财务信息（偿债能力、发展能力等）结合起来，综合评估拟投资企业的当下企业绩效，即短期企业绩效，此过程即为第一阶段——评估判断阶段；在此基础上，潜在投资者往往会依据短期企业绩效进一步评估企业的长期企业绩效，即企业价值，此过程即为第二阶段——决策选择阶段。根据利益相关者理论，当企业将内部资源投入到社会责任活动中，不仅可以满足各种利益相关者的社会责任需求，而且可以相应地增加企业品牌效应等无形资产，并向潜在投资者等利益相关者传递一种积极的信号，使其拥有竞争优势，进而提升企业的市场价值（朱雅琴等，2006；吴霞，2015；李玲，2015；徐辉等，2015；周兵等，2016）。综上可知，如果企业短期企业绩效具有突出的竞争优势，那么由信号传递理论与两阶段投资决策理论可知，潜在投资者便会迅速察觉到该企业财务信息的积极信号，并及时、理性地做出对自身有利的决策。同时，这对于企业自身而言，也是其生存与发展的良机。据此，笔者提出第二个研究假设：

H2：企业履行社会责任可以显著地正向影响企业的长期企业绩效。

（二）产品市场竞争与企业绩效

产品市场竞争能够促使经理人努力地提高其经营管理水平，进而能够有效地改善公司绩效（Aggarwal 等，1999；Raith，2003）。产品市场竞争越激烈，就越有可能以更大的限度来降低委托代理成本，进而提升企业的企业绩效，即产品市场竞争水平能够正向影响对经理人的激励（Defond 和 Park，1999；Karuna，2007；Bettignies 和 Baggs，2007），国内学者黄蕾（2010）的研究结论也很好地支持了这一观点。谭云清等（2008）认为，产品市场竞争能够显著地正向影响企业绩效的边际效率。宋增基等（2009）选取我国国有上市企业 1999-2004 年的数据为研究样本，研究发现产品市场竞争对我国国有企业绩效具有显著的正向影响。据此，笔者提出第三个研究假设：

H3：产品市场竞争可以显著地正向影响企业的短期企业绩效。

产品市场竞争不仅仅是一种有效的公司治理外部约束机制，而且能够有效地缓解管理层与股东、大股东与中小股东之间的代理问题。处于竞争程度激烈的产品市场中的企业，错综复杂的内部公司治理机制往往并不能发挥应有的作用，反而会造成公司内部资源的浪费，并且不可避免地会冲减一部分公司的价值，即产品市场竞争与内部公司治理机制是相互替代的关系，而不是一种互补的关系（Cremers and Nair，2005；Acharya et al，2010）。产品市场竞争程度越激烈，企业的盈利空间往往就会越有限，产品市场竞争会在一定程度上降低企业利润，企业绩效也会相应地出现显著的降低，即产品市场竞争能够显著地负向影响企业绩效（Giroud 和 Mueller，2008）。谭庆美等（2013）发现，产品市场竞争可以显著地负向影响长期企业绩效（企业价值），即随着产品市场竞争程度的不断加剧会对长期企业绩效产生不良的影响。基于上述理论分析，笔者提出第四个研究假设：

H4：产品市场竞争可以显著地负向影响企业的长期企业绩效。

（三）企业社会责任、产品市场竞争与企业绩效：基于协同效应

产业组织理论认为，任何一个企业所处行业的产品市场竞争程度对企业可利用资源及其利用行为能够产生重大的影响。因此，本文研究企业社会责任与企业绩效的影响机制时，需要考虑企业所在行业的产品市场竞争特征。Alchian（1950）认为，产品市场竞争主要是采用降低代理成本的途径，来获取经济效率方面的强大优势，当企业面对外部环境的巨大压力时，往往会自觉改善其相应的生产经营状况，并积极主动地解决可能存在的信息与激励问

题。根据传统经济理论，当产品市场竞争使产品价格等于边际成本，则会优化资源配置。但是，从长期来看，产品市场竞争会促使更有效率的企业得以生存，这样就有助于优胜劣汰，整体上可以促进企业的企业绩效的改善。此外，Schmidt（1997）认为，产品市场竞争也可以通过增强对管理者的激励来影响企业绩效和效率。随后，国外学者 Wang 和 Qian（2013）实证研究了 2001-2006 年中国 A 股上市公司慈善行为，发现企业的广告强度可以显著地调节慈善捐赠活动对企业绩效的影响，即企业的广告强度在二者之间的关系中可以发挥显著的调节效应。

综上所述，产品市场作为公司竞争的重要市场与信息平台，作为公司治理的一种外部治理机制，发挥着其他治理机制不可替代的作用。产品市场竞争通过信息与声誉机制来监督和激励经理们努力工作，并改善企业绩效。同时，企业可以凭借产品市场这一信息平台积极履行社会责任，向外界传递积极的信号，进而提高社会道德评价与企业声誉，提升品牌价值，吸引更多的合作伙伴，完善资金链，最终促进企业绩效的提升。

然而，完善而有效的公司治理机制，应当综合考虑与权衡内外部治理机制之间的综合作用。企业社会责任作为公司内部治理机制的一种有效手段，企业履行社会责任可以向外部投资者传递一种积极的信号。同时，据充分信息假说、清算威胁假说以及信誉激励假说的理论与观点，产品市场竞争在一定程度上能够有效地降低甚至消除信息的不对称性，进而可以有效地降低股东与管理层之间的委托代理成本，而且还能在一定程度上消除一些不利的外部治理机制可能会带来的不良影响。谭庆美等（2013）研究发现，虽然一些企业的内部治理机制的效率较差，甚至缺乏治理效率，但是其中依然存在很多企业仍然能够有效地经营与发展，并且拥有一定的市场竞争力，而产品市场竞争环境的变化也会在不同程度上对企业内部治理机制的有效性产生一定的影响。基于上述理论分析，笔者认为，企业社会责任与产品市场竞争对企业绩效的影响机制会有所不同，而且二者之间的关系很可能是一种替代关系，而不是一种互补的关系。据此，笔者提出另外两个假设：

H5：企业履行社会责任与产品市场竞争之间的交互作用可以显著地负向影响企业的短期企业绩效，即二者对短期企业绩效的影响是可以相互替代的；

H6：企业履行社会责任与产品市场竞争之间的交互作用可以显著地负向影响企业的长期企业绩效，即二者对长期企业绩效的影响是可以相互替代的。

本文理论分析的逻辑关系分析以及研究假设的检验过程如图 1 所示。

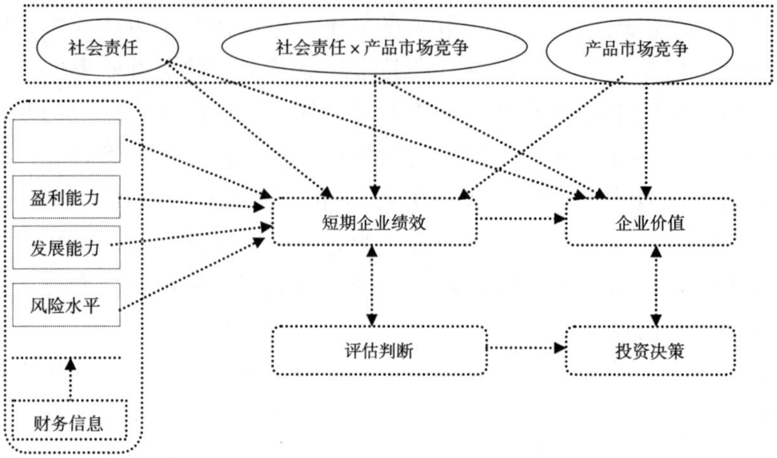

图1 基于两阶段投资决策模型的研究框架

四、数据校验部分

（一）样本选取与研究设计

1. 模型构建及变量说明

（1）模型构建。为了避免孤立地分析企业履行社会责任与产品市场竞争对企业绩效的影响，本文构建了两阶段投资决策模型和平衡面板数据计量模型，这样能够更好地厘清二者与企业绩效的复杂关系，并分两步进行模型检验，具体检验过程如下。

第一步：检验企业社会责任和产品市场竞争对企业短期企业绩效的影响。其中模型（1）（2）是检验企业社会责任和产品市场竞争分别对短期企业绩效的直接影响，构建模型（3）（4）是为了与模型（1）（2）进行对照，并分析同时考虑企业社会责任和产品市场竞争两个因素时，对企业短期企业绩效的影响机制。因此，构建如下四个模型：

$$Z\_score_{it} = \alpha_{i0} + \alpha_{i1}Csr_{it} + \beta_{it}Con_{it} + \varepsilon_{it} \quad (1)$$

其中，Z_score 为企业短期企业绩效的替代变量；Csr_{it} 为企业社会责任的替代变量；Con_{it} 为一组控制变量，具体定义见表1；ε_{it} 是随机误差项。本文预期 $\alpha_{i1}>0$，即企业履行社会责任可以促进企业短期企业绩效的提高。

$$Z\_score_{it} = \alpha_{i0} + \alpha_{i1}Pc_{it} + \beta_{it}Con_{it} + \varepsilon_{it} \quad (2)$$

其中，Pc_{it} 为产品市场竞争的替代变量，其他变量定义同上。本文预期 $\alpha_{i1}>0$，即产品市场竞争力越大，就越有利于企业短期企业绩效的提高。

$$Z\_score_{it}=\alpha_{i0}+\alpha_{i1}Csr_{it}+\alpha_{i2}Pc_{it}+\beta_{it}Con_{it}+\varepsilon_{it} \quad (3)$$

本文预期 $\alpha_{i1}>0$，$\alpha_{i2}>0$，即二者与短期企业绩效呈正相关关系。

$$Z\_score_{it}=\alpha_{i0}+\alpha_{i1}Csr_{it}+\alpha_{i2}Pc_{it}+\alpha_{i3}Csr\_Pc_{it}+\beta_{it}Con_{it}+\varepsilon_{it} \quad (4)$$

其中，Csr_Pc_{it} 为企业社会责任与产品市场竞争的交互项，其他变量定义同上。本文预期 $\alpha_{i3}>0$，即企业社会责任与产品市场竞争可以共同促进企业短期企业绩效的改善。

第二步：检验企业社会责任、产品市场竞争以及企业短期企业绩效对企业长期企业绩效的影响。其中模型（5）（6）是检验企业社会责任和产品市场竞争分别对长期企业绩效的直接影响，构建模型（7）（8）是为了与模型（5）（6）进行对照，并分析同时考虑企业社会责任和产品市场竞争两个因素时，对企业长期企业绩效的影响机制。因此，构建如下四个模型：

$$Val_{it}=\alpha_{i0}+\alpha_{i1}Csr_{it}+\alpha_{i2}Z\_score+\beta_{it}Con_{it}+\varepsilon_{it} \quad (5)$$

其中，Val_{it} 为企业长期企业绩效的替代变量，其他变量定义同上。本文预期 $\alpha_{i1}>0,\alpha_{i2}>0$，即企业社会责任与企业短期企业绩效均可以促进企业长期企业绩效的改善。

$$Val_{it}=\alpha_{i0}+\alpha_{i1}Pc_{it}+\alpha_{i2}Z\_score+\beta_{it}Con_{it}+\varepsilon_{it} \quad (6)$$

本文预期 $\alpha_{i1}>0,\alpha_{i2}>0$，即产品市场竞争与企业短期企业绩效均可以促进企业长期企业绩效的改善。

$$Val_{it}=\alpha_{i0}+\alpha_{i1}Csr_{it}+\alpha_{i2}Pc_{it}+\alpha_{i3}Z\_score+\beta_{it}Con_{it}+\varepsilon_{it} \quad (7)$$

本文预期 $\alpha_{i1}>0,\alpha_{i2}>0,\alpha_{i3}>0$，即三者均可以改善企业长期企业绩效。

$$Val_{it}=\alpha_{i0}+\alpha_{i1}Csr_{it}+\alpha_{i2}Pc_{it}+\alpha_{i3}Csr\_Pc_{it}+\alpha_{i4}Z\_score+\beta_{it}Con_{it}+\varepsilon_{it} \quad (8)$$

本文预期 $\alpha_{i3}>0$，即企业社会责任与产品市场竞争共同作用是负向影响企业长期企业绩效（企业价值），也即企业社会责任与产品市场竞争之间是一种替代关系，而不是一种互补关系。

公式中，Con_{it} 代表一组控制变量，参考国内学者（如徐辉等，2015；周兵等，2016）关于企业绩效影响因素的研究结论，引入资产负债率 *Lev*、自由现金流 *Cash*、第一大股东持股比例 *First*、董事会规模 *Board*、独立董事比例 *Indirector*、董事长与总经理是否兼任 *Double*、年度 *Year* 及行业 *Id* 虚拟变量进行控制，具体变量界定见表 1。α_{i0} 代表截面数据的个体效应，如果认为个体效应的差异是系统性的、确定的，则假设 α_{i0} 为常数，采用固定效应模型进行估计；如果认为个体效应的差异是随机的、不确定的，则假设 α_{i0} 为随机变量，采用随机效应模型进行估计。本文根据 *Hausman* 检验结果选择固定效应或随机效应模型。

表 1　变量定义

变量分组	变量名称	变量符号	变量界定
研究变量	社会责任	*Csr*	构建的社会责任指数，由对政府、对员工、对投资者和对合作者的贡献四部分组成
	产品市场竞争	*Pc*	营业利润率=营业利润/营业总收入：价格弹性
	短期企业绩效	*Z_score*	企业财务危机状况(阿特曼 Z 得分)
	长期企业绩效	*Val*	市净率 = 股票价格/每股净资产：TOBINQ
控制变量	第一大股东持股比例	*First*	第一大股东持股数/总股数
	董事长与总经理兼任情况	*Double*	两职兼任，取 1；否则，取 0
	董事会规模	*Board*	董事会总人数
	独立董事的比例	*Indirector*	独立董事的总人数/董事会总人数
	资产负债率	*Lev*	年末总负债/年末总资产
	自由现金流	*Cash*	经营活动产生的现金净额/总资产
	年份	*Year*	年度虚拟变量，以 2009 年为基准
	行业	*Id*	行业虚拟变量，根据 2012 年证监会行业分类，以 A 类为基准

（2）变量说明。

① 被解释变量：企业绩效。

短期企业绩效的度量。本文选取企业绩效作为被解释变量，并将其分为企业短期企业绩效和企业长期企业绩效（企业价值）。参考国内学者朱乃平等（2014）的研究方法，本文采用 Edward Altman 的 Z_score 得分值作为企业短期企业绩效的替代变量。Z_score 模型的计算公式如下：

$$Z\_score = 1.2X_1 + 1.4X_2 + 3.3X_3 + 0.6X_4 + 0.99X_5 \tag{9}$$

其中，X_1=营业资金/资产总额；X_2=留存收益/资产总额；X_3=息税前利润/资产总额；X_4=权益市值/负债账面价值；X_5=销售额/资产总额。

长期企业绩效的度量。企业长期企业绩效可以折射出相关投资者对该企业未来盈利能力的判断，并将企业市场价值作为其度量指标。因此，本文选取“市净率”作为企业长期绩效的替代变量。

② 解释变量：企业社会责任和产品市场竞争。

企业社会责任的计量。本文参照国内学者陈玉清等（2005）、朱雅琴等（2010）、冯丽丽等（2011）、徐辉等（2015）、周兵等（2016）使用指标计量法度量企业社会责任，并将社会贡献总额主要划分为对政府、对员工、对投资者和对合作者的贡献四个部分，使用加总后的企业社会贡献率作为其社会责任履行情况的替代变量，即社会责任指标如下：

$$Csr = Y_1 + Y_2 + Y_3 + Y_4 \tag{10}$$

其中，Y_1代表对政府的贡献，Y_1=（支付的各项税费-收到的税费返还）/总资产；Y_2代表对员工的贡献，Y_2=支付给职工以及为职工支付的现金/总资产；Y_3代表对投资者的贡献，Y_3=（偿还债务支付的现金与分配股利+利润或偿付利息支付的现金）/总资产；Y_4代表对合作者的贡献，Y_4=（应付票据+应付账款）/总资产。

产品市场竞争的计量。现有文献度量产品市场竞争指标主要有两大类：第一类指标主要用于反映市场竞争的程度，其中主要包括赫芬因德指数（HHI）、行业集中度、价格弹性等指标；第二类指标主要用于衡量产品市场竞争的结果，其中勒纳指数的应用范围最为广泛。本文参照国内学者徐一民等（2010）的研究方法以及勒纳指数，采用营业利润率作为企业产品市场竞争力的替代变量。

③ 控制变量。

参考国内学者关于企业绩效的研究（如李正等，2006；温素彬等，2008），选取资产负债率 *Lev* 、自由现金流 *Cash* 、第一大股东持股比例 *First* 、董事会规模 *Board* 、独立董事比例 *Indirector* 、董事长与总经理是否兼任 *Double* 、年度 *Year* 及行业 *Id* 虚拟变量作为本文的控制变量。

本文选取这些变量作为控制变量，主要基于以下几点考虑：① 第一大股东持股比例 *First* ：由于 *First* 越大，第一大股东对公司的控制权越大，就越有动机侵占中小股东的合法利益，这就使得企业内部治理机制难以发挥应有的功能，据此，本文选取 *First* 进行度量公司股权集中度（徐辉等，2015）；② 董事长与总经理是否兼任 *Double*：两职兼任是企业管理层“筑围作用”的一种体现（Bebchuk 等，2004），是委托代理问题与公司运营效率的权衡指标（吴淑坤，1998）；③ 董事会规模 *Board*： *Board* 是企业内部治理机制的一个特征，在一定程度上可以影响董事会运营和监管效率（Pfeefer，1972）；④ 独立董事的比例 *Indirector*：由于独立董事不能持有本公司的股份，所以独立董事往往能够做出比较客观、公正的评价和决策，在一定程度上可以有效地保护中小股东利益（叶康涛，2007）；⑤ 资产负债率 *Lev*：债务契约的约束往往会在一定程度上影响企业会计政策以及发展战略的选择与实施，所以 *Lev* 也就不可避免地会对企业的企业绩效产生较大的影响（宋常等，2008）；⑥ 企业自由现金流 *Cash*：本文的 *Cash* 是指除了满足企业正常的经营活动之外所结余的现金流量，而且 *Cash* 遵循收付实现制，可以有效地避免会计方法的选择所带来的不利影响，可以真实地反映企业的盈利能力。其中，主要变量定义见表 1。

2. 样本选取

本文选取我国沪深两市 A 股上市公司为初始研究样本，运用这些上市公司平衡面板数据进行实证分析。样本筛选过程如下：①剔除 ST 或者 PT 类上市公司；②剔除金融类上市公司；③剔除财务数据缺失的上市公司；④对数据进行“离群值”检验，并进行了 *Winsorize* 缩尾处理，即使小于 1%分位数和大于 99%分位数的连续变量分别等于 1%分位数和 99%分位数。经过上述筛选与处理，最终得到 1 100 家 A 股上市企业连续 6 年的平衡面板数据。本文运用 STATA 软件进行统计分析。

3. 数据来源

本文采用的企业社会责任、产品市场竞争和企业绩效等财务数据均来自国泰安（*CSMAR*）数据库。为了提高本文研究数据的准确性和可信度，我们进一步交叉核对了年报呈现的原始资料与国泰安数据库所提供的相关数据。

（二）实证结果与分析

1. 描述性统计分析

从表 2 中可见，沪深两市 A 股上市公司企业社会责任指标 Csr 平均值为 0.25，其标准差为 0.13，P25、P50、P75 分位数分别为 0.16、0.23、0.32，这些指标说明了沪深两市 A 股上市公司履行企业社会责任总体水平的差别并不显著，波动幅度不大，但是企业社会责任总体水平还是偏低，同时也说明了我国上市公司履行企业社会责任意识亟须增强。产品市场竞争指标 Pc 的平均值为 0.08，而极差为 205.67，且样本标准差为 2.11，这就说明了沪深两市 A 股上市公司的产品市场竞争程度彼此之间存在显著的差异。短期企业绩效 *Z_score* 的平均值为 2.34，标准差 2.58，极差为 103.58，总体上说明了不同的 A 股上市公司的短期企业绩效状况存在较大差异。市净率 *Val* 的平均值为 3.62，标准差为 11.21，表明了不同 A 股上市公司的发展能力存在一定的差异。控制变量方面，从表 2 中不难发现，企业资产负债率 *Lev* 平均值与标准差分别为 0.51、0.22，总体上说明不同企业的负债水平与财务弹性差异并不显著；企业自由现金流水平 *Cash* 的平均值和标准差分别为 0.04 和 0.10，整体上差异不大；另外表 2 中还分别报告了两职兼任情况 *Double*、董事会规模 *Board* 与独立董事比例 *Indirector* 的统计结果，结果表明不同企业董事会规模 *Board* 差异较大，而两职兼任情况 *Double* 与独立董事占比 *Indirector* 的差异并不显著；第一大股东持股比例 *First* 的平均值与标准差分别为 0.36、0.15，总体上说明不同企业的股权集中度差异并不显著。

表 2 描述性统计结果

变量	平均值	标准差	P25	P50	P75	最小值	最大值
Csr	0.25	0.13	0.16	0.23	0.32	− 0.13	3.02
Pc	0.08	2.11	0.01	0.06	0.13	− 56.55	149.12
Csr_Pc	0.01	0.45	0.00	0.01	0.03	− 34.56	10.74
Z_score	2.34	2.58	1.23	1.90	2.82	− 13.05	90.53
Val	3.62	11.21	1.80	2.77	4.39	− 398.65	324.16
Lev	0.51	0.22	0.35	0.51	0.66	0.01	6.35
Cash	0.04	0.10	0.00	0.04	0.09	− 4.27	0.55
Double	0.17	0.38	0.00	0.00	0.00	0.00	1.00
Board	9.13	1.83	9.00	9.00	9.00	4.00	18.00
Indirector	0.37	0.05	0.33	0.33	0.38	0.09	0.67
First	0.36	0.15	0.24	0.34	0.47	0.02	0.86

2. 回归结果分析

（1）短期企业绩效的影响分析。从表 3 的报告结果可知，模型（1）检验的是企业履行社会责任 Csr 与企业短期企业绩效 Z_score 之间的直接关系，在该模型中企业社会责任的系数显著（$\alpha_{i1}=1.383, P=0.000$），表明企业履行社会责任 Csr 与企业短期企业绩效 Z_score 呈正相关关系，即企业履行社会责任可以改善企业短期的财务状况，同时研究假设 H1 得到验证。模型（2）检验的是产品市场竞争 Pc 与企业短期企业绩效 Z_score 的直接关系，在该模型中产品市场竞争变量 Pc 的回归系数在 5%的显著水平上显著（$\alpha_{i1}=0.022, P=0.020$），表明产品市场竞争力与企业短期企业绩效呈正相关关系，即产品市场竞争力越强，越有利于改善企业短期的财务状况，同时假设 H3 得到验证。

表 3 短期绩效分析

变量	模型（1）	模型（2）	模型（3）	模型（4）
Csr	1.383***		1.409***	0.843**
	（0.354）		（0.354）	（0.411）
Pc		0.0221**	0.0232**	0.0362***
		（0.00947）	（0.00946）	（0.0106）
Csr_Pc				−0.194***
				（0.0714）
Lev	−5.288***	−5.130***	−5.267***	−5.202***
	（0.173）	（0.170）	（0.173）	（0.175）
Cash	−0.911***	−1.204***	−0.948***	−0.478
	（0.247）	（0.239）	（0.247）	（0.302）
Double	0.0320	0.0383	0.0343	0.0310
	（0.0884）	（0.0885）	（0.0884）	（0.0883）
Board	−8.27e−05	−0.00589	0.000460	0.00533
	（0.0288）	（0.0288）	（0.0288）	（0.0288）
Indirector	−0.774	−0.812	−0.791	−0.743
	（0.680）	（0.681）	（0.680）	（0.680）
First	0.00327	0.00325	0.00312	0.00298
	（0.00427）	（0.00427）	（0.00427）	（0.00426）
Constant	4.878***	5.220***	4.868***	4.900***
	（0.466）	（0.458）	（0.466）	（0.466）
年度	已控制	已控制	已控制	已控制
行业	已控制	已控制	已控制	已控制
N	6，600	6，600	6，600	6，600
R−*squared*	0.149	0.147	0.150	0.151
F 值	137.13	135.48	120.85	108.36

注：*、**、***分别表示在 10%，5%，1%的水平上显著，括号内为标准误。

如表 3 所示，模型（3）（4）是在模型（1）（2）的基础上的扩展模型。模型（3）将企业社会责任与产品市场竞争两个因素都加入模型中，控制其中一个变量保持不变来检验另一个变量对企业短期企业绩效的影响。通过分析模型（1）（3）的回归结果，不难发现，在控制了企业社会责任变量 *Csr* 不变的前提条件下，产品市场竞争 *Pc* 对企业短期企业绩效 *Z_score* 的影响会进一步增强，相应的显著性水平和回归系数都进一步增大了（$\alpha_{i1}=0.023>0.022, P=0.014<0.020$），这也说明了企业社会责任的调节作用增强了产品市场竞争对企业短期企业绩效的影响强度。通过分析模型（1）（3）的回归结果，不难发现，在控制了产品市场竞争变量 *Pc* 不变的前提条件下，企业社会责任 *Csr* 对企业短期企业绩效 *Z_score* 的影响也会进一步增强，回归系数进一步变大（$\alpha_{i1}=1.408>1.383$），这表明产品市场竞争的调节作用也会增强企业社会责任对企业短期企业绩效的影响程度。模型（4）是加入企业社会责任与产品市场竞争交互项 *Csr_Pc* 的扩展模型，交互项 *Csr_Pc* 的回归系数在 1%显著水平上显著（$\alpha_{i3}=-0.194, P=0.007$）。与模型（3）相比，模型（4）中社会责任的 *Csr* 回归系数有所减小，显著性水平也有所下降（$\alpha_{i1}=0.841<1.408$，$P=0.040>0.000$），产品市场竞争变量 *Pc* 的回归系数也进一步增大了，相应的显著性水平也有所增强（$\alpha_{i2}=0.036>0.023, P=0.001<0.014$）。从交互项 *Csr_Pc* 的回归系数 $\alpha_{i3}=-0.194<0$ 可知，二者之间的交互效应是负向影响短期企业绩效的改善，企业履行社会责任可以促使产品市场竞争对企业短期企业绩效的影响程度更强，但产品市场竞争会促使企业社会责任对企业短期企业绩效的影响程度减弱，这说明企业社会责任与产品市场竞争对企业短期企业绩效的影响是一种替代关系，而不是一种互补关系，这个研究结论也支持了 Cremers and Nair（2005）和 Acharya et al（2010）的观点。因此，本文的研究假设 H5 通过了检验。

（2）长期企业绩效的影响分析。从表 4 的报告结果可知，在模型（5）中，企业社会责任 Csr 的回归系数为正，且在 1%显著水平上显著（$\alpha_{i1}=12.595, P=0.000$），表明企业社会责任 Csr 与长期企业绩效 Val 具有显著的正向影响关系，所以研究假设 H2 成立。在模型（6）中，产品市场竞争 Pc 的回归系数为负，且在 5%显著水平上显著（$\alpha_{i2}=-2.447, P=0.023$），这表明产品市场竞争会直接对企业的长期企业绩效带来反向抑制作用，故研究假设 H4 得到了验证。同时，不难发现，短期企业绩效 Z_score 的回归系数都为负，这说明了企业的短期财务状况与企业价值（长期企业绩效）是负相关关系，即企业的短期企业绩效会抑制其长期企业绩效的提高，这可能是由于企业着眼于短期利益，而忽略企业的长期价值，导致投资者对企业未来市场价值的判断持悲观态度；这也可能是由于产品市场竞争程度越激烈，企业的盈利空间往往就越有限，产品市场竞争会在一定程度上降低企业利润，企业绩效也会相应地出现显著降低，即产品市场竞争能够显著地负向影响企业绩效（Giroud 和 Mueller，2008）。

表 4　长期绩效分析

变量	模型（5）	模型（6）	模型（7）	模型（8）
Csr	12.60***		4.112***	3.315***
	（2.566）		（1.211）	（1.265）
Pc		−2.447**	−1.906*	−1.851*
		（1.077）	（1.088）	（1.088）
Z_score	−0.205**	−0.119*	−0.154**	−0.155**
	（0.0977）	（0.0700）	（0.0707）	（0.0706）
Csr_Pc				−0.814**
				（0.383）
Lev	−8.898***	−2.939***	−3.487***	−3.314***
	（1.355）	（0.838）	（0.853）	（0.856）
Cash	1.971	−3.882***	−3.815**	−1.702
	（1.788）	（1.489）	（1.488）	（1.792）
Double	−0.111	0.00931	−0.0561	−0.0546
	（0.640）	（0.397）	（0.397）	（0.397）
Board	−0.301	−0.169*	−0.182**	−0.183**
	（0.208）	（0.0887）	（0.0888）	（0.0886）
Indirector	1.927	0.457	0.493	0.487
	（4.923）	（2.916）	（2.915）	（2.912）
First	0.0603*	0.00367	0.00110	0.000969
	（0.0309）	（0.0101）	（0.0101）	（0.0101）
Constant	5.264	6.981***	6.485***	6.527***
	（3.408）	（1.606）	（1.613）	（1.611）
年度	已控制	已控制	已控制	已控制
行业	已控制	已控制	已控制	已控制
N	6，600	6，600	6，600	6，600
R-squared	0.011	0.0161	0.0151	0.0162
F 或 *Wald* 值	*F*=7.95	*Wald*=29.16	*Wald*=40.70	*Wald*=45.27

注：*、**、***分别表示在 10%，5%，1%的水平上显著，括号内为标准误。

以模型（6）为基本模型，比较模型（6）（7）（8），可以发现：在模型（6）的基础上，加入企业社会责任变量 *Csr* 后，即模型（7），产品市场竞争变量 *Csr* 与长期企业绩效 *Val* 回归系数的绝对值减小了（$\alpha_{i2}=|-1.906|<|-2.447|$）。当加入企业社会责任与产品市场竞争的交互项 *Csr_Pc*，即模型（8），交互项 *Csr_Pc* 在 5%的显著水平上显著，而且回归系数为负（$\alpha_{i4}=-0.814, p=0.034$），产品市场竞争的回归系数的绝对值进一步减小（$\alpha_{i2}=|-1.851|<|-1.906|$）。这表明企业社会责任和产品市场竞争共同作用于企业长期企业绩效时，产品市场竞争对企业长期企业绩效的负向影响程度因企业社会责任因素而得到一定程度的减弱，即企业社会责任水平对产品市场竞争与长期企业绩效的负向影响具有调节作用，二者之间是一种替代关系。

以模型（5）为基本模型，比较模型（5）（7）（8），可以发现：在模型（5）的基础上，加入产品市场竞争变量后，即模型（7），企业社会责任与企业长期企业绩效的相关系数减小了，显著性水平有所降低（$\alpha_{i1}=12.592>4.112$, $p=0.000<0.001$）。由此可知，当控制了产品市场竞争变量不变时，企业社会责任对企业长期企业绩效的贡献降低了。当加入企业社会责任与产品市场竞争的交互项 *Csr_Pc*，即模型（8），企业社会责任与企业长期企业绩效的回归系数进一步减小了，显著性水平也有所降低（$\alpha_{i1}=4.112>3.315$, $p=0.001<0.009$），交互项的回归系数也显著（$\alpha_{i4}=-0.8142, p=0.034$）。上述分析表明，企业社会责任与产品市场竞争之间的交互效应负向影响企业长期企业绩效（企业价值），产品市场竞争可以显著地调节企业社会责任对企业长期企业绩效的正向影响，这说明企业社会责任与产品市场竞争对企业长期企业绩效的影响是一种替代关系，而不是一种互补关系。因此，本文的研究假设 H6 得到验证。

五、案例分析部分

（一）太极集团简介

太极集团有限公司（以下简称太极集团），是我国企业 500 强、中医药工业 10 强，由重庆市涪陵区国家资产管理监督委员会 100%控股，注册资本 34233.80 万元，资产已达 200 亿元，主营美容、减肥、西药和中药饮片，也涉足了中草药种植、旅游、房地产等领域。太极集团有限公司成立于 1997 年 12 月 24 日，经营范围包括销售：保健用品、日化用品等。太极集团股份有限公司的前身是 1972 年由国家投资 11 万元建成的四川省涪陵中药厂，1988

年更名为四川涪陵制药厂，1993年改组为太极实业股份有限公司，1994年改组建成太极实业集团股份有限公司，1997年10月上市，1998年3月收购重庆中药的国有股成为重庆中药的控股股东。自1992年以来，乘着改革开放的春风，连续多年实现产值利税翻番，取得迅猛发展，各项经济指标跃居国内同行业前列。如今的太极已成为中国驰名商标，中国企业500强之一，资产160亿元，是国内医药产业链条最为完整的大型企业集团。在太极集团雄厚的实力背后，有着强大的科研体系，该体系由重庆中药研究院、太极医药研究院、博士后工作站和五大研发中心组成。还与北京大学、中国药科大学等全国15所院校合作建立博士后工作站，其研发中心遍布世界各地。众所周知，科学技术转化为生产力必将产生质的飞跃，而太极集团正是凭着超前的产品研发和先进的生产技术飞跃着。傲人的业绩为太极集团“全面系统的营销管理”赢得了“2000年国家管理成果一等奖”的荣誉。长期以来，太极集团以其得天独厚的资源、技术、设备、人才、网络优势推出一批知名的优势品种，享誉海内外，新药开发形成开发一代、研制一代、储备一代的良性格局。太极集团把开发人的素质作为企业文化的根本，把人类的素质看作是生命力的重要组成部分，在人的素质开发方面，着力于人的德、智、体、美、劳五个方面。产品是太极渊源文化的延伸，是“忠诚、团结、努力、责任”的太极人“为人类缔造健康幸福、全面提高生命质量的理想”催生。

太极集团经过四十多年的努力，现有1 500多个中西药品种、50多个全国独家生产品种、120个专利产品、30多个国家中药保护品种、6个年销售额逾亿元的品种，有7 000多个大药房和20多家医药商业公司构成的庞大国内外销售网络，有10多家制药厂和太极医药研究院、重庆中药研究院及太极博士后工作站三大研发机构，拥有亚洲最大的糖浆剂、口服液和我国第一个GMP样板冻干粉针剂生产线。太极集团秉持“一元为本、突出主业”的发展方针，积极与国内外院校合作培养人才，从一个单纯的制药企业发展成为我国医药产业链条最为完整的大型医药集团。

太极集团的快速发展主要得益于日益增强的科研开发能力，日益完善的国内市场网络，日趋成熟的信息化管理，良好的生产装备和技术工人队伍，畅通的国内外两个市场沟通的外贸渠道，颇具中国特色的管理团队和管理经验。

（二）太极集团社会责任分析

披露企业社会责任（CSR）报告已经成为全球领先公司的通行做法，在我国构建和谐社会、提倡可持续发展的背景下，随着企业社会责任理念的不断深入和企业社会责任实践的快速发展，披露企业社会责任报告已经成为一种趋势。但在现行条件下，太极集团缺乏披露企业社会责任的行业氛围，缺乏披露企业社会责任的规范文件。本文参照国内学者陈玉清等（2005）、朱雅琴等（2010）、冯丽丽等（2011）、徐辉等（2015）、周兵等（2016）使用指标计量法度量企业社会责任，并将社会贡献总额主要划分为对政府、对员工、对投资者和对合作者的贡献四个部分，选取了如下指标：负债、所有者权益、应交税费、收到的税费返还、应付职工薪酬、应付股利、长期借款、短期借款、应付债券、利润、应付票据、应付账款。其中，总资产=负债+所有者权益，偿还债务支付的现金=（短期借款期初数－短期借款期末数）+（长期借款期初数－长期借款期末数）+（应付债券期初数－应付债券期末数）。Y_1代表对政府的贡献，Y_1=（应交税费-收到的税费返还）/总资产；Y_2代表对员工的贡献，Y_2=应付职工薪酬/总资产；Y_3代表对投资者的贡献，Y_3=（偿还债务支付的现金+应付股利+利润）/总资产；Y_4代表对合作者的贡献，Y_4=（应付票据+应付账款）/总资产。

从图 2 分析可知，太极集团企业社会责任贡献的四个组成部分中，对合作者的贡献程度最高，对员工的贡献和对政府的贡献次之，对投资者的贡献波动程度较大。太极集团企业社会责任对合作者的贡献在近十年的时间里表现出一个缓慢上升的过程，近两年有所下降，这与太极集团总资产增长率显著大于应付票据和应付账款增长率有很大关系：2015—2017 年太极集团的总资产增长率分别为－3.11%、－6.08%、13.19%，但应付票据和应付账款的增长率为 3.09%、－21.46%、6.49%，由此表现出太极集团企业社会责任对合作者的贡献近年来呈现下降的趋势。

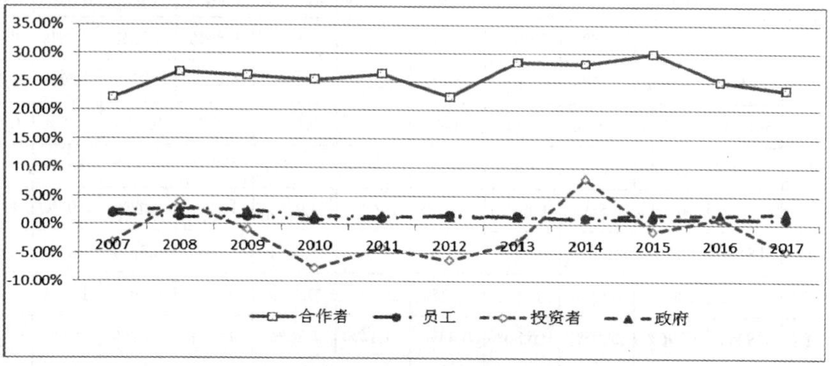

图 2　太极集团企业社会责任分布图

图中太极集团企业社会责任对投资者的贡献波动较大，是因为对投资者的贡献组成部分较为复杂，包含了短期借款变化、长期借款变化、应付债券变化、应付股利和利润五个部分，当其中的某一个或几个组成部分发生较大变化时，就会导致对投资者的贡献发生较大的波动。

对太极集团企业社会责任贡献进行分析，有助于分层次、分对象地研究上市公司所承担的社会责任，对于推动上市公司更好地履行自身所承担的社会责任具有积极作用。为了更好地分析太极集团所履行的社会责任程度，本文选取了医药制造行业中总资产排名靠前的六家上市公司与太极集团进行对比，这六家上市公司分别为：中国医药、云南白药、康美药业、复星医药、白云山、人福医药。见表5。

表5 医药制造公司企业社会责任

		2007	2008	2009	2010	2011	2012	2013	2014	2015	2016	2017
太极集团	合作者	22.26%	26.63%	26.03%	25.37%	26.30%	22.38%	28.41%	28.11%	29.91%	25.01%	23.53%
	员工	1.82%	1.26%	1.32%	0.77%	1.03%	1.57%	1.36%	0.94%	0.94%	1.05%	0.90%
	投资者	−3.07%	3.89%	−0.98%	−7.63%	−4.19%	−6.32%	−3.07%	8.02%	−1.15%	1.01%	−4.63%
	政府	2.28%	2.76%	2.39%	1.43%	1.40%	1.34%	1.22%	1.14%	1.79%	1.62%	2.06%
中国医药	合作者	14.96%	15.60%	15.19%	14.78%	16.79%	25.84%	23.23%	24.93%	26.83%	29.80%	30.48%
	员工	0.22%	0.22%	0.60%	0.71%	0.89%	0.71%	0.68%	0.71%	0.63%	0.72%	0.70%
	投资者	12.33%	10.18%	−1.03%	8.87%	5.77%	8.25%	−10.60%	14.99%	5.14%	9.05%	9.43%
	政府	−0.73%	−0.71%	−2.75%	−4.03%	−3.23%	−3.07%	−1.94%	−1.77%	0.60%	0.80%	2.21%
云南白药	合作者	25.62%	17.70%	18.55%	24.33%	23.07%	21.40%	18.90%	16.72%	16.70%	17.81%	16.50%
	员工	0.66%	0.87%	0.68%	0.31%	0.47%	0.35%	0.33%	0.38%	0.51%	0.56%	0.53%
	投资者	12.68%	11.74%	11.95%	13.63%	15.49%	17.17%	21.04%	12.31%	16.67%	10.25%	13.08%
	政府	2.57%	2.04%	1.44%	2.00%	0.87%	0.10%	1.34%	0.80%	1.72%	1.32%	0.99%
康美药业	合作者	1.96%	2.03%	2.81%	3.28%	2.97%	4.25%	4.39%	6.42%	4.32%	3.20%	3.06%
	员工	0.17%	0.09%	0.09%	0.11%	0.08%	0.11%	0.12%	0.11%	0.11%	0.13%	0.16%
	投资者	10.59%	−11.32%	1.63%	−3.02%	−4.72%	5.21%	11.83%	6.38%	−0.90%	0.64%	−2.49%
	政府	0.87%	−0.34%	0.58%	0.89%	−0.17%	0.77%	1.03%	1.12%	1.02%	0.97%	1.01%
复星医药	合作者	4.81%	5.28%	4.26%	4.92%	4.22%	3.54%	3.86%	2.56%	2.75%	2.63%	2.88%
	员工	0.67%	0.80%	0.55%	0.55%	0.51%	0.55%	0.86%	0.84%	0.99%	1.01%	0.90%
	投资者	6.94%	17.96%	22.05%	−5.36%	3.43%	11.14%	7.22%	4.54%	2.69%	7.36%	−9.61%
	政府	0.99%	0.66%	0.42%	1.47%	0.50%	0.64%	0.98%	0.97%	1.32%	1.09%	0.77%

续表

		2007	2008	2009	2010	2011	2012	2013	2014	2015	2016	2017
白云山	合作者	25.08%	7.97%	7.88%	7.61%	7.33%	12.43%	13.07%	17.11%	18.46%	9.99%	10.79%
	员工	1.53%	1.25%	1.35%	1.37%	1.32%	2.11%	2.73%	2.89%	2.60%	2.11%	2.23%
	投资者	6.54%	21.43%	10.45%	7.73%	4.72%	8.35%	7.40%	10.36%	9.90%	10.09%	9.13%
	政府	−0.15%	−0.82%	0.56%	1.00%	0.78%	1.77%	3.29%	1.24%	0.47%	1.48%	0.73%
人福医药	合作者	5.39%	7.86%	4.03%	4.45%	6.46%	7.07%	7.73%	11.79%	13.12%	9.88%	7.42%
	员工	0.07%	0.14%	0.07%	0.08%	0.08%	0.07%	0.12%	0.12%	0.14%	0.15%	0.30%
	投资者	4.99%	3.41%	14.13%	−0.10%	3.17%	−4.13%	8.82%	−5.88%	7.32%	−8.68%	2.18%
	政府	1.74%	1.52%	0.76%	1.55%	1.38%	2.12%	1.43%	0.52%	0.88%	0.99%	1.43%

在这七家上市公司中，太极集团的负债和所有者权益总额为 106 亿元，中国医药、云南白药、康美药业、复星医药、白云山、人福医药的负债和所有者权益总额分别为 212 亿元、277 亿元、687 亿元、620 亿元、283 亿元、354 亿元。与这六家上市公司相比，太极集团资产规模较小，行业竞争力较弱。履行好企业的社会责任对于企业的短期绩效和长期绩效都有显著影响。从表 5 可知，这七家上市公司对合作者贡献和对投资者的贡献普遍高于对员工的贡献和对政府的贡献，其中，中国医药对合作者的贡献在 2017 年达到了最大值 30.48%，在 11 个调查时期内，人福医药在五个年度内对员工的贡献不足 0.1%，2017 年对员工的贡献有略微上升，达到 0.3%。由此可见，上市公司在履行社会责任的过程中，对投资者、合作者、员工、政府方面存在很大的偏差。

从图 3 可知，不同的上市医药公司在相同年份的企业责任总贡献度差距很大，同一上市公司在不同年份内的企业社会责任总贡献度差距也很大。在 2007—2017 年调查期间内，企业社会责任差距最小的企业为云南白药，其 2013 年的企业社会责任总贡献度为 41.60%，2016 年的企业社会责任总贡献度为 29.95%，差距为 11.65%；企业社会责任总贡献度最大的企业为复星医药，其 2007 年的企业社会责任总贡献度为 27.29%，2017 年的企业社会责任总贡献为-5.06%，差距为 32.35。在同一年份内，不同医药企业所承担的企业社会责任总贡献度差距也很大：2009 年云南白药的企业社会责任总贡献度为 32.62%，康美药业的企业社会责任总贡献度为 5.11%，差距为 27.51%；2017 年中国医药的企业社会责任总贡献度为 42.82%，但复星医药的企业社会责任总贡献度仅为-5.06%，差距为47.88%。太极集团在发展过程中切实履行自身的企业社会责任，对投资者、合作者、员工和政府都做出了积极的贡献，在2007—2017年间的平均企业社会责任总贡献度为27.11%，中国医药、云南白药、康美药业、复星医药、白云山、人福医药的平均企业社会责任总贡献度分别为27.54%、35.83%、5.60%、11.65%、25.06%、11.46%。由此可见，太极集团在承担企业社会责任方面做得较好，所承担的企业社会责任明显大于比自身总资产更为雄厚的公司。

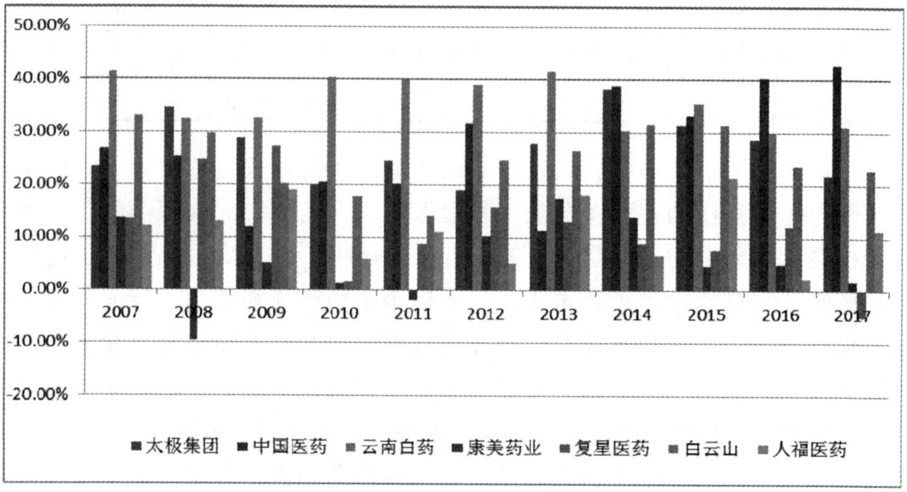

图3 医药制造公司企业社会责任总贡献度分析

六、研究结论与建议

（一）研究结论

基于两阶段投资决策模型，本文运用我国沪深两市A股上市公司平衡面板数据，并在模型中检验了企业社会责任与产品市场竞争对企业绩效的作用机理，厘清了二者与企业绩效的复杂关系，并得出以下主要结论。

（1）企业积极履行社会责任不仅能够促进短期企业绩效的提升，而且还能够提高企业价值，即对企业的长期企业绩效具有积极的促进作用。这说明企业履行社会责任可以改善当期的财务状况，塑造良好的企业形象和声誉，并形成差异化的优势，进而可以提升企业价值。

（2）产品市场竞争可以显著地正向影响短期企业绩效，但对长期企业绩效却会产生显著的负向影响。从短期看，当产品市场竞争使产品价格等于边际成本时，则其可以优化资源配置，促使管理者更加努力地经营和降低成本，以期改善当期财务状况。但从长期看，产品市场竞争使有效率的企业得以生存，并进行优胜劣汰的选择。这样，对于效率低下的企业，其市场价值就直线下降，甚至破产。同时，产品市场竞争程度越激烈，企业的盈利空间往往就会越有限，产品市场竞争会在一定程度上降低企业利润，企业长期企业绩效也会相应地出现明显降低，这一结论也很好地支持了 Giroud 和 Mueller（2008）的观点。

（3）企业社会责任与产品市场竞争的交互效应对短期企业绩效具有负向影响的作用，即企业履行社会责任可以增强产品市场竞争对短期企业绩效的正向影响，但产品市场竞争却抑制企业履行社会责任对短期企业绩效的正向影响，即二者对企业短期企业绩效的影响是一种替代关系，而不是一种互补关系；企业社会责任与产品市场竞争的交互效应对长期企业绩效也具有负向影响的作用，即企业履行社会责任可以减弱产品市场竞争对长期企业绩效的负向影响，同时产品市场竞争也会减弱企业履行社会责任对长期企业绩效的正向影响。这表明，二者对企业长期企业绩效的影响是一种替代关系，而不是一种互补关系。

（二）建　议

从实证研究结论来看，上市公司积极履行社会责任会提升企业长短期绩效，产品市场竞争可显著地正向影响短期企业绩效，但对长期企业绩效却产生显著的负向影响。企业社会责任与产品市场竞争二者对企业绩效的影响是一种替代关系，而不是一种互补关系。因此，企业应当对企业社会责任管理和产品市场竞争力进行相应地再认识，权衡二者对企业绩效的替代效应。尤其注意，产品市场竞争可以为努力工作提供更多的激励，但是竞争也可能抑制效率的提高。企业在激励竞争的行业里，上市公司要注重企业社会责任的履行，以此来促进企业和社会的可持续发展。同时，不仅仅是企业，社会以及广大人民群众都应该关心如何能够让企业更好地履行社会责任。因而，本文给出以下几点建议。

1. 政府层面：通过法律、政策和制度加以约束和激励

政府部门可以通过制定法律、管理体制改革以及部门监管等形式，将企

业履行社会责任的支出纳入企业的成本明细，从而成为企业履行社会责任的内在动力。首先，应该完善有关社会责任方面的法律体系建设，如完善职工、消费者权益保护的法律体系等；其次，政府要和企业一起互动，共同推进社会责任的建设，如政府为积极履行社会责任的企业创建良好的纳税环境并提供一些帮助，促使企业自觉遵守法律法规、积极缴纳税款等。

2. 社会层面：营造良好的社会责任环境

如今，社会监督已成为国家发展的重要组成部分，作为外部监督的力量，在推进企业履行社会责任方面能发挥巨大的作用。首先，非政府机构组织、行业协会以及社会中介机构应该发挥他们的专业优势，积极推动有关上市公司制定社会责任指南以及标准，为各企业指引方向，也为学者们以后的研究提供便利；其次，通过新闻媒体进行的正面宣传和报道，能够让企业履行社会责任利大于弊的观念深入人心，让履行社会责任成为企业的习惯和义务。

3. 市场层面：建立以社会责任为导向的市场机制

首先，应该建立社会责任信息披露的强制制度。由于我国没有专门要求企业对社会责任信息进行披露，是否披露社会责任信息完全取决于市场的需要，以至于披露社会责任信息变成了一种短期、随意的行为。因此，建立、健全企业社会责任信息披露制度是企业积极履行社会责任的制度保证。其次，上市公司监督管理部门应该建立社会责任的信用评级制度，定期发布评级结果，从而引导各企业参与到建立社会责任的信用机制中来。

4. 公司层面：将社会责任融入企业的管理体系

首先，企业管理层要从根本上树立社会责任意识，将其融入企业文化建设中；其次，在企业的发展过程中慢慢地将社会责任作为发展战略来长期实施，实现企业和社会的同步发展与互利共赢；最后，企业要树立“以人为本”的管理理念，严格执行《劳动法》的相关规定，并建立相应的制度，切实保障员工的权益，同时也要建立、健全员工工会制度，让工会成为企业高层和员工之间沟通的桥梁，努力建立一种和谐的劳动关系。

主要参考文献

[1] 杨熠，沈洪涛. 我国公司社会责任与财务业绩关系的实证研究[J]. 暨南学

报（哲学社会科学版），2008（6）：60-68.

[2] 田虹. 企业社会责任与企业绩效的相关性——基于中国通信行业的经验数据[J]. 经济管理，2009（01）：72-79.

[3] Brammer，S. Brooks，C.，and Pavelin，S. CorporateSocial Performance and Stock Returns：UKEvidence from Disaggregate Measures[J]. Financial Management，2006，35（3）：97－116.

[4] 陈玉清，马丽丽. 我国上市公司社会责任会计信息市场反应实证分析[J]. 会计研究，2005（11）：76-81.

[5] Mc Williams，A.，and D. Siegal. Corporate Social Responsibility：A Theory of the Firm Perspective[J]. Academy of Management Review，2001，26（2）：117-127.

[6] Li H B，Meng L S，Wang Q，etal. Political Connections，Financing and Firm Performance：Evidence from Chinese Private Firms[J]. Journal of Development Economics，2008（87）：283-299.

[7] Bouquetc and Deutsch Y. The impact of corporae social performace on a firm' s multinationality[J]. Journal of Business Ethics，2008（82）：407-424.

[8] 陶文杰，金占明. 企业社会责任信息披露、媒体关注度与企业绩效关系研究[J]. 管理学报，2012，9（08）：1225-1232.

[9] Schuler，D. A.，and M. Cording. 2006. A Corporate Social Performance corporate Financial Performance Behavioral Model for Consumers[J]. Academy of Management Review，31（3）：540-558.

[10] Hill，R. P.，T. Ainscough，T. Shank，and D. Manullang. CorporateSocial Responsibility and Socially Responsib- le Investing：A Global Perspective[J]. Journal of Business Ethics，2007，70（2）：165-174.

[11] 朱乃平，朱丽，孔玉生，沈阳. 技术创新投入与社会责任承担对企业绩效的协同影响研究[J]. 会计研究，2014（2）：57-64.

[12] Aggarwal，R，and Samwick，A. Executive compensation，strategic competition，and relative performance evaluation：Theory and evidence[J]. Journal of Finance，1999（54）：1999-2043.

[13] Raith M. Competition，Risk，and Managerial Incentives[J]. American Economic Review，2003（93）：1425- 1436.

[14] Defond M，Park C. The effect of competition on CEO turnover[J]. Journal of Accounting and Econom- ics，1999，27（1）：35-56.

[15] Karuna C. Industry Product Market Competition and Managerial Incentives[J]. Journal of Accounting and Economics, 2007, 43(2): 275-297.

[16] Baggs J，De Bettignies J. Product Market Competition and Agency Costs[J]. Journal of Industrial Economics，2007（55）：289-323.

[17] 徐辉，周兵，任政亮. 企业社会责任、薪酬差距与企业绩效——基于中介效应的实证研究[J]. 财会通讯，2015（10）：52-55.

[18] Giroud, X., Mueller, H. Corporate governance, product market competition, and equity prices[Z]. Unpublished Working Paper，NewYork University，2008b.

[19] 谭云清，刘志刚，朱荣林. 产品市场竞争、管理者激励与公司绩效的理论与实证[J]. 上海交通大学学报，2008（11）：1823-1826.

[20] 宋增基，李春红，卢溢洪. 董事会治理、产品市场竞争与公司绩效：理论分析与实证研究[J]. 管理评论，2009（09）：120-128.

[21] Alchian A. Uncertainty，evolution and economic theory[J]. Journal of Political Economy，1950，58（3）：211-221.

[22] Schmidt，K. The costs and benefits of privatization[J]. The Journal of Law，Economics &Organization，1997（12）：1- 24.

[23] 朱雅琴，姚海鑫. 企业社会责任与企业价值关系的实证研究[J]. 财经问题研究，2010（2）：102-106.

[24] 徐一民，张志宏. 产品市场竞争、政府控制与投资效率[J]. 软科学，2010，132（12）：19-23.

[25] 李正. 企业社会责任与企业价值相关性研究——来自沪市上市公司的经验证据[J]. 中国工业经济，2006（2）：77 -83.

[26] 温素彬，方苑. 企业社会责任与企业绩效关系的实证研究——利益相关者视角的面板数据分析[J]. 中国工业经济，2008，247（10）：150-160.

[27] 姜付秀，屈耀辉，李焰. 产品市场竞争与资本结构动态调整[J]. 经济研究，2008（4）：99-110.

[28] 周兵，徐辉，任政亮. 企业社会责任、企业自由现金流与企业价值——基于中介效应的实证研究[J]. 华东经济管理，2016，30（2）：129-135.

[29] 黄蕾. 产品市场竞争对董事会治理效果影响的实证分析[J]. 金融与经济，2010（11）：72-74.

[30] 胡珺，王红建，宋献中. 企业慈善捐赠具有战略效应吗?——基于产品市场竞争的视角[J]. 审计与经济研究，2017，32（04）：83-92.

上市公司其他综合收益列报与披露问题探析

余伦芳 郑 敏

2009年6月，我国第一次引入综合收益项目，并将“其他综合收益”和“综合收益总额”两个项目纳入了利润表，作为报表项目列示在“每股收益”项目后面。第30号企业会计准则于2014年1月再次被修订，其他综合收益的列报与披露进一步得到准则的规范。

一、上市公司列报与披露其他综合收益的现状

为了了解修订后的第30号准则实施后上市公司列报与披露其他综合收益的现状，通过巨潮资讯网手工收集了中国动力、方大集团、安信信托等20家上市公司的年报，对年报中涉及的其他综合收益信息进行了分析。

1. 大多数上市公司通过年报披露其他综合收益

在这20家公司中，有19家公司的年报中存在其他综合收益项目，余下瀚丰矿业1家公司不涉及该项目。在存在其他综合收益的19家上市公司中，均是通过年报中的资产负债表、利润表和所有者权益变动表三大财务报表和附注来披露其他综合收益的相关信息。

2. 上市公司在报表和附注中对其他综合收益信息都进行了披露

在这20家公司中，有19家上市公司在资产负债表、利润表和所有者权益变动表三大财务报表中都列示了其他综合收益的相关信息。除此之外，上市公司还通过附注对其他综合收益的相关信息进行了披露，阅读附注后可以发现其他综合收益附注披露的主要内容有三项：其他综合收益各个组成项目在本会计年度的期末期初余额，其他综合收益各个组成项目在本会计年度的发生额及其相应的所得税，本会计年度发生的以前计入该科目在本会计年度被重新分类进而转入当期损益的情况。

3. 上市公司主要采用定量的方式对其他综合收益进行信息披露

定量列报、披露其他综合收益项目的相关信息被这 19 家上市公司广泛采用，通过附注对其他综合收益的信息进行定性说明的上市公司较少。通过阅读上市公司年报可知上市公司对其他综合收益的定量列报主要体现在：该项目本会计年度的期末、期初余额可以从资产负债表中获取，透过利润表可以获取其他综合收益在本会计年度的发生额扣除所得税后的净额以及各具体项目的金额，所有者权益变动表分别从横向和纵向上列报了其他综合收益的金额，同时可以获取其他综合收益的期初、期末余额和本期发生额；其他综合收益附注的披露也主要是通过定量的方式，披露内容主要包括其他综合收益的期初余额、本期所得税前发生额、所得税数额、其他综合收益的重分类数额。

4. 上市公司列报与披露其他综合收益的主要内容

包含有后期能够重新分类转入当期损益的其他综合收益项目的公司有 15 家，占比 79%，在 19 家上市公司中占了绝大部分。只有中国动力、一汽轿车和天山股份这 3 家公司涉及以后不能进行重分类的其他综合收益项目，故不能重新分类的项目所占的比重较小。一汽轿车和天山股份的其他综合收益项目中同时包含了以后会计期间不能重分类的项目和以后会计期间满足一定条件时可以重新分类进入当期损益的项目。在所调查的 20 家公司中，以公允价值计量的可供出售金融资产因公允价值变动产生的损益和因境外经营产生的外币财务报表折算差额两个项目又是重分类项目的主体，因持有至到期投资重分类为可供出售金融资产产生的其他综合收益项目没有涉及，除以上三个项目外的其他项目涉及得较少。

二、上市公司列报与披露其他综合收益存在的问题

1. 报表格式不符合准则规定、报表间的数据勾稽关系不合理

（1）报表格式不符合准则规定。安信信托 2016 年利润表的格式是错误的，与准则规定的格式不相符。利润表的第六大项目应该是“其他综合收益的税后净额”，然后再按是否能重分类进入当期损益进行分类列报，并且“其他综合收益的税后净额”与“综合收益总额”项目的本期发生额都需要在母公司和少数股东之间进行分配，区分出二者各自所属的部分。但是安信信托却将“每股收益”放在了利润表的第六项中，“综合收益总额”项目成为利润

表的最后一个项目，把“其他综合收益的税后净额”项目放在了“每股收益”项目的后面，而不是列示在“净利润”项目之后，这种列报方式与准则的相关规定不相符合，并且利润表中还漏列了分配给少数股东的其他综合收益所得税后净额的部分。

（2）报表间的数据勾稽关系不合理。资产负债表中的“其他综合收益”项目的期末、期初余额之间的差额就应该等于利润表中的“其他综合收益的税后净额”项目的本期发生额。“其他综合收益”项目在资产负债表中的期初余额与本期所有者权益变动表中横向“其他综合收益”项目的“本年期初余额”相等，二者形成勾稽关系，如果会计政策变更、前期差错更正等情形在本期并不存在，此时该值也等于纵向上的“上年期末余额”；资产负债表中的期末余额和本期所有者权益变动表中纵向上的最后一个项目“本期期末余额”也形成了勾稽关系。从本期所有者权益变动表中获取的“其他综合收益”的本期变动金额与从利润表中获取的“其他综合收益税后净额”项目的本期发生额金额形成勾稽关系。通过分析所收集的上市公司中有关其他综合收益项目各报表之间的勾稽关系，发现芳源环保的其他综合收益项目在某些财务报表间的勾稽关系存在问题。芳源环保 2016 年其他综合收益的期末、期初余额均为 0，从中可以得出其他综合收益的本期发生额为 0。利润表“其他综合收益的税后净额”本期发生额为 1，899，098.72，这与资产负债表相矛盾。芳源环保其他综合收益 2016 年的期初、期末余额为 0 且本期并无发生额，该情况与资产负债表所反映的情况相符，说明这两个报表之间的勾稽关系没有问题，但所有者权益变动表中“其他综合收益”项目的本期发生额为 0，与利润表中该项目的本期发生额 1，899，098.72 不一致，二者之间的勾稽关系不合理。

2. 其他综合收益认定模糊，多列其他综合收益项目

尽管准则对其他综合收益的定义、核算内容进行了规定，但在分析收集的上市公司年报时，仍发现天山股份上市公司 2016 年年报中对其他综合收益的认定存在问题，多列了其他综合收益项目。天山股份 2016 年其他综合收益的税前发生额为-44，842，343.37，其中“以后期间不可以重新分类计入当期损益”的所得税前发生额为-519，742.51，都是由设定了受益计划的净负债（或净资产）因被重新计量而发生的变动产生的；可以重分类的其他综合收益税前发生额为-44，322，600.86，包括“以公允价值计量的可供出售金融资产因公允价值变动产生的损益”和“其他”这两部分。可以重分类的其他综合收益项目除了准则已列举的五个项目，其余满足其他综合收益确认条件的则归为“其他”类，常见的“其他”类主要包括自用（或者作为存货）的房地产在转换为以公允价值模式计量的投资性房地产时公允价大于账面价的数额、对子公司的股权进行分步处置直至丧失控制权等情况。关于“其他”项目本期税前发生额附注中并没有任何相关的资料对其进行说明，报表使用者并不知道“其他”项目的具体来源及内容。在阅读分析了投资性房地产和长期股权投资的附注资料后，发现并没有以公允价值模式计量的投资性房地产存在，而且从附注中可以获悉公司对投资性房地产只采用成本模式进行计量；换句话说，“其他”类的第一种情况并不存在，在公司的长期股权投资中也并没有对子公司的投资，由此可见计入“其他”项目的这一笔其他综合收益很可能是公司错误的会计处理导致的。

3. 披露内容缺乏充分性

上市公司信息披露越充分，信息使用者能够获取的与公司相关的信息就越多，越有助于决策，企业会计准则也要求上市公司必须充分披露相关信息。在分析了所调查的 19 家上市公司其他综合收益的附注信息之后，发现部分上市公司其他综合收益信息附注披露缺乏充分性，在附注中仅仅只列示了金额，但没有具体的文字加以说明，现以财信发展 2016 年年报中其他综合收益的附注加以说明。

从财信发展 2016 年资产负债表可知，其他综合收益的期末余额为 130.55，由于本期并无发生额，所以利润表中并无其他综合收益的相关信息。财信发展有关其他综合收益的附注内容也很少，并且没有说明“其他”项目的具体内容是什么以及其来源，外部信息使用者看了附注之后只知道其金额，仍然不知道其他综合收益中“其他”所指的具体内容，也不知其来源，信息使用者无法根据不充分的其他综合收益披露信息对其真实性进行判断。

在附注中对其他综合收益进行定性说明的公司只有 6 家，占总体的 30%。在对附注中的文字说明进行分析发现，它们所描述的内容均相同，都与现金流量套期损益的调整有关，显然这个信息对报表使用者来说意义不大，对他们理解其他综合收益各项目没有起到作用，附注披露内容缺乏充分性。

4. 重分类调整信息披露质量低

重分类调整是指其他综合收益项目在以前会计期间或者当期被确认，但当出现相关项目结束或者被终止确认的情况时，此时就会涉及其他综合收益的重分类，被重分类的其他综合收益会转入当期损益中。重分类调整信息的披露能够更准确、真实地反映公司财务报告数据，使财务报告使用者知道重分类信息交易和事项的来源。相关准则也要求在财务报表附注中需要将其他综合收益本期的重分类信息详细披露出来。经过对上市公司年报中有关其他综合收益项目相关信息的分析，发现上市公司报表附注中对重分类调整做出披露的较少，信息披露质量较低。

天山股份2016年其他综合收益重分类的发生额较大，有着较高的重要性水平。但是天山股份2016年其他综合收益附注中仅仅只是披露本期其他综合收益重分类的发生金额，无法获取重分类信息的具体内容以及来龙去脉，报表使用者获取充分详细的其他综合收益重分类调整信息受到限制。

5. 计量的可靠性受到质疑

从准则列举的其他综合收益的具体项目来看，大部分项目的共同点就是它们主要产生于某些资产的公允价值变动。历史成本作为我国的主要会计计量属性已有相当长一段时间，因此我国公司的财务工作人员深受历史成本计量思想的影响，对于公允价值的账务处理以及应用并不熟，导致他们应用其他综合收益的能力较为缺乏，再加上公允价值在我国的运用时间较短，并不成熟，对于什么时候估计、怎样估计缺乏一个固定的标准，在很多情况下需要依赖公司财务人员的会计职业判断，然而这种判断或多或少会带有一定的主观因素，也受财务人员专业素质的影响。由于公司财务人员专业素质不尽相同，种种因素导致其他综合收益是否具有可靠性存在争议。

三、完善其他综合收益列报与披露的建议

1. 财务人员应严格按照准则规定编制报表、填列金额

报表格式出现错误，说明公司财务人员并没有对其他综合收益引起重视，尽管准则中有相关规定，但其却仍旧沿用之前的方法编制财务报表。因此，公司应加强对财务人员的培训，使公司的财务人员真正理解其他综合收益的内涵、所包括的具体内容、其账务处理以及各个报表之间关于其他综合收益的勾稽关系，最终提升财务人员应用其他综合收益的能力。财务人员自己也应阅读企业会计准则中的相关规定，并对其中的内容加以理解，在列报其他综合收益时严格按照准则规定的格式编制报表、填列金额，在报表编制完毕后应进行报表之间勾稽关系的检查，确保报表间的勾稽关系无误。准则的出台和修订往往伴随着新会计知识的出现，作为公司的财务人员应自觉学习并

理解透彻，以便能更好地应用到实务中去，更好地指导实务工作。

2. 严格界定其他综合收益具体项目

之所以会出现报表中多列其他综合收益的情况，很大程度上是因为财务人员没有全面理解其他综合收益的概念。虽然第30号会计准则对其他综合收益的概念进行了说明，列举了其主要核算内容，但是准则并没有对各项内容进行具体说明和解释，而且各项内容也各自分散在其他相关的准则中。因此，建议相关准则制定、修订人员在梳理了其他综合收益具体核算内容所涉及相关准则中的内容之后，对所梳理的相关内容加以整理和归纳，具体规范其他综合收益的判定标准，同时对其他综合收益的定义、具体核算内容以及如何账务处理辅以详细解释，严格界定其他综合收益具体项目并与其他资本公积、当期损益等易混淆项目相对比，以便区分其他综合收益与易混淆的项目。相关准则制定人员也可以编写一个关于其他综合收益实务处理的指南，在指南中列举有关其他综合收益认定中常见的问题以及规避方法，还可以举一些具体案例加以说明，使其更易理解，以便更好地指导公司财务人员的工作。

3. 在附注中增加其他综合收益信息的简要文字说明

在附注中披露其他综合收益的信息时，除了利用数据定量披露准则规定的信息外，还可以辅以定性说明。在附注中增加其他综合收益信息的简要文字说明，对其他综合收益各项目的发生额及具体内容进行简要说明，披露其发生额来源及其来龙去脉。对“其他”项目增加文字解释，具体说明“其他”项目的内容及其来源。通过在附注中增加文字说明的方式可以方便信息使用者阅读、参考、获取其他综合收益的具体来源及相关内容，进而有助于信息使用者充分获取决策需要的相关信息。

4. 明确重分类调整的具体项目

经过对公司的交易或事项进行重分类调整后，净利润和其他综合收益之间的区别会更加明显，重分类项目能够更加全面、系统地反映公司实际经营状况。由于当前我国会计准则中缺乏其他综合收益重分类信息披露的标准，导致部分上市公司不合理披露其他综合收益重分类的相关信息。当前，相关的准则制定机构可以在借鉴国际上其他综合收益信息披露的优秀经验基础上，结合我国的实际情况，制定出其他综合收益重分类的界定标准，将重分类调整的具体项目及信息披露以准则规定的形式加以明确。除了将其他综合收益本期重分类的金额在报表中列报外，同时也可以在附注中通过文字披露相关信息，从而使信息使用者了解该项目的具体业务内容及其来龙去脉，也有助于与公司实际经营状况有关的信息更易被信息使用者充分获取。同时，会计师事务所以及相关的监管部门也应加强对上市公司其他综合收益重分类调整信息披露的监督，保证披露信息的质量。

5. 规范公允价值的计量

其他综合收益的核算主要依赖于公允价值的计量，但受到历史成本长期作为我国主要的会计计量属性以及不完善的资本市场等因素的影响，导致公允价值的可靠性受到质疑，其他综合收益列报的准确性也因此受到影响。所以，我国相关部门首先应改善资本市场以使市场环境更加开放，同时需对市场结构和市场监督进行进一步优化和加强，保证资本市场平稳、健康发展，使公允价值计量的准确性得到提高，得到大多数人的认可。其次，可以通过建立有关公允价值数据的交易数据库系统使公允价值数据实现共享，并建立独立的第三方机构对其进行监管和定期更新、维护数据，这样即使没有活跃市场的地区及行业也可以通过该数据库获取公允价值的相关数据资料，公允价值的可操作性得到极大提高。同时，还可以将公允价值相关的数据资料发布在房产管理部门、证券交易市场、工商局等多个平台以实现信息共享，其他平台可以实时共享交易价格，有利于降低使用者的信息获取成本，使公允价值更易被取得。

参考文献

[1] 刘帅. 我国上市公司综合收益列报问题研究[D]. 东北财经大学，2015.

[2] 杨义军. 关于其他综合收益核算的思考与列报的总结[J]. 财经界（学术版），2015（24）：137-139.

[3] 谢获宝，石佳. 其他综合收益的内涵和列报问题探究[J]. 财务与会计，2015（11）：73-75.

[4] 王淑敏. 其他综合收益会计问题研究[D]. 财政部财政科学研究所，2015.

上市公司投资吸引力指标体系的构建*①

——基于机构投资者持股偏好的研究

蒋 弘 柏 仲

一、引 言

区别于机构投资者，个人投资者在进行选股投资时往往面临茫然无措的局面。受制于自身信息收集、整理与分析能力的局限，不少个人投资者过分依赖电视荐股、熟人之口、小道消息等信息渠道，把这类信息奉为“真理”，作为自身投资活动的不二指南，这种缺乏科学判断的行为隐藏着极大的投资风险。与此同时，市场大势、庄家操纵、偶然运气等非可控因素给自身带来的意外收益，让部分个人投资者将个人掌握的信息渠道“神化”，进而枉顾各种警告，过度加持，导致投资风险的进一步累积，最后在风云激变、波谲云诡的股票市场中后知后觉，损失惨重。因此，向专业谨慎的机构投资者学习，了解他们的持股原则，选择真正具有投资吸引力的上市公司，是个人投资者摆脱先天不利局面、走上理性投资轨道的有效途径。

本文通过对相关证券投资基金、保险公司、QFII 等国内外机构投资者持股偏好问题的文献进行系统性研究，构建了上市公司投资吸引力指标体系，并且确保各项指标能够从与上市公司相关的对外资料中直接或计算获取，从而为包括个人投资者在内的所有投资者充分利用公开信息、合理做出投资决策提供有益的帮助，具有重要的现实意义。

二、构成上市公司投资吸引力的标准及衡量指标

国内外研究显示，机构投资者在进行选股时首要考虑的是上市公司的基

* 基金项目：重庆市教委科学技术研究项目（KJ1706157）。

本面，其次是上市公司的股票特点。针对这两个层面的具体内容，通过对证券投资基金、保险公司、QFII 等国内外机构投资者持股偏好的系统性研究，发现构成上市公司投资吸引力的标准主要包括以下几方面。

第一，盈利能力。盈利能力是指上市公司获取利润的能力，也称为上市公司的资金或资本增值能力，通常表现为一定时期内企业收益数额的多少及其水平的高低。古今中外，盈利能力强的经济组织一直都是市场中的“香馍馍”，成为投资者趋之若骛的对象。不少学者都认为，上市公司的盈利能力越强，越能吸引机构投资者的投资（Badrinath et al., 1989; Bushee, 1998; Chan et al., 2000; Cox et al., 2004; Del Guercio, 1996; Gadhoum, 2000; Giannetti& Simonov, 2006; Graves &Waddock, 1994; Hendry et al., 1999; Kang &Stulz, 1997; Kansil& Singh, 2017; Leuz et al., 2008; 高雷，何少华，殷树喜，2006; 胡倩，2005; 李辰颖，2016; 李辰颖等，2014; 李维安，李滨，2008; 罗文兵，金漩子，2015; 马洪娟，2010; 毛磊等，2012; 聂玲玲，2016; 谭松涛，傅勇，2009; 田澍等，2012; 王媛媛，葛厚逸，2017; 郑钰佳，2016）。具体而言，机构投资者对上市公司的持股比例，随着上市公司资产利润率、净资产收益率、主营业务利润率、每股收益、经营活动现金净流量与净利润之比等指标的提高而出现显著上升趋势（Eakins et al., 1998; Guercio, 1996; 黄斌，2011; 黄运成，文晓波，2005; 李映照，黄琳，2010; 刘永祥，赫明玉，2017; 滕莉莉，黄春龙，2012; 汪光成，2001; 肖星，王琨，2005; 杨德群等，2004）。

第二，营运能力。营运能力是指上市公司的经营运行能力，即企业运用各项资产以赚取利润的能力。营运能力能够衡量上市公司对经济资源管理、运用的效率高低，反映上市公司营运能力的财务指标通常有存货周转率、应收账款周转率、流动资产周转率、总资产周转率等。上市公司的资金周转越快，流动性越高，公司的偿债能力越强，资产获取利润的速度就越快。研究显示，存货周转率、应收账款周转率、资产周转率是机构投资者比较看重的营运能力指标，机构投资者偏好投资上述周转率较高的上市公司（Eakins et al., 1998; 陈智鹏，2009; 李晗，2012; 朱滔，李善民，2006）。

第三，偿债能力。偿债能力是指上市公司用其资产偿还长期债务与短期债务的能力。上市公司有无支付现金的能力和偿还债务能力，是其能否健康生存和发展的关键。因此，上市公司偿债能力是反映公司财务状况和经营能力的重要标志。研究发现，以速动比率、流动比率、资产负债率等指标反映的上市公司偿债能力越强，机构投资者越倾向于持有这类上市公司的股票

（Badrinath et al.，1989；Eakins&Paul，1998；Eakins et al.，1998；Falkenstein，1996；Stansell et al.，1998；肖星，王琨，2005）。

第四，发展能力。发展能力是指上市公司扩大规模、壮大实力的潜在能力，又称成长能力。通过分析上市公司的发展能力，可以考察公司是否能够通过逐年的收益增加或通过其他融资方式获取资金来扩大自身的经营。实证研究结果让学者们确信，反映上市公司发展能力的主营业务收入增长率和每股收益增长率指标与机构投资者在上市公司中的持股比例显著正相关（Bathal et al.，2009；Bushee&Noe，2000；Gompers&Metrick，2001；Kansil&Singh，2017；李辰颖，2016；梁绎凡，2015；李强，黄国良，2007；汪光成，2001；王媛媛，葛厚逸，2017；杨德群等，2004）。

第五，创新能力。创新能力是指上市公司在多大程度上能够系统地完成与创新有关的各项活动的能力。创新是现代企业的灵魂，创新能力是现代企业的核心竞争力。创新能力的含义包括三个方面：一是在技术上，企业能否将科学的概念转化成为用户开发的产品，并且生产、制造和提供给消费者；二是企业提供的产品是否能被用户认可，企业能否有效地说服用户接受自己的产品；三是企业是否能有效地管理这一过程，并获得一定的财务回报。基于上述含义，创新能力可以细分为技术创新能力、市场创新能力和整合创新能力。上市公司研究与开发费用的高低、申请或获批专利的多寡通常用于反映上市公司创新能力的强弱。研究显示，创新能力强的上市公司日益得到越来越多的机构投资者的青睐（Choi et al.，2011；Porter，1991；李映照，吴济慧，2013；王福胜，韩美妮，2016；赵洪江，夏晖，2009）。

第六，现金流量。现金流量是指上市公司在一定会计期间按照收付实现制，通过一定经济活动而产生的现金流入、现金流出及其总量情况的总称，即上市公司一定时期的现金和现金等价物的流入和流出的数量。现金流量按其来源性质不同分为三类：经营活动产生的现金流量、投资活动产生的现金流量、筹资活动产生的现金流量。分析上市公司的现金流量能够对公司获取现金能力、偿债能力、收益质量、投资活动、筹资活动等作出评价。学者们发现，上市公司每股经营活动产生的现金流量净额、每股现金净流量与机构投资者的持股比重显著正相关（Kansil& Singh，2017；黄运成，文晓波，2005；杨德群等，2004）。

第七，公司规模。公司规模就是公司的大小。在实证研究中，一般采用总资产、净资产、主营业务收入来反映公司的规模（李映照，黄琳，2010；朱滔，李善民，2006），对于上市公司还使用总股本这一指标（朱滔，李善民，

2006)。公司规模带来的影响非常广泛，在研究公司行为产生的作用时，常常作为自变量引入。研究发现，机构投资者偏好增持规模较大的上市公司股票(Atkins &Dyl, 1997; Badrinath et al., 1989; Barberis& Huang, 2008; Bennett, 2003；Chan et al.，2000；Dahlquist，Robertsson，2001；Del Guercio，1996；Eakins & Paul, 1998; Eakins et al., 1998; Falkenstein, 1996; Ferreira & Matos, 2008；Giannetti& Simonov，2006；Gompers&Metrick，2001；Greedy，1994；James et al., 2003; Leuz et al., 2008; McCahery et al., 2016; O'Brien &Bhushan, 1990；Pinnuck，2004；高雷，何少华，殷树喜，2006；胡倩，2005；黄斌，2011；罗文兵，金漩子，2015；孙立，林丽，2006；田澍等，2012；王永锋，胡昌生，2013；王媛媛，葛厚逸，2017；肖星，王琨，2005)。

第八，公司价值。公司价值是指上市公司本身的价值，是公司有形资产和无形资产价值的市场评价。公司价值不同于利润，利润是公司新创造的价值的一部分；公司价值也不是指公司账面资产的总价值，由于商誉的存在，通常公司的实际市场价值远远超过账面资产的价值。以总市值、市盈率、市净率、每股净资产反映公司价值的实证研究发现，机构投资者存在持有总市值、市盈率、市净率较小而每股净资产较高的上市公司股票的倾向(Del Guercio，1996；O'Brien &Bhushan，1990；黄斌，2011；黄运成，文晓波，2005；李映照，黄琳，2010；贾文婷，2014；聂玲玲，2016；谭松涛，傅勇，2009；滕莉莉，黄春龙，2012；汪光成，2001；王福胜，韩美妮，2016；肖文彦，2014；杨海燕，祁怀锦，2014；朱滔，李善民，2006)。原因在于这类上市公司的价值往往存在被低估的现象，预示着未来会有较大的价值提升，从而是精明的机构投资者的理想“猎物”。

第九，股权结构。股权结构是指上市公司总股本中，不同性质的股份所占的比例及其相互关系。股权结构是公司治理结构的基础，不同的股权结构决定了不同的企业组织结构，从而决定了不同的企业治理结构，最终决定了企业的行为和绩效。上市公司如果具有较高的第一大股东持股比例、较低的股权集中度、发行了境外上市外资股的股权结构，则更容易获得机构投资者的投资(Ferreira&Matos，2008；Useem et al.，1993；黄郡，2006；李映照，黄琳，2010；梁绎凡，2015；刘涛等，2013；邱丽燕，2015；宋玉，李卓，2006；张营营，吕沙(2017)；田澍等，2012；王媛媛，葛厚逸，2017；肖星，王琨，2005；周泽将，王清，2013)。

第十，公司治理结构。公司治理结构是指为实现资源配置的有效性，股东对上市公司的经营管理和绩改进行监督、激励、控制和协调的一整套制度安排，它反映了决定公司发展方向和业绩的各参与方之间的关系。典型的公司治理结构是由所有者、董事会和执行经理层等形成的一定的相互关系框架，它是股权结构的具体运行形式。研究显示，独立董事比例、股权制衡度、董监事持股比例越高的上市公司，公司治理水平越好，越能得到机构投资者的偏爱（Bianchi &Enriques，2005；Bushee et al.，2014；Chiu&Monin，2003；Chung & Zhang，2011；Giannetti& Simonov，2006；Hall &Lieman，1998；Leuz et al.，2008；McCahery et al.，2016；McCahery&Vermeulen，2008；Solomon et al.，2002；Stansell et al.，1998；程书强，2006；高雷，何少华，殷树喜，2006；高雷，李跃，宋顺林，2006；李维安，李滨，2008；刘涛等，2013；江向才，2004；邱丽燕，2015；谭松涛，傅勇，2009；肖星，王琨，2005）。

第十一，会计信息质量。会计信息质量是指会计数据经过加工处理后产生的、为公司管理所需要的、有助于公司决策的财务信息和其他经济信息的质量。会计信息质量一般通过信息透明度、会计稳健性指标来反映。学者们发现，信息透明度、会计稳健性都与机构投资者持股比例显著正相关（Aggarwal et al.，2005；Bathala et al.，2009；Bushee&Noe，2000；Falkenstein，1996；Reena et al.，2005；高雷，李跃，宋顺林，2006；江向才，2004；唐松莲，胡奕明，2011；杨海燕，祁怀锦，2014）。

第十二，社会责任。社会责任是指上市公司在创造利润、对股东和员工承担法律责任的同时，还要承担的对消费者、社区和环境的责任。公司的社会责任要求公司必须超越把利润作为唯一目标的传统理念，强调要在生产过程中对人的价值的关注，强调对环境、消费者、对社会的贡献。上市公司承担社会责任的轻重一般用政府所得贡献率、员工所得贡献率、社会所得贡献率等指标来衡量，机构投资者偏好投资社会责任感强的上市公司（Clark et al.，2005；Cox et al.，2004；Cox & Wicks，2011；Graves&Waddock，1994；Johnson et al.，1999；Mohammad et al.，2010；Neubaum&Zahra，2006；Petersen&Vredenburg，2009；Wahba，2008；Waring et al.，2004；段云，李菲，2014；毛磊等，2012；王玲玲等，2012；王玲玲等，2013）。

第十三，公司特征。公司特征是指某一上市公司区别于其他上市公司及经济组织的地方。实证研究中，公司上市时间、公司是否为行业龙头、公司是否有政府关系、公司所在地区经济发展水平等公司特征指标与机构投资者的持股比例相关。通常认为，位于发达经济地区、上市时间长、具有行业龙头地位及与政府有关系的上市公司对机构投资者的吸引力较大（Del Guercio，1996；Faccio，2006；Falkenstein，1996；Gompers &Metrick，2001；罗党论，赵聪，2013；盛明泉等，2012；宋玉等，2012；田澍等，2012；王福胜，韩美妮，2016；王伟，2010）。

第十四，股票流动性。股票流动性是指投资者以最小成本、最小价格影响和最快速度完成交易大宗股票的容易程度。流动性强的上市公司股票交易成本更小，一般以换手率、流通股比例来反映上市公司股票的流动性。研究发现，机构投资者非常看重上市公司股票的流动性，常常选择换手率高、流通股比例高的股票（Atkins &Dyl，1997；Badrinath et al.，1989；Badrinath et al.，1996；Brand，2002；Bathala et al.，2009；Dahlquist&Robertsson，2001；Del Guercio，1996；Eakins et al.，1998；Falkenstein，1996；Giannetti& Simonov，2006；Gompers &Metrick，2001；Leuz et al.，2008；McCahery et al.，2016；Paul & Andrew，2001；Pinnuck，2004；Stansell，1998；高雷，何少华，殷树喜，2006；黄斌，2011；李映照，黄琳，2010；刘立立，余军，2010）。

第十五，股票投资收益。股票投资收益是指股票股息和因拥有股票所有权而获得的超出股票实际购买价格的收益，也就是红利和股票市价的升值部分。投资者购买上市公司股票最关心的是能获得多少收益，因此股票投资收益尤其受到机构投资者的看重。每股股利、股利收益率是常用的反映股票投资收益的指标，并且与机构投资者持股比例显著正相关（Badrinath et al.，1989；Bushee，2001；Eakins & Paul，1998；Eakins et al.，1998；Falkenstein，1996；Giannetti& Simonov，2006；Gompers &Metrick，2001；Greedy，1994；Leuz et al.，2008；Stansell，1998；高雷，何少华，殷树喜，2006；胡旭阳，吴秋瑾，2004；黄斌，2011；黄运成，文晓波，2005；李映照，黄琳，2010；王媛媛，葛厚逸，2017；孙刚等，2015；滕莉莉，黄春龙，2012；田澍等，2012；肖文彦，2014；肖星，王琨，2005；杨德群等，2004）。

第十六，股票投资风险。股票投资风险是股票投资者购进股票后遭遇股价下跌损失的可能性。一般可理解为卖出价格低于预期价格的差距，或实获股息未能达到预定的标准。规避风险是人之常情，机构投资者也不会例外。机构投资者会选择β值低、财务杠杆小的上市公司股票，以规避投资风险（Barberis&Huang，2008；Brand，2002；Chan et al.，2000；Eakins et al.，1998；Falkenstein，1996；Giannetti&Simonov，2006；Gompers&Metrick，2001；Greedy，1994；Grier&Zychowicz，1994；James et al.，2003；Kang&Stulz，1997；Leuz et al.，2008；O'Brien&Bhushan，1990；Pinnuck，2004；Stansell et al.，1998；胡大春和金赛男，2007；胡倩，2005；黄运成和文晓波，2005；高雷，何少华，殷树喜，2006；李辰颖，2016；李辰颖等，2014；聂玲玲，2016；刘立立，余军，2010；祁斌等，2006；田澍等，2012；王媛媛，葛厚

逸，2017；肖文彦，2014；肖星，王琨，2005；徐菡，2016；徐小君，2010；杨德群等，2004；张晓东，2013）。

三、结　语

本文以文献研究的方式，通过将机构投资者的选股偏好进行系统性总结，构建了上市公司投资吸引力指标体系，具体见下表。

上市公司投资吸引力指标体系

<table>
<tr><th>目标层</th><th>标准层</th><th>指标层</th></tr>
<tr><td rowspan="22">上市公司投资吸引力</td><td rowspan="5">盈利能力</td><td>资产利润率</td></tr>
<tr><td>净资产收益率</td></tr>
<tr><td>主营业务利润率</td></tr>
<tr><td>每股收益</td></tr>
<tr><td>经营活动现金净流量与净利润之比</td></tr>
<tr><td rowspan="4">营运能力</td><td>存货周转率</td></tr>
<tr><td>应收账款周转率</td></tr>
<tr><td>流动资产周转率</td></tr>
<tr><td>总资产周转率</td></tr>
<tr><td rowspan="3">偿债能力</td><td>速动比率</td></tr>
<tr><td>流动比率</td></tr>
<tr><td>资产负债率</td></tr>
<tr><td rowspan="2">发展能力</td><td>主营业务收入增长率</td></tr>
<tr><td>每股收益增长率</td></tr>
<tr><td rowspan="2">创新能力</td><td>研究与开发费用金额</td></tr>
<tr><td>申请或获批专利数量</td></tr>
<tr><td rowspan="2">现金流量</td><td>每股经营活动产生的现金流量净额</td></tr>
<tr><td>每股现金净流量</td></tr>
<tr><td rowspan="4">公司规模</td><td>总资产</td></tr>
<tr><td>净资产</td></tr>
<tr><td>主营业务收入</td></tr>
<tr><td>总股本</td></tr>
</table>

续表

目标层	标准层	指标层
	公司价值	总市值
		市盈率
		市净率
		每股净资产
	股权结构	第一大股东持股比例
		股权集中度
		是否发行了境外上市外资股
	公司治理结构	独立董事比例
		股权制衡度
		董监事持股比例
	会计信息质量	信息透明度
		会计稳健性
	社会责任	政府所得贡献率
		员工所得贡献率
		社会所得贡献率
	公司特征	上市时间
		是否为行业龙头
		是否有政府关系
		所在地区经济发展水平
	股票流动性	换手率
		流通股比例
	股票投资收益	每股股利
		股利收益率
	股票投资风险	β值
		财务杠杆

本文的研究成果为个体投资者理解机构投资者选股策略，将公开信息转化为投资锦囊，进而找准潜在的优质投资对象提供了一定的指导。然而，本文的指标体系仅限于在投资本国范围内的上市公司时使用，如果个体投资者

需要投资不同国家上市公司的股票，则还要对比分析国家间在新闻曝光率、投资者保护程度、信息披露机制等制度环境方面存在的差异。

参考文献

[1] 胡倩. 中国基金持股偏好的实证研究[J]. 财经问题研究，2005(5): 50-55.

[2] 刘涛，毛道维，王海英. 股权集中度制衡度与机构投资者的择股偏好[J]. 山西财经大学学报，2013（5）: 34-44.

[3] 毛磊，王宗军，王玲玲. 机构投资者持股偏好、筛选策略与企业社会绩效[J]. 管理科学，2012（3）: 21-33.

[4] 田澍，林树，俞乔. 新兴市场环境下机构投资者投资行为——基于中国大陆资本市场的研究[J]. 金融研究，2012（8）: 139-151.

[5] 周泽将，王清. 谁吸引了外国投资者的眼光——基于中国上市公司 QFII 持股的经验证据[J]. 投资研究，2013（3）: 123-138.

[6] BradshawM T, BusheeB J. and Miller, G S. Accounting-Choice, Home Bias, and USInvestment in Non-USFirms[J]. Journal of Accounting Research, 2004, 42（5）: 795-841.

[7] Del Guercio, D. The Distorting Effect of the Prudent-Man Laws on Institutional Equity Investments[J]. Journal of Financial Economics, 1996, 40（1）: 31-62.

[8] KumarA. Who Gambles in the Stock Market? [J]. The Journal of Finance, 2009, 64（4）: 1889-1933.

[9] Paul AG, Andrew M. Institutional Investors and Equity Prices[J]. Quarterly Journal of Economics, 2001, 116（1）: 229-259.

[10] Wahba H. xploring the moderating effect of financial performance on the relationship between corporate environmental responsibility and institutional investors: Some Egyptian evidence[J]. Corporate Social Responsibility and Environmental Management, 2008, 15（6）: 361-371.

社会责任、社会资本与企业绩效*①
——基于中国100强企业社会责任发展指数的中介调节效应研究

陈煦江　杨亭亭

一、引　言

近年来，我国环境污染、食品药品安全、矿难等事件不断发生。原因，除外部强制性监管效率不足外，企业社会责任缺失是其内因。哪些因素促使企业主动履行社会责任？企业履行社会责任能够改善经济绩效吗？企业积累的社会资本和常用的盈余管理在社会责任影响企业绩效的关系中如何发挥作用？为这些问题提供经验证据，有助于企业认清履行社会责任的意义并付诸行动，有助于政府制定适宜的法规政策，尽快扭转当前严峻的企业社会责任危机。由此，本文以我国100强上市公司社会责任为样本，从中介效应与调节效应视角对上述问题进行了实证检验。

二、文献与假设

（一）企业社会责任对企业绩效的影响

已有大量文献基于工具理论、企业公民理论、资源基础理论、利益相关者理论等研究企业社会责任与企业绩效的关系，但存在正相关、负相关、不相关、非线性相关等多种研究结论[1-2]。早期学者大多基于工具理论和企业公民理论研究企业社会责任与企业绩效的关系。工具理论将企业履行社会责任

* 金项目：本文是国家社科基金项目“食品企业社会责任评价与协同治理机制研究”（14XSH014）、教育部人文社科重点研究基地重点项目“环境审计在长江经济带水污染治理中的作用机制与推进路径研究”（15JJD790044）和教育部人文社科基金项目“食品企业社会责任、企业荣誉与经济绩效的关系研究”（12YJC630015）的阶段性成果。

视为追求企业绩效最大化的手段，因此具有互相促进的关系；企业公民理论认为企业具有社会公民身份，履行社会责任是企业与社会公众达成的强制性或自愿性契约，企业不能损害社会公众的利益，承担社会责任是企业的“分内之事”。近年来，不少学者基于资源基础理论和利益相关者理论研究企业社会责任与企业绩效的关系。资源基础理论发现核心竞争力能够持续为企业带来经济利益，而核心竞争力的强度取决于无法替代和模仿的稀缺资源，企业履行社会责任是培育特色社会网络资本等稀缺资源的重要途径；利益相关者理论认为企业通过满足消费者、供应商、股东、债权人、政府等重要利益相关者的诉求，最终能够为企业带来直接或间接的经济回报。基于上述理论分析，我们提出假设 H_1：

H_1：企业社会责任对企业绩效具有正向影响。

（二）企业社会责任对企业社会资本的影响

近年来，企业社会责任与企业社会资本的关系倍受国内学者关注。其中，石军伟等发现企业社会责任与企业声誉正相关，企业声誉能够促进社会资本的积累[3]。曾江洪、雷黎涛基于契约理论检验了企业社会责任与认知型、结构型两类社会资本的关系，发现企业积极履行社会责任有助于构建持续稳定的社会网络，企业社会责任与社会资本相互促进、良性循环[4]。徐尚昆、杨汝岱采用问卷调查评价了制造业企业的社会责任与社会资本水平，进一步的实证研究表明企业社会责任的各维度在不同程度上促进了社会资本的积累和升级[5]。陈汉辉发现企业内部社会责任实践与企业横向信任程度之间、企业外部社会责任实践与企业纵向信任程度之间均相互促进，内外部社会责任实践均有助于社会网络资本的累积和更新[6]。基于以上分析，我们提出假设 H_2：

H_2：企业社会责任对社会资本具有正向影响。

（三）社会资本的中介作用

从资源基础理论来看，社会资本在长时期内难以被模仿、复制和转移，拥有雄厚社会资本的企业能够获得同行业竞争者所不具备的资源、技术与信息优势。企业通过履行社会责任与利益相关者开展持续合作，能够建立与内外部利益相关者互信互利的社会网络和独特的赢利模式，有助于增强企业的核心竞争力，提高经济绩效[7]。边燕杰、邱海雄发现：企业践行社会责任能够建立良好的外部信任关系，降低交易成本，获得稀缺资源；履行社会责任能够使各利益相关方实现信息共享、业务协作和战略联合，有利于企业的技术进步和制度创新。此外，企业履行社会责任也可以建立和谐的内部信任关系，降低管理成本，促进部门间的沟通与合作，提高劳动效率，降低经营风险[8]。因此，我们提出假设 H_3：

H_3：在企业社会责任影响企业绩效的过程中，社会资本具有中介传导作用。

（四）盈余管理的调节作用

根据有效契约理论，盈余管理在一定程度上有助于企业采取合法的会计政策和会计估计调整财务业绩，改善企业的财务形象，平衡或缓解企业与利益相关者在财务绩效期望方面存在的矛盾。Scott 总结现有文献，发现盈余管理具有四个优势：① 增强投资者的信心，促进企业平稳持续发展；② 降低融资成本和债务违约概率；③ 充分享受国家税收优惠政策，实现合法避税；④ 降低履约成本，提高企业价值，降低交易契约的刚性和不完备性[9]。因此，管理者在遵守法律法规和会计准则的前提下进行盈余管理，有利于改善企业与各利益者之间的关系，促进企业履行社会责任，进而有利于企业绩效的提升。据此，我们提出假设 H_4：

H_4：在企业社会责任影响企业绩效的过程中，盈余管理具有正向调节作用。

三、变量、模型与样本

（一）变量的定义与测度

1. 企业社会责任

国外学者采用声誉指数法、内容分析法、问卷调查法、TRI 法等十余种方法测度企业社会责任，一些非盈利组织选取这些方法构建了社会责任指南（ISO26000）、全球报告倡议组织（GRI）、可持续发展报告指南（G4）、《财富》100 强企业社会责任排名指数、道琼斯可持续发展指数、KLD 企业社会责任指标体系、RKS 企业社会责任报告评级指标体系等代表性评价指标。我国社会科学院企业社会责任研究中心陈佳贵等创建了一个“四位一体”的企业社会责任理论模型，据此构建了“中国 100 强企业社会责任发展指数”，具有较高的权威性和科学性，迄今已发布 2009—2016 年的指数[10]。因此，本文采用该模型和指数，设置责任管理、市场责任、法律责任、环境责任与综合责任（前四个责任维度的综合）五个变量测度企业社会责任。

2. 企业绩效

国外学者较多地将企业绩效分为财务绩效与市场绩效两个方面：财务绩效是基于会计准则核算的反映企业一定时期经营成果的绩效变量；市场绩效是基于资本市场计算的反映企业市场价值的绩效变量。本文也采用该做法：一方面根据会计报表数据计算的资产收益率表征权责发生制下的财务绩效；另一方面根据资本市场市值计算的托宾 Q 值表征市场绩效。

3. 社会资本

我们借鉴赵瑞的方法，将社会资本分为外部社会资本和内部社会资本，对两者均采用客观性与可比性较强的财务指标测度[11]。其中，外部社会资本主要包括与政府、公众、银行、供应商、客户和股东的关系，对应的测度指标分别为政府补贴收入、捐款支出、银行短期借款占流动资产的比率、应付账款周转率、应收账款周转率和长期股权投资占总资产的比率；内部社会资本主要为职工认同度，以应付职工薪酬占营业收入的比率测度。因为上述七个财务指标均以财务报表为基础计算，可能存在部分信息重复引致计量经济学上的多重共线性问题，所以我们采用主成分分析法提取表征社会资本的主成分，以最终计算的综合得分测度社会资本。

4. 盈余管理

在会计准则采用的权责发生制下，企业净利润（NI）包括总应计利润（TA）和经营现金流量（CFO）两部分。其中，总应计利润包括可操纵性应计利润（DAP）和不可操纵性应计利润（NDA），可操纵性应计利润（DAP）表征盈余管理（EM）的程度。其计算见式（1）、式（2）：

$$NI = TA + CFO \tag{1}$$

$$DAP = TA - NDA \tag{2}$$

盈余管理的重点是确定不可操纵性应计利润（NDA）。已有文献采用过希利模型、迪安戈模型、琼斯模型和修正的琼斯模型等测度盈余管理水平[12]。我们采用引用率更高的修正琼斯模型，其计算见式（3）：

$$\frac{NDA_{i,t}}{A_{i,t-1}} = \alpha\frac{1}{A_{i,t-1}} + \beta_1\frac{\Delta REV_{i,t} - \Delta REC_{i,t}}{A_{i,t-1}} + \beta_2\frac{PPE_{i,t}}{A_{i,t-1}} + \xi_{i,t} \tag{3}$$

式（3）中，$NDA_{i,t}$为公司 i 在 t 年的不可操纵性应计利润；$A_{i,t-1}$是公司 i 在第 t-1 期的年末总资产；$\Delta REV_{i,t}$是公司 i 第 t 年的主营业务收入与 t-1 年的主营业务收入之差；$\Delta REC_{i,t}$是公司 i 第 t 年的应收账款与 t-1 年的应收账款之差；$PPE_{i,t}$是公司 i 第 t 期的固定资产价值；$\xi_{i,t}$为随机误差项；α，β_1，β_2是企业特征参数，其估计值根据式（4）采用普通最小二乘法回归取得：

$$\frac{TA_{i,t}}{A_{i,t-1}}=\overline{\alpha}\frac{1}{A_{i,t-1}}+\overline{\beta_1}\frac{\Delta REV_{i,t}-\Delta REC_{i,t}}{A_{i,t-1}}+\overline{\beta_2}\frac{PPE_{i,t}}{A_{i,t-1}}+\xi_{i,t} \quad (4)$$

式（4）中，$\overline{\alpha}$，$\overline{\beta_1}$，$\overline{\beta_2}$是式（3）中α，β_1，β_2的最小二乘法估计值；TA 是公司 i 在第 t 年的总应计利润，其余变量的定义与式（3）相同。再将$\overline{\alpha}$，$\overline{\beta_1}$，$\overline{\beta_2}$代入式（5），计算公司 i 在第 t 年的不可操纵性应计利润 $NDA_{i,t}$：

$$\frac{NDA_{i,t}}{A_{i,t-1}}=\overline{\alpha}\frac{1}{A_{i,t-1}}+\overline{\beta_1}\frac{\Delta REV_{i,t}-\Delta REC_{i,t}}{A_{i,t-1}}+\overline{\beta_2}\frac{PPE_{i,t}}{A_{i,t-1}}+\xi_{i,t} \quad (5)$$

最后，将每年的实际总应计利润减去每年估计的不可操纵性应计利润，得到可操控性应计利润 $DAP_{i,t}$，其计算见式（6）：

$$\frac{DAP_{i,t}}{A_{i,t-1}}=\frac{TA_{i,t}}{A_{i,t-1}}-(\overline{\alpha}\frac{1}{A_{i,t-1}}+\overline{\beta_1}\frac{\Delta REV_{i,t}-\Delta REC_{i,t}}{A_{i,t-1}}+\overline{\beta_2}\frac{PPE_{i,t}}{A_{i,t-1}}) \quad (6)$$

5. 控制变量

借鉴现有的多项经验研究结论，我们控制了公司规模、财务风险、研发支出、公司性质（国有与民营）、成长水平等影响公司绩效的主要变量；同时控制了公司上市年限、高管文化背景这两个影响社会资本的主要变量。需要说明的是，本文采用的“中国 100 强企业社会责任发展指数”已对不同行业的社会责任重要性和内容做了权重调整，因此无须再控制行业因素。

综上，本文设置的变量及其定义如表 1 所示。

表 1 变量设置

变量类型	变量名称	变量代码	变量定义
解释变量与被解释变量	责任管理	CSRG	责任战略、责任治理、责任融合、责任绩效、责任沟通、责任能力等六个子维度的综合评分
	市场责任	MCSR	客户责任、伙伴责任、股东责任等三个子维度的综合评分
	法律责任	LCSR	政府责任、员工责任、安全生产、社区责任等四个子维度的综合评分

续表

变量类型	变量名称	变量代码	变量定义
解释变量与被解释变量	环境责任	ECSR	环境管理、节约资源能源、减排降污等三个子维度的综合评分
	综合责任	TCSR	责任管理、市场责任、法律责任、环境责任的加权综合
	财务绩效	ROA	资产收益率=净利润/年末总资产
	市场绩效	TOBQ	托宾Q值=年末市场价值/年末总资产
	社会资本	CSC	政府补贴收入等七个指标的主成分分析综合计分
	盈余管理	EM	根据本文“（4）盈余管理”部分的（1）～（6）式计算
控制变量	公司规模	SIZE	年末总资产的自然对数
	财务风险	LEV	年末负债总额/年末资产总额
	研发支出	RD	全年研发支出/年末总资产
	公司性质	STAT	STATE＝1为国有，STATE＝0为民营
	成长水平	GROW	（当期营业收入-上期营业收入）/上期营业收入
	上市年限	AGE	公司首发上市日期到第t年的年数
	高管文化	CULT	本科以下计0，本科计1，硕士计2，博士及以上计3

注：责任管理、市场责任、法律责任、环境责任和综合责任的数据采集自《中国社会责任研究报告（白皮书）》（2010～2015），因2009年的指数未分四个维度，故未采用；计算其余变量所需的数据来自CSMAR数据库。

（二）模型构建

由于影响企业社会责任的因素较多，因此本文考虑了7个控制变量（见表1），样本量（共610家）限制了采用系统性更强的结构方程模型法，主要困难是无法以控制变量为分组标准进行多群组结构方程模型比较分析。所以，我们结合采用Baron和Kenny检验中介效应的因果法与检验调节效应的连续变量指标交乘积直接估计法处理[13]。首先，检验社会责任对企业绩效的影响，回归系数须达到显著水平；其次，检验社会责任对社会资本的影响，回归系数须达到显著水平；最后，检验社会责任、社会资本、盈余管理与社会资本的交乘积对企业绩效的影响，其中社会资本对企业绩效的回归系数须达到显著水平。在最后步骤中，如社会责任与企业绩效不相关，表明社会资本具有完全中介作用；如社会责任与企业绩效显著相关，表明社会资本具有部分中介作用；如盈余管理与社会资本的交乘积对企业绩效有显著影响，表明盈余管理具有调节作用。上述三个步骤对应的模型见式（7）~（9）：

（7）

$$CSC_{it} = \beta_0 + \beta_1 CSR_{it} + \beta_2 AGE_{it} + \beta_3 CULT_{it} + \pi_{it} \quad (8)$$

$$PERT_{it} = \chi_0 + \chi_1 CSR_{it} + \chi_2 CSC_{it} + \chi_3 EM_{it} \times CSC_{it} + \chi_4 SIZE_{it} + \chi_5 LEV_{it} + \chi_6 RD_{it} + \chi_7 STAT_{it} + \chi_8 GROW_{it} + \lambda_{it} \quad (9)$$

式（7）~（9）中：$PERT_{it}$ 为公司 i 第 t 年的绩效，分别以总资产收益率（ROA_{it}）表征财务绩效和以托宾 Q 值（$TOBQ_{it}$）表征市场绩效；CSR_{it} 表征公司 i 第 t 年的责任管理、市场责任、法律责任、环境责任或综合责任，α、β、ϕ、χ 为待估系数，ξ_{it}、π_{it}、η_{it}、λ_{it} 为随机误差项；其余变量的定义如表 1 所示。

（三）样本与数据

我们从“中国 100 强企业社会责任发展指数”中选取 2010—2015 年间具有企业社会责任评价指数的 A 股国有和民营上市公司为样本。需要说明的是，2016 年的社会责任发展指数虽已发布，但上市公司的财务报告公布的截止日为 2017 年 4 月 30 日，在撰写本文时还无法获取完整的相关财务数据。因此，我们仅对 2016 年的社会责任做描述性统计，未纳入实证分析，最终取得一个非平衡面板样本数据，包括国有上市公司（2010 年 51 家、2011 年 54 家、2012 年 49 家、2013 年 49 家、2014 年 39 家、2015 年 53 家）和民营上市公司（2010 年 32 家、2011 年 38 家、2012 年 36 家、2013 年 35 家、2014 年 35 家、2015 年 38 家）两种所有权性质的公司。

四、实证分析

（一）描述性统计

表 2 列示了企业社会责任四个维度（责任管理、市场责任、法律责任、环境责任）和综合责任的分年度描述性统计结果。可见，2010—2016 年的综合责任均值总体呈上升趋势，但标准差相差较大。各企业社会责任维度的最

大值均达到 1，而最小值为 0，表明一些公司很好地履行了社会责任，但也有一些公司尚未履行甚至违背社会责任，且对不同社会责任维度的认知和实践存在“短板”现象。此外，环境责任在 2015—2016 年呈下降趋势，表明我国上市公司近年履行环境责任的力度明显不足。

表 2　企业社会责任的描述性统计

年份	社会责任	N	极小值	极大值	均值	标准差
2010	责任管理	83	0.000	0.883	0.288	0.236
	市场责任	83	0.000	0.783	0.342	0.198
	法律责任	83	0.000	0.870	0.285	0.238
	环境责任	83	0.000	0.700	0.265	0.229
	综合责任	83	0.010	0.850	0.316	0.217
2011	责任管理	92	0.000	0.875	0.229	0.237
	市场责任	92	0.000	0.867	0.379	0.246
	法律责任	92	0.000	0.963	0.327	0.248
	环境责任	92	0.000	0.800	0.260	0.238
	综合责任	92	0.000	0.820	0.316	0.246
2012	责任管理	85	0.000	0.933	0.327	0.243
	市场责任	85	0.033	0.867	0.435	0.203
	法律责任	85	0.000	0.860	0.409	0.255
	环境责任	85	0.000	0.800	0.339	0.243
	综合责任	85	0.020	0.860	0.400	0.236
2013	责任管理	84	0.000	0.850	0.312	0.265
	市场责任	84	0.034	0.904	0.454	0.242
	法律责任	84	0.000	0.881	0.374	0.254
	环境责任	84	0.000	0.799	0.324	0.257
	综合责任	84	0.019	0.866	0.389	0.249
2014	责任管理	74	0.000	1.000	0.473	0.330
	市场责任	74	0.000	0.892	0.474	0.267
	法律责任	74	0.000	0.950	0.436	0.266
	环境责任	74	0.000	1.000	0.410	0.274
	综合责任	74	0.000	0.860	0.449	0.263

续表

年份	社会责任	N	极小值	极大值	均值	标准差
2015	责任管理	91	0.000	1.000	0.534	0.337
	市场责任	91	0.000	1.000	0.519	0.273
	法律责任	91	0.000	0.934	0.518	0.269
	环境责任	91	0.000	0.930	0.397	0.286
	综合责任	91	0.035	0.898	0.491	0.259
2016	责任管理	101	0.000	1.000	0.426	0.335
	市场责任	101	0.000	0.933	0.478	0.303
	法律责任	101	0.000	1.000	0.468	0.300
	环境责任	101	0.000	1.000	0.363	0.305
	综合责任	101	0.000	0.940	0.439	0.284
2010—2016 平均	责任管理	610	0.000	1.000	0.370	0.304
	市场责任	610	0.000	1.000	0.441	0.256
	法律责任	610	0.000	1.000	0.404	0.273
	环境责任	610	0.000	1.000	0.336	0.268
	综合责任	610	0.000	0.940	0.400	0.258

注："中国 100 强社会责任发展指数"中的责任管理、市场责任、法律责任、环境责任、社会责任原为 100 分制，表中采用百分率进行统计。

（二）回归分析

我们对选取的非平衡面板样本数据类型进行了统计检验。首先，采用邹至庄 F 检验方法检验混合面板模型与固定效应模型或随机效应模型的选择；其次，第一步的检验结果如为混合面板模型，即可采用，无须进一步检验；如为固定效应模型或随机效应模型，需再进一步用豪斯曼检验方法检验固定效应模型与随机效应模型的选择[14]。最终检验结果表明，以式（1）~（4）中回归模型的检验结果均为混合面板模型。

1. 企业社会责任对企业绩效的回归分析

基于模型（7）回归的结果如表 3、表 4 所示。由表 3 可见：责任管理（CSRG）、市场责任（MCSR）、法律责任（LCSR）、环境责任（ECSR）、综合责任（TCSR）均与财务绩效（ROA）显著负相关，原因可能是公司履行各种社会责任需要投入大量经济资源，消耗现有财力，在短期内（样本期为

2010～2015）会牺牲财务绩效，形成负相关关系，但其长期相关关系有待进一步检验。

表 3　企业社会责任对财务绩效（ROA）的回归

变量类别	变量代码	①	②	③	④	⑤
解释变量	截距	−0.022 （0.104）	−0.012 （0.103）	−0.013 （0.103）	−0.006 （0.106）	−0.015 （0.103）
	CSRG	−0.022*** （0.002）				
	MCSR		−0.016*** （0.001）			
	LCSR			−0.017*** （0.002）		
	ECSR				−0.010** （0.013）	
	TCSR					−0.018*** （0.003）
控制变量	SIZE	0.005*** （0.000）	0.006*** （0.000）	0.004*** （0.000）	0.005*** （0.000）	0.005*** （0.000）
	LEV	−0.112*** （0.000）	−0.113*** （0.000）	−0.112*** （0.000）	−0.112*** （0.000）	−0.112*** （0.000）
	RD	0.058*** （0.007）	0.054** （0.014）	0.051** （0.014）	0.048** （0.013）	0.053** （0.012）
	STAT	−0.006** （0.013）	−0.008** （0.013）	−0.007** （0.025）	−0.009** （0.020）	−0.008** （0.013）
	GROW	0.021*** （0.001）	0.020*** （0.001）	0.021*** （0.001）	0.021*** （0.001）	0.021*** （0.001）
统计量	F	27.877	26.400	26.526	25.853	26.518
	R^2	0.812	0.974	0.895	0.869	0.991
	DW	1.530	1.537	1.515	1.548	1.428

注：***、**、*分别表示在 0.01、0.05、0.1 的水平上显著；括号内为 P 值。

表 4 显示：市场责任（MCSR）、综合责任（TCSR）均与市场绩效（TOBQ）显著正相关（显著性水平为 1%），而责任管理（CSRG）、法律责任（LCSR）、环境责任（ECSR）与市场绩效（TOBQ）正相关但显著性水平仅为 5%～10%。表明公司积极履行市场责任及综合责任的信息快速传递到资本市场，显著提升了公司的市场价值；而公司履行责任管理、法律责任和环境责任对提高公司市场价值的效果不明显。原因可能是目前我国的会计准则、证监会和证券交易所要求强制披露的社会责任信息主要涉及市场责任与总体情况披露，而对履行责任管理、法律责任和环境责任方面的信息缺乏明确的强制性规定，大多是自愿性披露的，造成这两类信息传递到资本市场的容量、速率等存在

差异，导致资本市场对两者的评价存在差异。

综上可见：企业社会责任对以财务绩效测度的企业绩效产生负向影响，拒绝了假设 H_1；但企业社会责任对以市场绩效测度的企业绩效产生正向影响，接受了假设 H_1。

表 4 企业社会责任对市场绩效（TOBQ）的回归

变量类别	变量代码	①	②	③	④	⑤
解释变量	截距	4.068*** (0.000)	4.058*** (0.000)	4.108*** (0.000)	4.181*** (0.000)	4.079*** (0.000)
	CSRG	0.140* (0.069)				
	MCSR		0.201*** (0.009)			
	LCSR			0.134* (0.082)		
	ECSR				0.057** (0.020)	
	TCSR					0.157*** (0.008)
控制变量	SIZE	−0.092*** (0.000)	−0.090*** (0.000)	−0.094*** (0.000)	−0.098*** (0.000)	−0.092*** (0.000)
	LEV	−1.336*** (0.000)	−1.350*** (0.000)	−1.336*** (0.000)	−1.335*** (0.000)	−1.339*** (0.000)
	RD	2.021*** (0.004)	2.049*** (0.005)	1.988*** (0.005)	1.953*** (0.005)	2.011*** (0.003)
	STAT	−0.248*** (0.000)	−0.250*** (0.000)	−0.249*** (0.000)	−0.264*** (0.000)	−0.250*** (0.000)
	GROW	0.116** (0.013)	0.114** (0.015)	0.112** (0.013)	0.114** (0.016)	0.115** (0.011)
统计量	F	67.416	67.695	67.264	66.941	67.362
	R2	0.951	0.957	0.934	0.959	0.927
	DW	1.842	1.893	1.957	1.772	1.840

注：同表 3。

2. 企业社会责任对社会资本的回归分析

基于模型（8）回归的结果如表 5 所示：责任管理（CSRG）、市场责任（MCSR）、法律责任（LCSR）、环境责任（ECSR）、综合责任（TCSR）均与社会资本（CSC）显著正相关，表明公司积极承担社会责任能够拓展社会网络的广度和深度，获得投资者、债权人、客户、供应商、政府、公众等利益相关者的信任与支持，从而积累更多的优质社会资本。该结果接受了假设 H_2。

表 5 企业社会责任对社会资本（CSC）的回归

变量类别	变量代码	①	②	③	④	⑤
解释变量	截距	11.266*** （0.000）	12.512*** （0.000）	12.231*** （0.000）	10.908*** （0.000）	12.113*** （0.000）
	CSRG	9.804*** （0.005）				
	MCSR		9.343*** （0.002）			
	LCSR			11.377*** （0.001）		
	ECSR				8.681** （0.017）	
	TCSR					10.907*** （0.004）
控制变量	AGE	0.525*** （0.001）	0.494*** （0.003）	0.523*** （0.001）	0.533*** （0.001）	0.523** （0.001）
	CULT	0.310 （0.277）	0.081 （0.273）	0.307 （0.276）	0.091 （0.282）	0.278 （0.248）
统计量	F	6.474	5.569	6.753	5.182	6.120
	R^2	0.765	0.869	0.872	0.775	0.977
	DW	1.537	1.635	1.762	1.880	1.522

注：同表 3。

3. 企业社会责任、社会资本、盈余管理对企业绩效的回归分析

基于模型（9）回归的结果如表 6、表 7 所示。表 6 中：责任管理（CSRG）、市场责任（MCSR）、法律责任（LCSR）、综合责任（TCSR）均与财务绩效（ROA）显著负相关，但环境责任（ECSR）与财务绩效不相关，社会资本（CSC）与财务绩效显著正相关。结合表 3 和表 5 的结果，根据前述 Baron 和 Kenny 检验中介效应的方法发现[13]：社会资本在责任管理、市场责任、法律责任、综合责任对财务绩效的影响过程中具有部分中介作用，且在短期内（2010—2015 年）责任管理、市场责任、法律责任、综合责任对财务绩效产生了负向的直接影响，但通过社会资本的中介作用产生了正向的间接影响，即企业社会责任对财务绩效产生的直接负向作用被社会资本的间接正向中介作用显著地抵消，其原因可能是企业履行社会责任带来社会资本对财务绩效的间接改善，对履行社会责任直接消耗的财务资源具有补偿作用，产生了“补偿”效应。同时，社会资本在环境责任对财务绩效的影响关系中具有完全中介作用，即环境责任仅仅通过社会资本的正向中介作用对财务绩效产生影响。可见，该结果接受了假设 H_3。此外，盈余管理与社会资本的交乘积（EM × CSC）与财务绩效显著正相关，表明在企业社会责任、社会资本、财务绩效的正向

中介作用过程中，盈余管理发挥着正向调节作用，与社会资本一同对财务绩效产生了“协同”效应。该结果接受了假设 H_4。

表 6　企业社会责任、社会资本、盈余管理对财务绩效（ROA）的回归

变量类型	变量代码	①	②	③	④	⑤
解释变量	截距	−0.316 (0.296)	−0.022 (0.194)	−0.022 (0.120)	−0.017 (0.102)	−0.024 (0.177)
	CSRG	−0.021*** (0.002)				
	MCSR		−0.017*** (0.001)			
	LCSR			−0.017** (0.026)		
	ECSR				−0.012 (0.103)	
	TCSR					−0.018** (0.029)
	CSC	0.002** (0.0126)	0.001** (0.0117)	0.002** (0.0126)	0.001** (0.0118)	0.001** (0.0116)
	EM×CSC	0.005** (0.011)	0.005*** (0.008)	0.005*** (0.009)	0.005*** (0.008)	0.005*** (0.009)
控制变量	SIZE	0.006*** (0.000)	0.005*** (0.000)	0.004*** (0.000)	0.005*** (0.000)	0.005*** (0.000)
	LEV	−0.112*** (0.000)	−0.112*** (0.000)	−0.111*** (0.000)	−0.112*** (0.000)	−0.112*** (0.000)
	RD	0.037 (0.167)	0.0334 (0.132)	0.031 (0.135)	0.027 (0.167)	0.032 (0.166)
	STAT	−0.007* (0.072)	−0.009** (0.028)	−0.008** (0.047)	−0.009** (0.048)	−0.008** (0.041)
	GROW	0.021*** (0.001)	0.020*** (0.004)	0.022*** (0.002)	0.023*** (0.002)	0.020*** (0.003)
统计量	F	21.976	20.956	21.008	20.524	21.003
	R^2	0.981	0.804	0.860	0.923	0.943
	DW	1.735	1.932	1.633	1.521	2.061

注：同表 3。

由表 7 可见：责任管理（CSRG）、市场责任（MCSR）、法律责任（LCSR）、环境责任（ECSR）、综合责任（TCSR）均与市场绩效（TOBQ）显著正相关，但社会资本（CSC）与市场绩效不相关。结合表 4 与表 5 的结果，根据前述 Baron 和 Kenny 检验中介效应的方法表明，社会资本在责任管理、市场责任、法律责任、环境责任、综合责任对市场绩效的影响中均无中介作用，即对市场绩效仅产生直接正向影响[13]。该结果拒绝了假设 H_3。此外，盈余管理与社会资本的交乘积（EM × CSC）与 TOBQ 显著正相关，表明在社会责任对市场绩效产生直接正向影响的过程中，盈余管理发挥着正向调节作用，同样具有“协同”效应。接受了假设 H_4。

表 7　企业社会责任、社会资本、盈余管理对市场绩效（TOBQ）的回归

变量类型	变量代码	①	②	③	④	⑤
解释变量	截距	4.126*** （0.000）	, 4.096*** （0.000）	4.152*** （0.000）	4.219*** （0.000）	4.128*** （0.000）
	CSRG	0.120* （0.017）				
	MCSR		0.197** （0.015）			
	LCSR			0.125** （0.016）		
	ECSR				0.054* （0.0514）	
	TCSR					0.142** （0.025）
	CSC	0.004 （0.103）	0.004 （0.102）	0.005 （0.109）	0.003 （0.197）	0.002 （0.126）
	EM×CSC	0.008** （0.043）	0.007** （0.039）	0.008** （0.041）	0.007** （0.040）	0.009** （0.042）
控制变量	SIZE	− 0.094*** （0.000）	− 0.091*** （0.000）	− 0.095*** （0.000）	− 0.096*** （0.000）	− 0.094*** （0.000）
	LEV	− 1.324*** （0.000）	− 1.338*** （0.000）	− 1.325*** （0.000）	− 1.324*** （0.000）	− 1.327*** （0.000）
	RD	1.932*** （0.008）	1.968*** （0.007）	1.909*** （0.009）	1.876** （0.010）	1.926*** （0.009）
	STAT	− 0.255*** （0.000）	− 0.253*** （0.000）	− 0.254*** （0.000）	− 0.268*** （0.000）	− 0.255*** （0.000）
	GROW	0.111* （0.054）	0.109* （0.054）	0.110* （0.055）	0.109* （0.054）	0.110* （0.055）
统计量	F	50.822	51.115	50.779	50.570	50.821
	R^2	0.897	0.820	0.876	0.774	0.896
	DW	1.704	1.549	1.756	1.631	1.717

注：同表 3。

五、结论、不足与启示

本文以“中国 100 强企业社会责任发展指数（2010—2015 年）”中的 A 股国有和民营上市公司为样本，从企业社会责任的责任管理、市场责任、法律责任、环境责任四个维度和综合水平五个方面，采用 Baron 和 Kenny 的方法检验了企业社会责任对企业绩效（财务绩效与市场绩效）的影响[13]，重点检验了社会资本的中介作用和盈余管理的调节作用。结果表明：企业社会责任的四个维度及其综合水平对财务绩效均产生直接负向作用，但均被社会资本的间接正向中介作用显著地抵消，形成了“补偿”效应；企业社会责任对市场绩效仅产生直接正向影响，社会资本无中介作用；在企业社会责任四个维度及其综合水平影响财务绩效和市场绩效的过程中，盈余管理均发挥着正向调节作用，与社会资本一同产生了“协同”效应。当然，由于受样本量的限制，本文未采用系统性更强的结构方程模型进行多群组的比较分析，也无法在同一模型中系统直观地呈现直接效应、中介效应与调节效应的定量作用关系。此外，本文基于财务指标测度的社会资本也难免存在测量误差，由此产生的内生性可能影响到研究结论的有效性。这些不足亟待后续研究改进和完善。

基于研究结论，我们获得如下启示：企业应当根据社会责任、社会资本、盈余管理和企业绩效的作用机制进行系统化的战略管理，全面履行责任管理、市场责任、法律责任和环境责任等维度的社会责任，持续积淀社会资本，合规、科学地开展盈余管理，充分发挥社会资本对财务绩效的正向中介补偿作用和盈余管理的协同调节作用，以补偿因履行社会责任直接消耗的财务资源；同时，有助于资本市场对企业价值做出正面评价，树立“负责任、绩效好、价值高”现代企业公民形象。政府管理部门制定政策时应当系统研究企业履行社会责任的强制性与社会资本积累、盈余管理和改善企业绩效的内在需求等重要影响因素，才能使政策得以有效、持续实施。行业协会等第三方组织应当大力引导企业履行社会责任和创建企业积累社会责任资本的平台。

参考文献

[1] Xiaobei “Beryl” Huang a，Luke Watson. Corporate social responsibility research in accounting[J]. Journal of Accounting Literature，2015(34)：1-16.

[2] 陈煦江. 企业社会责任影响财务绩效的中介调节效应——基于中国100强企业社会责任发展指数的经验证据[J]. 山西财经大学学报，2014（03）：101-109.

[3] 石军伟，付海艳. 企业的异质性社会资本及其嵌入风险——基于中国经济转型情境的实证研究[J]. 中国工业经济，2010（11）：109-119.

[4] 曾江洪，雷黎涛. 契约途径下的企业社会责任和社会资本关系[J]. 财经科

学，2011（08）：53-60.

[5] 徐尚昆，杨汝岱. 中国企业社会责任及其对企业社会资本影响的实证研究[J]. 中国软科学，2009（11）：119-128.

[6] 陈汉辉. 企业社会责任实践与社会资本关系研究——政治关联的中介效应检验[J]. 财贸研究，2016（02）：128-136.

[7] Dowling，G. R. Journalist' Evaluation of Corporate Reputation[J]. Corporate Reputation Review，2004，7（02）：196-205 .

[8] 边燕杰，丘海雄. 企业的社会资本及其功效[J]. 中国社会科学，2000（02）：87-99.

[9] William R. Scott. 财务会计理论[M]. 北京：机械出版社，2006：213-229.

[10] 陈佳贵，黄群慧，彭华岗，钟宏武. 中国企业社会责任研究报告（2010—2016）[M]. 北京：社会科学文献出版社，2016：3-28.

[11] 赵瑞. 企业社会资本、投资机会与投资效率[J]. 宏观经济研究，2013（01）：65-72.

[12] 夏立军. 国外盈余管理计量方法述评[J]. 外国经济与管理，2002（10）：35-40.

[13] Baron R. Kenny D. The moderator-mediator variable distinction in social psychological research：Conceptual strategic，and statistical consideration[J]. Journal of Personality and Social Psychology，1986，51（6）：1173-1182.

[14] 白仲林. 面板数据的计量经济分析[M]. 天津：南开大学出版社，2008：16-42.

供给侧改革背景下我国煤炭企业发展的路径选择*①

陈 欢

2012年5月，我国煤价开始进入下行通道，同时受世界经济复苏乏力、中国经济增速放缓、能源消费结构优化和替代性行业快速发展等因素影响，2015年跌至谷底。与此同时，煤炭开采、运输、销售成本大幅度上升，这已经成为影响煤炭企业发展的重大问题。企业之间的竞争很大程度上是价格的竞争，而价格又取决于成本和市场。在煤炭“寒冬”的背景下，如何适应外部市场环境，降低成本，有效提高煤炭企业经济效益，扭转行业颓势，在供给侧结构性改革中实现转型升级、实现持续发展是煤炭企业首要解决的问题。

一、供给侧改革的政策背景

2015年以来，我国经济进入了一个新的阶段：经济增长速度持续下行，CPI持续低位运行，居民收入增加而企业利润下降，消费上升投资下降；东北老工业区域经济危机加重，西部、中部省市异军突起，煤炭、钢铁等传统工业行业日渐萎缩。中国经济结构性分化正趋于明显，面临的问题并不是短期需求，而是中长期供给。为适应这种变化，需要改善供给侧环境、优化供给侧机制、激发经济活力，以此增强中国经济长期稳定发展的新动力。

2015年11月10日，习近平总书记在主持召开中央财经领导小组第十一次会议时提出：要进行供给侧结构性改革。以期用改革的办法推进结构调整，减少无效和低端供给，扩大有效和中高端供给，增强供给结构对需求变化的

* 本文为重庆市社会科学规划项目（编号：2016QNGL54）、重庆市教委科学技术研究项目（编号：KJ1600617）、重庆工商大学2014年科研启动经费项目（编号：701-670101237）的阶段性成果。

适应性和灵活性，提高全要素生产率，使供给体系更好适应需求结构变化。供给侧结构性改革主要包括五个方面的任务：“去产能”“去库存”“去杠杆”“降成本”“补短板”。2016 年初，面对产能结构调整和环境保护的现实压力，国务院提出煤炭企业要进行充分的供给侧结构性改革，而其中的“去产能”任务给煤炭企业的生存带来了更大压力。如何通过“降成本”实现转型升级是煤炭企业首要关注的问题。

二、供给侧改革背景下煤炭企业发展的困境

2015 年下半年我国煤炭行业进入了最“冷”的“寒冬”，煤价跌破记录、市场萎缩、库存堆积、出口受阻等一系列复杂情况接踵而至，在这种艰难的情形下，煤炭企业生产销售和运营也面临着较大的风险，企业生存也愈发困难。

（一）原煤产量连年攀升

从图 1 中我们可以看到，1998 年到 2013 年，原煤产量一直呈现攀升的趋势，产量从 13.32 亿吨直逼 39.74 亿吨，将近增加了三倍。正是由于这种情况，造成了供大于求的局面，煤价逐渐下跌，煤炭企业纷纷减产甚至关停煤矿。2013 年之后，原煤产量呈现递减趋势，2015 年底时已降至 36.85 亿吨。

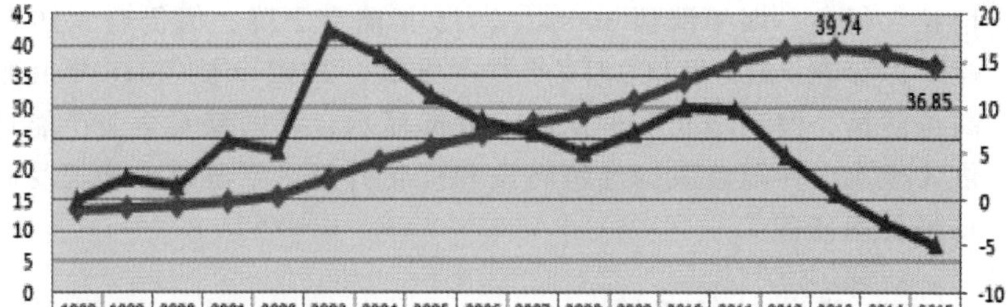

	1998	1999	2000	2001	2002	2003	2004	2005	2006	2007	2008	2009	2010	2011	2012	2013	2014	2015
产量（亿吨）	13.32	13.64	13.84	14.72	15.5	18.35	21.23	23.65	25.7	27.6	29.03	31.15	34.28	37.64	39.45	39.74	38.74	36.85
同比（%）		2.4	1.47	6.36	5.3	18.39	15.69	11.4	8.67	7.39	5.18	7.3	10.05	9.8	4.81	0.74	-2.52	-4.88

图 1　1998—2015 年原煤产量趋势图

（二）煤炭进口大于出口

2008 年开始，我国成为煤炭净进口国。由表 1 可知，2010 年到 2015 年

间，我国煤炭进口量一直远远大于出口量。且在这段时期内，我国煤炭进口量先不断上升，在 2013 年达到 3.3 亿吨后有所下降。截至 2016 年，我国原煤累计进口达 2.6 亿吨，与 2015 年的 2 亿吨相比增长了 25.2%；2016 年全年累计出口 878 万吨，同比增长 344 万吨，增长 64.5%。

表 1　2010—2015 年中国煤炭进出口情况一览表　　（单位：亿吨）

	2010	2011	2012	2013	2014	2015
产量	32.4	35.2	36.5	38.67	38.74	36.85
进口量	1.85	2.22	2.88	3.27	2.92	2.04
需求量	30.02	33.82	35.81	37.88	37.83	37.3
出口量	0.15	0.15	0.09	0.07	0.06	0.05
洗选损耗	3.65	3.17	2.96	2.47	3.09	2.2
库存	1	1.28	1.8	3.32	4	3.39

数据来源：根据公开数据整理得到。

（三）库存堆积明显

从表 1 中可以看出，我国煤炭库存从 2010 年到 2015 年一直处于攀升的趋势，2010 年煤炭库存 1 亿吨，到 2014 年我国煤炭库存达 4 亿吨，累计增长 3 亿吨，四年涨幅 300%，2015 年略有下降，但仍有 3.39 亿吨。全国煤矿库存在 2010 年和 2011 年基本维稳，2012 年到 2016 年底则一直处于高位震荡，波动增长。根据以上数据显示，我国煤炭企业产能过剩导致了供大于求。伴随着我国经济转型和优化升级，下游需求增长受限，去库存将是长期任务。

（四）煤价持续下降

从 2008 年开始，我国煤炭价格持续下跌，通过上海煤炭交易网的数据统计（见图 2），我国煤炭销售价格在 2008 年上升到最高点后出现了滑铁卢式的下降，在 2012 年上半年前有所上升。但自 2012 年 5 月煤炭销售价格开始进入了下行通道，并不断探底。2016 年初，随着供给侧改革在煤炭行业的逐步推行，煤炭价格出现了小幅上涨，但价格仍然较低。

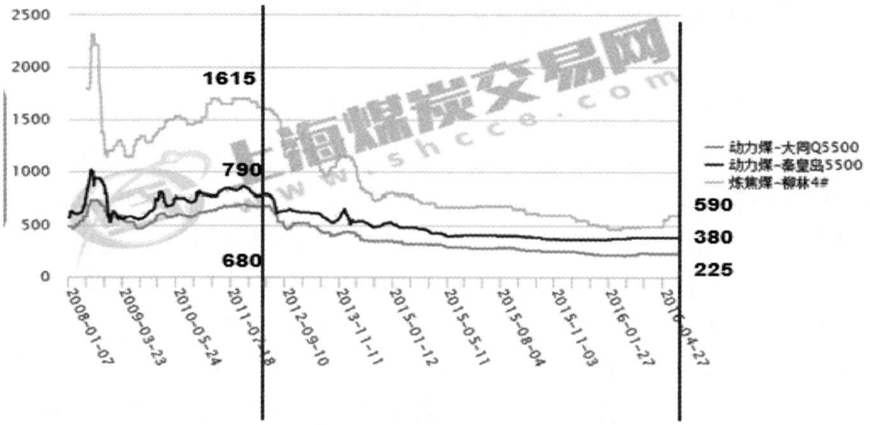

图 2　2008—2016 年我国煤炭价格情况

数据来源：上海煤炭交易网。

（五）煤企收入降幅扩大

根据对煤炭企业主营业务收入情况统计，从图 3 中我们可以看到，在 2012 年，煤炭行业受产量过剩、煤炭价格骤降的影响，主营业务收入同比增长仅 10%，增幅减小；2013 年，煤企在薄利多销的销售策略下，主营业务收入基本与上年持平；2014 年，价格跌幅超过销量增幅，主营业务收入同比出现负增长；2015 年态势持续恶化，降幅不断扩大，同比降幅达 14.8%；2016 年初降幅进一步扩大，随着供给侧改革的推进，降幅缩小。

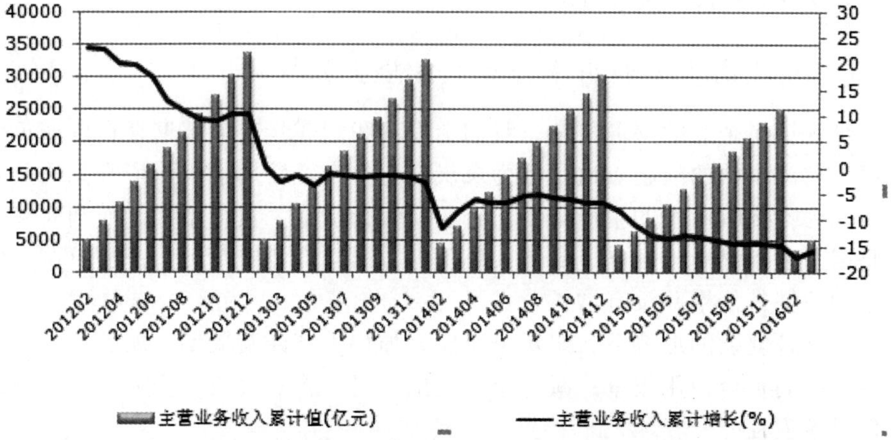

图 3　我国煤炭企业主营业务收入情况统计

三、我国煤炭企业可持续发展的路径选择

（一）以市场为导向，开源节流降成本

随着市场经济的不断发展，我国煤炭企业改革进一步深入，市场的风云变幻直接影响着企业的发展。当前煤炭行业供给关系不对称，供给远大于需求，煤炭企业必须要坚持以市场为导向，根据市场需求组织生产经营。根据市场调整生产，有利于煤炭企业面临突发事故快速反应，合理调整煤炭供给，缓解煤炭供给大于需求的窘境，把不良影响降到最低，保障企业收益。另外，以市场为导向可以清楚地看到企业经营发展的优势和劣势，对于成本费用高的部分进行分析反思，提出解决办法；对于成本费用占比低的环节，进行总结分析，学习成本管理的方法和思路，在企业内部进行推广。

（二）加强系统化建设，实现去产能、去库存

面对供给关系矛盾的煤炭市场，煤炭企业要想保障自身稳定的市场和客观的利润，应该建立市场评估系统。以多年市场需求量、全部煤炭企业的销量和自家企业的往年销量为数据基础，建立智能的市场评估系统，实现系统化、智能化生产和经营销售。在市场评估系统下合理组织生产，避免大量生产、大量库存，降低仓储费用，提高企业利润。一个煤炭企业单独建立智能的市场评估系统可能存在数据不准确等困难，这就要求全行业范围内各煤炭企业竭力合作，提供本企业的销售数据，共同建立一套合理完善的市场评估系统，实现去产能和去库存。

（三）提高资金利用率，降低风险去杠杆

纵观煤炭企业的财务报表，我们会发现我国煤炭企业普遍存在资产负债率高、利润率低的问题。这是因为煤炭企业生产经营周期长，资金无法及时回笼，为不影响后期的生产活动，企业向银行借款，负债增加。而利润率低则是因为近年煤炭市场略显颓势，煤价低，而且产业链单一，产品单调，成本增加而销售价格并没有增长。

在这种复杂的形势下，煤炭企业应该加快生产经营周期，减少不必要的成本，提高资金使用效率；减少企业金融投资，将资金投入企业主营业务，降低风险去杠杆。

（四）加大创新力度补短板，降低生产成本

科学技术是第一生产力，对于作为第一产业的煤炭企业来说更是如此。如今，随着太阳能、风能、核能、潮汐能等清洁能源的快速发展，煤炭作为传统能源资源的"短板"日益显现。煤炭开采、加工都会产生大量粉尘，对大气环境、水环境污染大，我国煤炭企业每年为污染处理也付出了高昂的费用。更重要的是作为不可再生能源，世界范围内的煤炭资源都在逐年减少，生产成本加大。

面对竞争如此激烈的能源资源市场，我国煤炭企业要想杀出重围，要做的有两点：一是加大资金投入，组织科研人员进行科技创新，提高煤炭使用效率，通过创新工艺，提高煤炭副产品质量，降低产品平均生产成本；二是引进先进的污染处理系统，减少煤炭生产对大气和水资源的污染，减少污染支出，降低企业成本。

（五）加强人员培训，树立成本管理意识

人作为企业管理的主体，无论是领导者，还是基层从业者都应该树立成本管理意识，这是企业进行成本管理的基础和前提。煤炭企业领导者是企业经营的决策者，需要了解必要的财务知识，具备强烈的成本管理意识，这有利于领导者正确决策，使企业在发展过程中少走弯路，做到"三去一降一补"。这就要求领导者坚持学习和培训，了解企业实际财务状况，掌握行业动态，了解国家政策，正确进行成本管理。另外，对于基层从业者而言，无论是生产岗位还是销售岗位抑或是管理岗位，都应该积极接受成本管理的相关培训，树立成本管理的意识，了解成本管理的重要性，做到全面控制成本。煤炭企业工作者树立成本管理意识是一个漫长的过程，企业一方面要对员工进行定期的教育和培训，通过一些鼓励措施提高员工积极性，引导员工主动进行成本控制；另一方面煤炭企业要在企业内部形成一种成本管理的氛围，建立企业节约文化，使成本管理意识深入企业内部。

参考文献

[1] 孟凡生，孙亚诺，刘丽. 我国煤炭资源供给情景分析[J]. 中国能源，2016（01）：40-42.

[2] 胡景. 煤炭企业供给侧改革策略研究[J]. 现代经济信息，2016（06）：51.

[3] 杨西栋. 供给侧改革背景下煤炭企业转型升级的战略选择[J]. 煤炭经济研究，2016（04）：50-52.

[4] 牛克洪，詹敏. 煤炭供给侧改革策略分析[J]. 煤炭经济研究，2016（04）：33-36.

[5] 张杰，宋志刚. 供给侧结构性改革中“降成本”的战略内涵与具体途径[J]. 经济体制改革，2016（9）：5-11.

[6] 张存民. 浅议新形势下煤炭企业如何加强成本管理[J]. 中国煤炭，2015（5）：33-35.

[7] 刘屹. 面向可视化管理的煤炭企业成本管控研究[D]. 中国矿业大学（北京），2013.

[8] 张国兴. 基于危机理论的企业成本预警管理系统构建——以煤炭企业为例[J]. 江淮论坛，2015，1（01）：46-47.

[9] 张强. 中国煤炭行业新常态[J]. 中国煤炭，2015，2（41）：11-15.

[10] 连维良. 煤炭行业脱困当务之急是加强供给侧管理[R]. 北京：全国煤炭交易会，2016.

[11] Chartes T Horngren，George Foster，Srikant M Datar. Cost Accounting[M]. New York：Published by P renticeHall[M]. Inc，2011.

[12] Roger J. AbiNader, Cost Control[J]. Reference for Business, Encyclopedia of Business，2nd ed，2010

[13] Michael D Shields，S Mark YoungEffective Long-TermCost Reduction：AStrategic Perspective [J]. Journal ofCost Management，2010（1）.

会　计

《政府会计准则第 3 号——固定资产》探析

王成敬　张 越

固定资产作为我国政府会计主体运行的物质基础，虽然并不能直接给政府带来经济效益，却能保障政府部门的各项工作顺利实施，从而服务于国家的宏观调控。为了适应党的十八大提出的“建立政府权责发生制的财务报告制度改革”的需要，进一步规范政府会计固定资产核算，财政部于 2016 年 7 月 6 日印发了《政府会计准则第 3 号——固定资产》准则（以下简称：政府会计固定资产准则），自 2017 年 1 月 1 日起施行。该准则在规范固定资产的定义、扩大固定资产确认的范围、全面引入评估价进行入账价值的初始计量、“虚提”转为“实提”折旧等方面发生了变化，但是仍然存在对边缘化的固定资产并未全面界定、折旧年限不确定、折旧方法单一、披露不完善等问题。因此，政府会计固定资产准则还尚待进一步完善，本文拟对此进行探讨。

一、政府会计固定资产准则出台的意义

政府会计固定资产准则的出台在很多方面都推动了政府会计的改革，笔者归纳为以下三个方面。

1. 有利于贯彻权责发生制

政府会计固定资产准则的出台有利于权责发生制在政府会计中得以进行推广运用。党的十八届三中全会通过的《中共中央关于全面深化改革若干重大问题的决定》提出了“建立以权责发生制为基础的财务报告制度改革”，这就要求政府会计核算方法由收付实现制过渡到权责发生制。政府会计固定资产准则的颁布正好适应向权责发生制转变的这一阶段，贯彻了政府综合财务报告制度，同时也恰当考虑了中国政府的实际情况，建立有关固定资产具有中国特色的政府会计准则。该准则把“费用”引入到政府会计固定资产的核算中，政府会计主体对固定资产的折旧统一采用的是“实提”折旧的方式，

它是通过判断其用途，在当期的费用或者相关的资产成本中计入计提的折旧额，反映真实客观的资产价值，有利于推动权责发生制的落实与深入。

2. 有利于规范固定资产会计核算

政府会计固定资产准则的出台有利于规范政府会计固定资产核算。1998年颁布的《行政单位会计制度》与2013年修订的《行政单位会计制度》仅仅是在对固定资产的确认、计量等方面进行一定程度上的规范，并没有规范固定资产折旧问题与政府会计固定资产信息的披露问题。这一次政府会计固定资产准则在仿效企业会计准则中固定资产部分的基础上，微调了固定资产的定义，扩大了固定资产核算范围，重新界定了固定资产折旧范围。政府会计固定资产准则将使政府部门工作人员重新认识固定资产，有利于加强对固定资产的优化配置与管理，建立健全固定资产核算体系，从而提高单位固定资产的准确性，合理安排与之相关的职业岗位。

3. 有利于确保会计信息质量

政府会计固定资产准则的出台有利于保证政府会计信息的质量。在过去几十年里政府会计主体对固定资产的核算与记录不够完全，导致低质量的政府会计信息披露出现。2014年颁布的《行政单位会计制度》不仅开始对固定资产进行折旧，还改善固定资产的会计核算，但对于固定资产估价以及重新入账等方面并未做出详细的解释。政府会计固定资产准则规定了政府会计主体应当在附注中披露固定资产的分类、折旧方法、各类固定资产的使用年限、折旧率等与固定资产相关的信息；不仅如此，该准则对固定资产折旧采取“实提”折旧的方法，真实反映了固定资产的账面价值、账面余额、账面净值，导致总资产下降，资产负债率上升，从而打破原来的资产泡沫，真实反映资产的价值，这样有利于提高我国政府会计信息披露的效率和质量。

二、政府会计固定资产准则的主要内容

政府会计固定资产准则主要是从固定资产的确认、计量、披露方面进行了原则性的规范，具体内容如下。

1. 固定资产确认的规定

根据《政府会计准则第 3 号——固定资产》准则的规定，固定资产是指“政府会计主体依据需要而控制的具有规定标准以上的单位价值，它的使用年

限大于 1 年（不包含 1 年）的，并在使用中基本保持原有的物质形态，目的是为满足自身开展的业务活动或者其他活动的资产，通常包括房屋以及构筑物、专用及通用设备等。同时也包括图书、用具、装具等单位价值未达标，但是它的使用年限仍大于 1 年（不含 1 年）的大批同类物资。"，固定资产的确认应当同时满足两个条件，包括"该固定资产的经济利益很可能流入政府会计主体，还有与此相关的服务潜力很可能实现；同时其成本或价值可以可靠地计量"。

2. 固定资产计量的规定

对于固定资产的计量，政府会计固定资产准则是从初始计量、后续计量两个方面来进行规范。

（1）固定资产的初始计量。政府会计主体取得的固定资产通常是以历史成本来作为计量基础。在对政府会计中盘盈的固定资产，准则规定引入估价和重置成本这两个计量属性，即在经过资产评估的情况下，评估价值确定成本，在没有经过资产评估的情况下，重置成本来进行确定。另外，在对改扩建或修缮等原因而延长其使用年限的固定资产，准则规定应当按照其重置成本计价。不仅如此，准则还规定政府会计主体在构建固定资产的时候，对于它的借款费用的利息，若发生在建设期间就计入在建工程成本，反之则计入当期费用。

（2）固定资产的后续计量。政府会计固定资产的后续计量主要是对固定资产折旧的计量。准则规定政府会计主体应当在实际成本确定之前对暂时预估入账的固定资产成本进行计提折旧，同时不考虑预计净残值，确定之后也不需要调整原本已经计提的折旧额。政府会计固定资产折旧包括折旧范围、折旧年限、折旧方法三方面。第一，对于折旧范围方面，政府会计固定资产准则在《行政单位会计制度》规定的"图书档案、以名义金额计量的固定资产、动植物、文物和陈列品"的基础上，新增单独计价入账的土地这一类固定资产不计提折旧。第二，对于确定固定资产使用年限方面，政府会计主体在没有省级以上主管、财政等部门的规定下应该根据固定资产的性质与实际的使用情况来进行确定，若有，则从其规定。若以上两者均不能确认，则应当考虑三点因素，包括"预计经济利益的期限或者实现的服务潜力；预计无形损耗和有形损耗；对固定资产使用限制的相关法律或类似规定"，一经确认不得随意更改。此外，对于因为改扩建或者修缮来延长它的使用年限的固定资产，应该按照重新确定的折旧年限及其重置成本来计算折旧额。第三，对于固定资产折旧方法方面，一般采用直线法或工作量法，一经确认也不得随意更改。

3. 固定资产披露的规定

政府会计固定资产准则规定固定资产的披露内容包括报表列示和报表附注两方面。对于报表列示方面，政府会计固定资产是根据余额对应金额填列的，具体公式是“固定资产”的期末余额减去“累计折旧”科目当中的“固定资产累计折旧”这一明细科目的期末余额。对于报表附注方面，政府会计固定资产准则规定政府会计主体应当在附注当中披露与固定资产相关的信息，例如分类、折旧范围、折旧方法、使用年限与折旧率；对于固定资产的估价及重新入账等做出详细解释，比如估价的方法等。

三、政府会计固定资产准则的变化

政府会计固定资产准则的出台在确认、计量、披露方面发生了质的飞跃，与之前执行的《行政单位会计制度》进行对比，具体有以下几个方面的变化：

1. 固定资产确认方面的变化

政府会计固定资产在确认方面与《行政单位会计制度》相比，微调了定义与明确了确认范围。对于定义方面的变化，政府会计固定资产准则所称固定资产是指“政府会计主体依据需要而控制的具有规定标准以上的单位价值，它的使用年限超过 1 年（不含 1 年）的，并在使用的过程中基本保持原有物质形态的资产，目的是为满足自身开展的业务活动或者其他活动，一般包括房屋及构筑物、专用及通用设备等”。而《行政单位会计制度》中固定资产是指“事业单位持有的具有规定标准以上的单位价值，并在使用过程中保持原有物质形态，同时使用期限在 1 年以上（不含 1 年）”。二者在表述上进行了改进，由“事业单位持有的”微调为政府会计主体对该固定资产具有控制权且它能使政府会计主体开展业务活动或者其他活动中的需求得到满足，尤其突出政府会计主体，增加“控制”这个概念以及为什么控制固定资产，这样才能判断与其相关的经济利益是否可以流入政府会计主体，是确认为固定资产的前提。由于确定政府会计主体能否控制，才可以判断与该固定资产相关的经济利益能否流入政府会计主体。对于确认范围的变化，原来的制度没有对此进行规范，而政府会计固定准则新增规定自然资源资产、保障性住房、公共基础设施、政府储备物资等，适用于其他的政府会计准则，便于工作人员进行政府会计固定资产核算。

2. 固定资产计量方面的变化

（1）初始计量的变化。政府会计固定资产初始计量的变化主要体现在入账价值计量和计量程序上。首先，对于入账价值计量方面，《行政单位会计制度》中并未进行统一的规范，而在政府会计固定资产准则中全面引入评估价。两者规范的差异主要表现在政府会计主体接受捐赠的固定资产上，《行政单位会计制度》规定判断确定成本应该根据凭据标注金额、评估的价值，同类或者类似的资产市场价格和名义金额这四个等级次序，而由于接受捐赠的固定资产具有特殊的定制性，它的同类或者类似的固定资产难以确定，这样一来，如果没有相关凭据上注明的金额，那么就无法确定接受捐赠固定资产的入账价值。而政府会计固定资产准则符合资产管理规定，同时也立足于实务的需求，分别对接受捐赠的固定资产初始入账问题进行科学的规范，在没有相关凭据可供取得的情况下，其成本按照资产评估后的评估价值以及相关运输费、税费来确定，巧妙地解决了接受捐赠的固定资产在没有相关的凭据如何入账的问题，从而提高了准则操作性。其次，对于计量程序方面，为简化行政单位的核算程序，政府会计固定资产准则将把融资租赁取得固定资产的规定全部移除。

（2）后续计量的变化。政府会计固定资产准则后续计量的变化主要体现在固定资产折旧相关的变化，包括折旧范围、折旧年限、折旧方式这三个方面。

① 折旧范围方面的变化。《行政单位会计制度》规定，“文物陈列品、动植物、以名义金额计量的固定资产和图书档案不计提折旧”，政府会计固定资产准则仿效企业会计准则新增“单独计价入账的土地”以后也将不再计提折旧，使折旧范围更加明确与完善。

② 折旧年限方面的变化。《行政单位会计制度》规定行政单位在没有省级以上主管、财政等部门的规定下应该根据固定资产的性质与实际的使用情况来进行确定，若有，则从其规定。在大多数的情况下固定资产的折旧年限为预计使用年限，这就使行政单位不明确固定资产的使用年限。而在政府会计固定资产准则中，明确地指出政府会计主体在确定固定资产的使用年限时应当考虑以下三个因素：一是预计经济利益的期限或估计实现服务潜力；二是无形损耗和有形损耗；三是对固定资产使用限定的相关法律或者类似规定。这样就使行政单位有根据地确定折旧年限，提高折旧管理的规范化与核算的

可比性，这样才能避免不同的单位对同一类资产的使用寿命判断存在有较大差异的问题。

③ 折旧方式方面的变化。《行政单位会计制度》中固定资产折旧采取“虚提”折旧的方式，而政府会计固定资产准则转变为“实提”折旧的方式，明确固定资产应该按月计提折旧额，并根据其用途判断将折旧额计入相关的资产成本或当期的费用。这样的转变主要取决于“虚提”折旧在执行中效果不够显著，固定资产折旧没有计入当期费用或资产成本，在会计报表中“固定资产”科目显示的是购置固定资产的原值，计入的是非流动资产基金，导致没有充分发挥折旧等会计信息在单位内部成本核算中的作用，这种挂账行为一直下去将会虚增固定资产的总量。而“实提”折旧有利于反映客观真实的固定资产价值，提高政府会计主体内部成本费用和资产管理水平，为编制政府财务报告提供更加准确的数据支持。

3. 固定资产披露方面的变化

政府固定资产披露方面的变化主要是政府会计固定资产列报和会计报表附注披露。对于政府会计固定资产列报方面，《行政事业单位会计制度》采用“虚提”折旧的方式，即在按期计提折旧时冲减非流动资产基金（或资产基金），而未计入支出或费用，在编制分录上是借：非流动资产基金——固定资产，贷：累计折旧，则“固定资产”科目显示的是固定资产购置的原值，并未反映真实客观的资产价值。而政府会计准则转变为“实提”折旧后，其应计提的折旧额是根据用途计入当期费用或相关资产成本，在政府会计报告的列报上反映为固定资产原值、累计折旧、净值的相关科目上，有利于推动权责发生制政府会计核算的发展。对于会计报表附注方面新增一条规定，有利于明确哪些信息需要披露，进一步提高政府会计信息质量。

四、政府会计固定资产准则存在的问题

1. 固定资产确认方面的问题

政府固定资产确认方面的主要问题是关于边缘化固定资产界定的问题。政府会计固定资产准则规定保障性住房、政府储备物资、自然资源资产、公共基础设施适用于其他相关的政府会计准则，但是仍然没能覆盖在界定上属于固定资产范围的边缘化资产，比如城市绿地、生物性资产，它们都满足政府会计固定资产准则中对固定资产的定义，这就导致对它们是否属于固定资

产、是否应该作为固定资产确认缺少一个权威的解释，为政府固定资产核算带来困难。

2. 固定资产计量方面的问题

（1）初始计量方面的问题。政府会计固定资产的初始计量属性过于单一，目前政府会计对固定资产初始入账价值通常采用历史成本计量属性，外购的固定资产成本包括其买价，相关税费以及运输费、装卸费、安装费和专业人员服务费等使固定资产在交付使用前所发生的可归属于该资产的费用，同时引入重置成本对未经资产评估的盘盈的固定资产或因改扩建、修缮等原因延长使用年限的固定资产进行计量。但是随着政府会计固定资产的计价对象范围不断扩大，采用这种单一的历史成本计量属性早已不能满足政府会计固定资产计价的需要，仍然存在有些既没有历史成本也没有重置成本的政府固定资产，它们无法进行会计上的货币计量，同时政府会计固定资产准则并未对此进行规定，这导致政府进行入账计量存在空白区，不利于政府固定资产核算的全面与准确。

（2）后续计量方面的问题。政府会计固定资产后续计量主要是固定资产折旧，固定资产折旧规定的方法单一、灵活性差。目前政府会计固定资产的折旧方法通常采用的是年限平均法或工作量法，但仍然没有引入加速折旧法，不仅如此，政府会计主体固定资产是根据历史成本来计价，资产价值不同，准则中也未明确规定哪些采用年限平均法、哪些采用工作量法，这就容易给财会人员带来困扰，无法与实务接轨。在医疗、航天航空、科技研究等相关政府单位，为了鼓励开发新的产品、工艺与技术，固定资产更新换代的速度要比一般的单位快，如果“三新”行业的行政单位没能被允许采用加速折旧法来计提折旧，不利于真正反映这些行业的固定资产服务潜力与经济利益实现的方式。

3. 固定资产披露方面的问题

在对政府会计固定资产的披露上不够全面，主要体现在披露报表附注和报表列示两个方面。对于报表附注方面，政府会计固定资产准则规定披露与固定资产相关的信息，例如分类、折旧范围、折旧方法、使用年限与折旧率的会计信息，但仍然不够全面，披露制度还不算健全。对于报表列示方面，在行政单位的会计报表中，固定资产类别的列示还不够明确，在固定资产采取实提折旧的方式后，政府会计报表并未及时反映原值、累计折旧和净值等相关信息，期末也未填列在资产负债表之中，导致影响会计信息的真实性。

五、完善政府会计固定资产准则的建议

由上所述，政府会计固定资产准则在确认、计量、披露方面仍存在问题，为进一步规范政府会计固定资产的核算，必须采取措施完善政府会计固定资产准则，笔者认为可以从以下几方面入手。

1. 细化固定资产分类

政府会计固定资产准则虽然专门指出政府储备物资、自然资源、公共基础设施、保障性住房等适用于其他的政府会计准则，但依然没能涵盖整个政府固定资产，因此行政单位在固定资产的分类上除了通用及专用设备、文物和陈列品、房屋及构筑物、家具用具及装具、图书档案、动植物六大类外，还需要对边缘的固定资产专门进行相应的分类说明，以便于政府工作人员能够区分政府会计固定资产，提高政府会计核算的效率。

2. 适度引入公允价值计量属性

政府会计固定资产通常采用历史成本或重置成本来进行计量，由于政府会计固定资产具有取得上的特殊性，即不完全都是在市场上交易的，取得当时市场的交易价格来作为历史成本入账会很难。比如政府的公共资源资产生命力强，价值变化莫测，同时大部分都是单独通过自然力的作用形成的，历史成本较低或是没有，这样一来只有在交易时刻才能暂时相对固定它们的价值；还有政府遗产资产如果是按照历史成本这一计量属性来进行反映，它的账面价值是极低的。因此，笔者认为可以在政府投资资产、政府遗产资产、政府权力资产等这些价值变化频繁或非常的资产的计量上应该适度引入公允价值计量属性，对于虽符合政府固定资产定义，但由于货币计量困难，无法在会计账户当中记录，也不能在政府的会计报表上进行列式的固定资产，可以采用非货币方式进行计量，在政府会计报告中采取表外披露方式来反映。这样的方式能更及时全面且真实地反映资产的价值状况，有利于很好地解决由于政府会计固定资产计价范围不断扩大所造成的计价瓶颈，更好地完善政府固定资产的会计核算。

3. 引入加速折旧法

目前，行政单位采用的固定资产折旧方法主要有直线法和工作量法，还未采用加速折旧法，笔者认为可以逐步引入加速折旧法来充实政府会计固定资产核算。因为加速折旧法具有以下两方面的好处：一方面加速折旧法不仅

可以缓解事业单位资金周转带来的压力，还可以使行政单位在购置与开发新型设备上有充足的资金，从而加强公共设施建设，提高事业单位的服务水平；另一方面固定资产加速折旧是作为我国税法中企业所得税的优惠政策之一，行政单位是企业所得税纳税义务人，它也拥有享受这一政策的权利，因此行政单位的固定资产计提折旧采用加速折旧法体现了使用税收优惠政策，这样不但可以提高管理税收财务的水平，而且还减少了行政单位相关的税收支出。笔者认为行政单位采用加速折旧法可包括双倍余额递减法和年数总和法，具体运用如下。

首先，对于产品更新速度比较快或者科技含量比较高的专用设备，如电脑、精密仪器等，由于不更新将影响它们的正常运转，并且无形损耗逐年增长，这样的固定资产应该采用双倍余额递减法，年折旧率=2/使用年限，每年折旧基数是年初固定资产的账面余额。为了防止净残值提前被一起折旧，在固定资产计提折旧的开始到最后两年之前不考虑净残值对折旧的影响，在预计使用的最后两年时，折旧方法换成年限平均法。

其次，对于因为技术进步而导致产品更新换代速度较快的或常年处于高腐蚀、强震动状态下的固定资产采用年数总和法，年折旧率=尚可使用年数/总合年数×100%。但是在运用中要注意，由于采用加速折旧法后，在实物固定资产依然存在的情况下，其账面价值已为零，这样就很容易导致账实不符、公物私用甚至丢失，从而不利于固定资产的管理。面对固定资产核算管理，行政单位应当在固定资产明细账、固定资产卡片等资产明细账上详细登记资产的购置、使用年限、净值与已提折旧额，准确地核算税法与会计的差异。

4. 完善披露内容

为了提高政府会计固定资产的信息质量，进一步完善披露内容，从而体现政府会计固定资产核算的准确性和真实性，笔者认为可从以下几方面入手。

首先，在政府会计报表的列示上不仅要列示需要累计折旧的固定资产原值和累计折旧，还应该列示其净值，对于不需要计提折旧的固定资产只需列示原值金额。

其次，在政府会计报表附注的披露上，不仅要披露政府会计准则固定资产规定的分类、折旧方法、折旧年限与折旧率，还需要进一步披露各类固定资产的初始计量的方法选择、后续计量的方法选择、明细的分类及价值、重大价值的变化及其原因等。

最后，对于价值计量困难的政府固定资产，比如文化与文物资产，不仅应该在资产负债表内单列出来报告，还应该进行表外披露来说明资产实务量和维护支出等信息。

综上所述，政府会计固定资产准则的出台对于政府会计固定资产核算的科学性、规范化、提高政府会计信息质量、保障权责发生制的综合财务报告这一制度改革顺利向前推进都具有重要的影响，但仍然存在固定资产范围的界定模糊，对于特殊的固定资产的初始计量的处理、折旧年限无依据、“虚提”转“实提”面临的难题、折旧方法单一、灵活性差、会计报表披露不完善等问题，我们必须进一步细化固定资产的分类、引入公允价值计量、统一折旧年限、仿效企业使用加速折旧法来完善准则。相信通过准则的不断改善使其真正充分发挥它的作用，进一步提高政府会计核算的质量，从而推动政府会计的改革。

参考文献

[1] 财政部：《政府会计准则第 3 号——固定资产》（财会〔2016〕12 号）

[2] 周娜. 探析《政府会计准则第 3 号——固定资产》的创新及变化[J]. 行政事业资产与财务，2016（22）：9-10.

[3] 刘璐璐. 新政府会计准则下事业单位固定资产核算的创新及建议[J]. 财会研究，2016（11）：34-36.

[4] 赵青，浅析《政府会计准则第 3 号——固定资产》[J]. 财会通讯，2016（34）：91-92.

[5] 张曾莲，董天一. 关于《政府会计准则第 3 号——固定资产》的探讨[J]. 预算管理与会计，2017（02）：22-24.

[6] 金永利，彭咏梅，楚京京. 新政府会计准则下事业单位固定资产折旧方法探析[J]. 商业会计，2016（12）：106-107.

[7] 隋菁. 我国政府会计信息披露问题研究[J]. 中国管理信息化，2017（01）：62-63.

[8] 唐建纲. 政府会计准则下的固定资产的会计创新及处理[J]. 商业会计，2017（01）：36-38.

[9] 刘晓丹，朱久霞. 我国政府会计信息披露面临的挑战及对策[J]. 会计改革与创新，2016（11）：99-100.

[10] 李佳楠. 政府固定资产年限及计提时点出新规[N]. 财会信报，2016（05）：1-3.

房地产上市公司会计报表附注披露问题及对策研究

——以中粮地产公司为例

熊 亚 邹伟浩

会计报表附注属于企业财务报表的主要组成部分，通常利用其来对不便于在会计报表中列明的信息进行补充性说明。在会计信息利用过程中，信息使用主体一般只重视从会计报表中来摄取有效的信息，对会计报表附注信息关注不够。而实际上，会计报表附注中蕴含了大量富有价值的企业财务会计信息，为信息使用者做出有效决策提供充分依据。因此，投资者、管理者以及其他相关利益者都应该充分认识到会计报表附注的作用、并掌握对其内容的解读与分析的技能。本文以中粮地产公司会计报表附注信息披露为例，来具体分析其披露过程中存在的突出问题，并针对问题提出完善对策，以提升该公司会计报表附注信息披露的质量。

一、核心概念及基础理论概述威慑力

1. 会计报表附注概念界定

从字面上看，“会计报表”及“附注”组合成“会计报表附注”。根据我国会计准则规定，会计报表至少应包括利润表、资产负债表、现金流表，而附注是对一些不便或不能通过报表列示的项目进行专门性说明，或者是对报表中相关项目的具体说明。通过综述学术界相关观点并结合自己理解，会计报表附注就是指在保持基本报表正文简练的前提下，运用脚注、旁注、附表的形式对基本会计报表的相关信息加以进一步说明、解释或者补充，以有效提高会计信息的质量,有助于会计信息使用者准确理解及方便使用报表信息。关于附注的称呼国内外规定有所区别，西方国家称之为财务报表附注，而我国通常称之为会计报表。从范围来看，财务报表是稍微宽于会计报表的。我国著名会计学专家葛家澍立足自己的学术观点并结合新颁布(2006年)的《企业会计准则-基本准则》的规定，明确指出当前我国的财务会计报告（财务报告）主要由会计报表、附注以及其他财务会计报告三个主要部分组成；同时他还进一步指出，尽管基本准则中没有采用国际通用的财务报表一词，而是沿用了会计报表及附注，但是通过内容分析可以发现会计报表及其附注所列信息就是财务报表所列的信息（财务报表=会计报表+附注）。基于此，笔者认为附注是会计报表的附注并不是财务报表的附注，同时从我国的实际情况来看，称之为会计报表附注更加合理。

2. 会计报表附注编制的形式与内容

根据我国企业会计准则的相关规定，脚注、旁注、附表是当前会计报表编制的三种主要形式。其一，脚注；又称作为尾注，就是通过文字、数据等形式在会计报表低端对于一些不便于在报表正文中列明的信息进行补充性说明，从而有助于信息使用者更好地理解会计信息。由于脚注不受报表格式、要素确认及计量基础等因素制约，所以具有充分的灵活性，能够将一些反映定性的非财务信息充分地表达出来，促使作用力不断提升，受到重视。其二，旁注；就是在会计报表的有关项目右边用括号把信息标注于内，进而能够对该项目做出简短地解释及补充，例如存货等资产负债表项目，为了更好地揭示其成本信息，就可以通过旁注的形式来反映其公允价值。其三，附表；就是通过报表的形式把会计报表中的一些项目及内容进行充分说明，如固定资产项目，就可以采用编制固定资产变动及结存表来说明企业固定资产在期间内的增减变动及期初和期末数值。

3. 会计报表附注披露的理论基础

（1）资本市场理论。资本市场理论其核心观点认为：高质量的会计报表及附注是可以有效降低企业的资本成本。具体来说，就是指如果企业披露的信息既全面又真实可靠，那么企业将拥有良好信誉，自然就可以有效减少风险承担，更好地保障投资者收益。此外，从另一个视角来看，根据自愿披露政策要求可促使企业主动向资本市场披露会计报表及附注信息，因为企业这样做可以通过有效的市场竞争来得以生存，而前提条件就是竞争各方能够自愿披露信息，而且企业的筹资基本能力也主要体现在它能否为会计使用者提供高质量的会计报表及附注信息。

（2）委托代理理论。总体来说，会计信息披露过程中主要涉及投资者、债权人、经营者、雇员以及政府等主体。在这些主体中，存在一对典型的代理关系，即投资者和经营者。然而，投资者和经营者利益追求目标并不相同，前者追求每股收益最大化，侧重企业利润的增长；而后者追求个人利益最大化。为了防止经营者利用对企业经营信息了解的优势地位，而实施侵害投资者利益的行为，就必须依靠信息披露机制。因此，除了如实披露会计报表信息外，还应该如实披露会计报告附注信息，而通常后者更能将一些隐含的信息充分表达出来，以有效保证信息披露质量，发挥对经营者的监督作用。

（3）博弈论。博弈论又称作对策论或者游戏论，其研究的内容就是决策主体的行为发生直接作用时的决策以及决策的均衡性问题。具体来说，决策的目的就是通过运用博弈规则来实现决策均衡,这是参与主体最优行动组合。企业进行会计信息披露体现的就是各方利益主体在发生冲突后，运用博弈规则来确保利益的均衡。从本质上讲，信息披露的过程实质就是博弈的过程，而且在整个博弈过程中，各方利益主体都会采取自己利益最大化的行动。通常，在上市公司信息披露过程中，重点研究投资者、经营者以及债权人之间的博弈，因为三者的利益追求不同；投资者追求投资利润最大化，经营者追求个人福利待遇及职业前景，债权人关注的是自己债权的保障性。因此，需要通过信息披露来平衡各方主体利益，达到均衡性。

二、会计报表附注披露的价值分析

随着会计报表附注披露内容及形式的不断丰富而日益受到重视，具体价值主要体现在以下三个方面。

1. 有效解决会计报表涵盖信息的局限性

从形式方面来看，会计报表通常以具体的数字来列明企业财务信息，而会计报表附注的形式更加多样，包括图形、注释以及二者的结合等。具体来说，会计报表附注的作用就是对不便于在会计报表中说明的信息进行补充性说明或者解释。另外，会计报表附注还可以对中粮地产公司的背景信息及其他非财务信息进行有效披露。尤其是对中粮地产公司在不断改变财务报告形式的情况下，更加需要会计报表附注来对公司的人力资源、运行内外环境进行全面披露，而这些信息是无法通过会计报表充分披露出来的。由此可以看出，会计报表附注能够有效解决会计报表涵盖信息的局限性。

2. 高质量满足会计信息使用者的要求

随着我国证券市场与现代股份制企业的日趋成熟，会计信息的使用者对中粮地产公司会计信息披露的质量提出了更高的要求。为了实现自身利益最大化，信息使用者要求中粮地产公司会计信息除了披露所有的财务信息外，还应该披露更多的非财务信息，如经营战略信息。此外，不仅要求披露历史信息，更要求适度地披露未来信息。由于会计报表附注具有这项功能，可以有效地将这些不便于或不能在会计报表中列明的非货币信息进行披露，因此会计报表附注披露能高质量地满足会计信息使用者的要求。

3. 增强会计信息的可比性和理解性

中粮地产公司根据自己实际情况采用独特的会计处理方式，在会计处理实务方面自然与其他企业存在较大区别，而不同会计处理方式将会对企业的财务状况及经营成果产生不一样的影响，导致提高的会计信息与其他企业存在区别。然而，通过有效地编制会计报表附注，有助于报表信息使用者全面了解上述差异及具体影响，进而有效提高会计信息的可比性。客观地讲，会计信息之间是存在内在逻辑关系的，而要准确深入地了解这种逻辑关系必须掌握全面准确的会计信息，如中粮地产公司将企业的固定资产作为一个报表项目，这只能反映中粮地产公司在过去某段时间内对固定资产的投资规模，但不能体现现在的分布构成。然而，中粮地产可以在会计报表附注中将房屋、运输设备、机器设备等固定资产予以明确列明，以及详细说明固定资产占全部资产的比重以及各种具体固定资产的比例，这样就为会计信息使用者做出正确决策提供了有效的参考依据。

三、中粮地产公司会计报表附注披露存在的主要问题

虽然一直以来中粮地产公司坚持诚信经营，社会口碑良好。但是，从实际情况来看，中粮地产公司会计报表附注信息披露过程中仍然存在诸多突出问题。2010 年初，财政部组织各省财政监察专员办事处的工作人员对全国 114 家企业的会计信息质量和 56 家证券资格会计师事务所的执业质量进行了全面检查，发现存在不少严重违规披露会计信息的行为，并于 2011 年 10 月财政部正式公布了《会计质量信息检查报告（21 号）》，对相关违法违规行为进行了如实披露，其中就有中粮地产的会计违规行为，其中包括少缴税款：142 万元；利润虚假：658 万元；负债虚假：1 413 万元；资产虚假：1 495 万元。

针对上述违规行为处罚如下：处以 2 万元的罚款，限期进行整改，对企业财务进行相应调整，依法补缴税款。除了接受行政处罚之外，由于中粮地产虚假披露会计报表及附注信息，对投资股东造成了严重损失，受损股东们提起了民事赔偿诉讼，造成了恶劣的社会影响，损害了公司及品牌形象。下面笔者主要根据中粮地产公司 2011 年会计报表附注、2012 年年度审计报告、2013 年年中财务报表附注披露的内容来综合分析其中存在的突出问题。

1. 批注缺乏相关性和可比性

虽然中粮地产是我国知名的房地产上市公司，在业界拥有良好的口碑，但其会计报表及附注披露过程中仍然存在诸多突出问题。尽管没有对投资者造成严重损害，但也产生了较为恶劣的社会影响，这足以引起对会计信息披露质量的重视，避免产生更为严重的问题。如 2011 年中粮地产公司会计报表及附注披露信息不实，缺乏相关性，被财政部点名批评；2012 年立信会计师事务所对 2012 年中粮地产公司做出审计报告，其在报告中明确提出，中粮地产公司财务报表在所有重大内容方面都是按照企业会计准则的规定进行编制，公允反映了公司 2012 年度的经营成果和现金流量以及 2012 年 12 月 31 日的财务状况。而事实上当年中粮地产公司会计报表及附注披露不实，被证监会予以处罚。当前会计准则要求企业提供的会计信息必须清楚明了，以便有助于投资者对财务报告的使用以及理解。但是，从中粮集团会计报表及附注的披露情况来看，其形式不够规范，附注的内容也没有按照逻辑排序（仅对报表所涉内容进行简单罗列）。此外，因为中粮地产公司经营业务及所属行业的差异性，导致其披露的附注信息与其他公司会计信息可比性较差。再加上监管部门的监督评价信息不全面、不及时，导致这种可比性更差。因此，中粮地产公司附注披露中的一个最为突出的问题就是附注披露的相关性及可比性差，亟待引起关注及妥善解决。

2. 附注编制人员业务素质亟待提升

媒体报道 2011 年中粮地产公司会计报表附注以及 2013 年中粮地产公司中期财务报表附注相继报道其附注披露的信息中存在信息不全情况，其中一个重要原因就是附注编制人员业务素质低。具体讲，一方面是因为管理当局及编制人员在思想上没有充分认识到附注披露的作用；另一方面，编制人员缺乏基本业务素养及职业操守。一直以来，企业的财务工作者都比较重视会计报表的分析，而对报表附注的重要性认识不够，甚至一些管理当局与编制人员错误地认为附注报表披露既增加了工作量，又有可能泄露企业的商业秘密。2011—2013年，中粮地产公司都存在会计报表附注编制差误性问题，不过及时进行了纠正公告，没有造成其他恶劣影响。但这也充分说明中粮地产公司会计报表附注编制人员素质有待进一步提升。由于附注主要是对所有者权益、股东权益、资产负债表、利润表、现金流量表变动表中所列示项目的文字描述或明细信息，包括对报表中未能列示项目的说明，因此附注披露的主观性要比会计报表中项目强，意味着人为操作的可能性比较大，一旦附注编制人员的素质较低，将直接影响附注的披露质量。

3. 追求利益的欲望强于法规的约束力

2011年，中粮地产公司会计报表及附注都存在违规披露行为，但当时证监会对其的处罚仅仅是警告与处以2万罚款，并补缴相关税款。而企业及相关人员获取的非法利益是巨大的，这说明违规成本远小于收益，由此导致公司受高额利益刺激进行会计舞弊，虚假披露会计报表及附注信息，导致法律规章产生了负面导向作用。进一步说，管理当局之所以不规范进行信息披露，故意虚假披露会计报表及附注信息，很大程度上就是因为处罚过于宽松，获得的非法收益远远超过成本。因此，国家必须严格相关处罚制度，发挥法律应有的威慑力，惩罚虚假披露会计报表及附注的行为，提升信息披露质量。

4. 缺乏有效的监督评价机制

良好的经营运行状况、产品质量、信用评级以及纳税情况是企业维持经营的先决条件，银行、工商、税务、质检等部门对企业的会计报表附注披露评价应该成为重要内容。2011年10月，财政部公布了《会计质量信息检查报告（21号）》，公告显示中粮地产主要存在以下会计违规行为：少缴税款：142万元；利润虚假：658万元；负债虚假：1 413万元；资产虚假：1 495万元，这说明中粮地产公司当年度的会计报表及附注没有披露这些信息，因此导致违规。而当前我国存在一些企业在会计报表及附注披露方面没有体现这些内容，使得报表使用者无法准确、完整地了解企业相关信息。与此同时，这也反映出对会计报表附注的内部和外部监管失位，对报表附注的重要性认识不足，导致容易违反附注披露中信息质量要求相关性。因此，缺乏内部监督机制及相关部门的评价不仅是中粮地产公司包括其他诸多企业会计报表附注披露中也存在同样的问题，亟待解决。

四、完善中粮地产公司会计报表附注披露的具体对策

通过对中粮公司2011—2013年会计报表附注进行系统深入分析，发现其依然存在诸多问题。为了更好地解决这些具体问题，并为其他企业会计报表附注的披露提供参考，笔者特提出以下完善对策。

1. 健全附注披露的准则与制度

附注披露准则及制度不健全是中粮地产公司会计报表附注披露不实的一个重要原因。随着我国经济的快速发展，层出不穷的经济新形式对企业的经营发展提出了更高的挑战。经济形势的新变化，对会计准则及制度提出了更高的要求，对会计报表附注的信息披露要求更加全面、具体，以有效克制会计信息披露的主观随意性。同时，进一步明确重要概念，提高可操作性与相关性。然而，在具体实际工作中，注册会计师们普遍认为审计的对象是企业的会计报表，只要在审计过程中没有发现会计报表的问题，报表附注就不会有什么问题，特别是被审计单位管理当局还会出具有关说明。因此，只要管理当局注意附注信息披露规则的一些内容，不管有多少，具体如何披露，便不再追究。由于会计准则规定存在较大的弹性，内容的不具体以及注册会计师不重视的态度，在较大程度上导致管理当局的“避重就轻、删繁就简、点到为止”现象的发生，进而导致信息使用者无法得到其重要的决策信息和佐证信息。为了解决这些问题，必须进一步健全会计准则与制度，应具体详细规定披露的内容以及说明如何披露这些内容。同时，这些准则应该对这些专业术语进行明确界定，以确定披露内容的范围及程度，如关联方关系、关联方交易、未决诉讼、对外担保事项等，这些都普遍存在着定义模糊不清以及披露内容不明晰的突出问题。基于此，必须重视会计准则及制度的完善。

2. 提高编制人员业务素养及职业操守

编制人员是附注编制的主体，其业务素养及职业操守的高低直接决定了附注信息披露的质量。在当前形势下，不单是中粮地产，还存在不少的企业缺乏业务素养及职业操守水准高的附注编制人员。附注编制人员素质不高主要表现在对附注披露思想认识水平低、职业道德操守缺乏、业务水平有待提升。基于此，一方面，应充分提升编制人员对附注披露的必要性及重要性认识，并保持高度的责任心及良好的职业操守，在受托责任履行的基础上，能够及时、有效、可靠地提供完整的会计信息；另一方面，通过引进具备高水平的附注编制人员或通过在职后继续培训以提升职业水平及职业判断能力，

以期有效提升编制人员业务素养及职业操守。

3. 增强法律制度规范及惩戒力度

在具体分析中粮地产公司会计附注披露问题的过程中，笔者发现当前企业之所以违法违规进行会计附注披露，一个大的诱因就是来自违规所获得的利益远远超过违法违规所带来的惩罚。简单地说，就是违法收益远高于违规成本。因此，我们应该增强法律制度规范的力度，以降低违规可能性。通过有效的法律管制，确保不法分子受到处罚。特别是对一些故意隐瞒、不披露、披露不充分甚至提供虚假披露和误导性的会计报表附注信息的行为，一定要追究管理当局及相关当事人的法律责任，而且必须严格执法，增加违法成本，使其产生法律威慑力，才能有效地杜绝违法行为的产生。

4. 建立多元化的监督评价机制

从中粮地产公司附注披露问题的实际情况来看，有关问题的产生与其缺乏内外监督机制有密切的关系。为了有效解决上述问题，应在附注编制及披露过程中加强内部监督。与此同时，在附注披露的过程中要有效增加工商、税务、银行、质检等部门就企业相关方面的资料进行评价。具体来说，首先，企业必须加强内部审计，因为内部控制的关键要素就是内部审计，因此我们必须保证企业在接受外部审计之前一定要先经过科学、规范的内部审计程序，不能形式化；其次，有力加强外部审计监督，一个强有力的外部审计监督机制除了在思想上要重视与正确认识附注披露的重要性，彻底改变以往睁一只眼闭一只眼的做法外，还应该根据附注披露来寻找证据与线索，让报表保持内外一致，不可随意更改；再次，应充分和有效地提高银行和政府部门提供的信息。一般来说，银行是企业最主要或重要的债务人，对企业的财务状况及经营成果的真实情况都是比较了解的，另外相关的政府部门对企业的总体经营状况及信用状况也了如指掌，例如税务部门要监督各企业严格贯彻执行国家税收法律、法规及规章情况，对企业的日常经营情况及纳税情况是比较熟悉的；工商管理部门依法组织对市场交易行为进行监督、组织商品质量管理监督，自然对企业的经营状况比较了解；质检部门在对生产、销售产品依法进行抽检，并对抽检结果依法进行公告与处理的过程中对企业产品的质量及销售情况非常清楚。因此，在报表附注中必须增加银行对企业评定的信用等级材料、工商部门出具的年检材料以及工商函、税务部门提供的公司纳税资料和质检部门提供的产品质检报告，这样可以对公司管理当局规范报表附注披露施加一定的外部压力，又能切实提高附注信息的披露质量。

参考文献

[1] 马骏. 基于上市公司会计报表附注披露透明度的研究[J]. 财经界（学术版），2015（5）：47-52.

[2] 林珑. 关于上市公司会计报表附注披露的问题研究[J]. 中国乡镇企业会计，2015（10）：90-92.

[3] 张迪. 上市银行会计报表附注信息披露问题的探讨[J]. 现代商业，2015（7）：82-85.

[4] 邓继武. 浅析企业合并与合并会计报表关系及其局限性[J]. 知识经济，2016（3）：69-73.

[5] 中国房地产TOP10研究组. 2013中国房地产上市公司TOP10研究报告[N]. 证券时报（2版），2013-7-13.

[6] 龚玉. 完善财务报表附注信息披露的建议[J]. 会计之友，2015（2）：39-41.

[7] 魏玮. 中小企业财务报告分析研究[J]. 价值工程，2016（4）：55-60.

[8] 昌静. 解读真实的财务报告[J]. 经济研究导报，2013（9）：34-37.

[9] 李慧青. 财务报告附注披露浅析[J]. 时代金融，2015（11）：89-93.

[10] 蒋晓燕. 事业单位会计报表改进研究[J]. 现代商贸工业，2014（8）：31-35.

[11] 陆萍，余颖. 我国上市公司林木资产信息披露问题研究[J]. 南京林业大学学报（人文社会科学版），2016（3）：88-92.

[12] 黄轶飞，刘玉峰上市公司会计信息披露法律责任的弱化治理[J]. 会计之友，2016（2）：73-77.

农业上市公司环境会计信息披露的现状、问题及对策

崔 飚

随着人类社会的快速发展，资源约束趋紧、环境污染严重等问题越来越突出，严重影响了人们的生活与社会的经济发展。工业化农业的发展，以投入大量物质和能量为标志，促进了生产力的大幅度提高，但也带来了能源枯竭、环境污染等严重的社会问题。人们逐渐认识到低碳经济发展理念下的农业经济组织本质上是一种谋求生态、经济和社会三大利益相统一与最理想的组织。更多的上市公司因为环境保护热潮的掀起以及利益相关者对环境信息的日益关注而在会计信息中增加披露了环境信息。环境会计信息披露主要是指上市公司以董事会报告、财务报表附注、社会责任报告及股东大会会议资料等定期报告和临时报告的形式，把公司及与公司相关的环境信息向投资者和社会公众公开披露的行为。然而，现行研究却侧重于关注一般上市公司的环境会计信息披露问题，而专门针对农业上市公司环境会计信息披露问题的研究相对缺乏。农业上市公司作为国民经济举足轻重的组成部分，应起到带头作用，承担更多的经济发展责任和环境保护责任。在这一研究背景下，本文将采用文献统计分析方法，以我国农业上市公司 2014—2016 年的相关年度报告为依据，揭示其在环境会计信息披露中存在的问题，旨在为完善我国农业上市公司的环境会计信息披露提供政策建议。

一、农业上市公司环境会计信息披露现状

我国自 2007 年 4 月公布《环境信息公开办法（试行）》（国家环保总局令第 35 号）以来，越来越多上市公司开始公开重要环境信息。2008 年 5 月上交所发布了《上海证券交易所上市公司环境信息披露指引》，规定了上市公司

应当披露和自愿披露环境信息的范围，进一步提高了上市公司披露环境会计信息的自觉性和积极性。本文根据中国证券监督管理委员会（CSRC）分类，利用国泰安数据库，选取了我国 2014—2016 年间 40 家农业上市公司共 130 份报告作为研究样本。选择样本的主要标准为：①样本公司的上市所在地为中国境内；②自上市之日起有连续的交易数据；③农业上市公司涵盖纯农业及相关涉农企业；④为保证数据的可靠性和完整性，剔除了 ST 和 ST*公司，仅选择正常持续经营状态下的上市公司。根据以上标准，最后确定样本公司 40 家，包括传统农业 6 家，饲料行业 9 家，种子行业 15 家和养殖行业 10 家（见表 1）。

表 1 农业上市公司类型

行业分类	上市公司				
传统农业	北大荒	亚盛集团	st 中农	st 香梨	新赛股份
	新农开发				
饲料行业	通威股份	天康生物	中牧股份	st 康达尔	大江股份
	新希望	天邦股份	正邦科技	正虹科技	
种子行业	丰乐种业	敦煌种业	登海种业	隆平高科	荃银高科
	万向德农	神农基因	大北农	神农大丰	新赛股份
养殖行业	新五丰	罗牛山	福成五丰	好当家	华英农业
	山下湖	东方海洋	獐子岛	中水渔业	益生股份
	圣农发展	民和股份	大康牧业	牧原股份	天山生物

根据所选样本的 130 份报告，40 家农业上市公司环境会计信息披露情况如下。

（1）信息披露数量及比例。环境会计信息披露内容一般包括 8 个项目：管理当局的环保态度，环保拨款、补贴与税收减免，政策影响，排污费，绿化费，ISO 环境体系认证，环保借款，环境诉讼、赔偿及奖励。考虑到农业上市公司环境会计信息披露内容涵盖三个及以上不同项目的比较普遍，本文对信息披露的总体情况和对三个及以上环境信息披露内容均予以统计分析。农业上市公司环境会计信息披露的数量及比例如表 2 所示。

表 2 2014—2016 年农业公司环境会计信息披露数量及比例

年份	数量	比例（%）	数量*	比例*（%）
2014	33	82.5%	15	37.5%
2015	36	90.0%	18	45.0%
2016	38	95.0%	22	55.0%

注：* 表示披露内容涵盖三个及以上不同项目的农业上市公司

从表 2 中可知，总体而言，从披露比例上，2014—2016 年 40 家农业上市公司环境跨级信息披露的比例相对较高，分别为 82.5%、90%、95%，并呈逐年递增的趋势。相对而言，实际环境会计信息披露三个项目内容均予以逐年递增趋势。涉及环境会计信息披露三个项目内容均予以披露的比例不高，分别为 37.5%、45%和 55%，但也呈逐年递增趋势，尤其是 2015 年和 2016 年，披露比例达上市公司数量的近一半。由此可见，近年来，随着环境污染的日益加剧及信息使用者通过各种渠道对环境信息需求的关注，环境会计信息问题的披露已经引起农业上市公司越来越多的关注。同时，原本选择对环境会计信息保密的农业上市公司也选择对外进行披露，使得环境问题得到更多的关注。

（2）信息披露方式。选取的 40 家农业上市公司其披露方式不尽相同，如表 3 所示。从表 3 中可以看出，农业上市公司有多种渠道和方式对信息进行披露，包括年度报告（董事会报告、财务报表附注）、社会责任报告和股东大会会议资料。目前，农业上市公司主要信息披露方式是通过年度报告对环境会计信息进行披露，其次是股东大会会议资料，最后是社会责任报告。从 2014—2016 年披露的情况看，40 家农业上市公司中就有达 1/2 和 2/3 的公司通过年度报告形式予以披露，其中通过董事会报告的就达 25 家、27 家和 33 家，通过财务报表附注方式披露的为 26 家、29 家和 31 家。这意味着 2016 年有达 3/4 左右的农业上市公司通过年度报告形式予以信息披露，而通过社会责任报告和股东大会会议资料方式披露的分别只有 14 家和 12 家。从以年度报告作为信息披露方式来看，农业上市公司主要采取董事会报告、财务报表附注或同时使用以上两种方式。

（3）信息披露内容。我国目前尚没有统一的上市公司环境会计信息披露规范，因此农业上市公司披露的环境会计信息内容也各异（见表 4）。

表 3　2014—2016 年农业上市公司环境会计信息披露方式

年份	年度报告		社会责任报告	股东大会会议资料
	董事会报告	财务报表附注		
2014	25	26	11	10
2015	27	29	11	9
2016	33	31	14	12

表 4　2014—2016 年农业上市公司环境会计信息披露内容

年份	公司管理当局的环保态度	环保拨款、补贴与税收减免	政策影响	排污费	绿化费	ISO 环境体系认证	环保借款	环境诉讼、赔偿及奖励
2014	23	17	9	9	4	5	4	0
2015	25	17	15	9	2	3	4	0
2016	28	18	16	9	3	3	3	0

由表 4 统计可知，样本公司所披露的环境会计信息主要是公司管理当局的环保态度、环保拨款、补贴与税收减免、政策影响和排污费项目等，较少甚至没有披露绿化费、ISO 环境体系认证、环保借款、环境诉讼、赔偿及奖励项目方面的信息，这说明披露项目比较易于说明或者量化，同时也与我国目前颁布的一些与环境会计信息有关的法规制度相适应。2014—2016 年，披露公司管理当局的环保态度、环保拨款、ISO 环境体系认证、补贴与税收减免、政策影响以及排污费等项目内容的公司数量呈上升趋势；披露绿化费以及环保借款等项目内容的公司数量呈波动趋势。这表明公司管理当局的环保态度、环保拨款、补贴与税收减免、政策的影响以及排污费等在农业上市公司环境会计信息披露中占了很大的比例且呈上升趋势。

二、农业上市公司环境会计信息披露存在的问题

在分析相关数据和信息的过程中，发现农业上市公司环境会计信息披露存在以下几个问题。

1. 信息披露比例不高

总体而言，我国农业上市公司环境会计信息披露的数量逐年递增、披露比例相对较高，但从披露三项以上的环境信息项目内容方面分析，2014—2016

年的披露比例仍较低，分别为 37.5%、45% 和 55%，尤其是 2014 年披露比例明显偏低。到了 2016 年信息的披露比例达到一半以上，但这一披露数量及比例仍不容乐观，也意味着非重污染型农业上市公司不重视环境问题带来的恶劣影响，因而在自愿披露的背景下尽量少披露或不披露环境方面的信息。

2. 信息披露方式各异

我国农业上市公司披露环境会计信息的方式主要有年度报告、社会责任报告和股东大会会议资料等。由于非重污染型的农业上市公司披露环境会计信息多数属于自愿性行为，没有统一的信息披露规范体系的约束，导致其披露信息的方式一定程度上具有随意性，缺乏连续性、统一性和固定性。从表 3 和表 4 可知，不同公司披露同一内容的方式不一；从披露内容的连续性来看，同一公司不同年份披露方式也不一。环境会计信息的披露方式缺乏固定性，不同类型的农业上市公司采取的披露方式也不同。农业上市公司的环境会计信息大多数采用董事会报告和财务报表附注的方式披露，但不同类型行业对于披露方式的选择有着较大的差别，具体可见表 5。其中，种子行业对环境会计信息的披露比例相对于其他行业更高，其披露方式的选择分布比较均匀；养殖行业披露方式主要集中在董事会报告和财务报表附注；饲料行业和其他行业披露方式则较为分散。可见，不同公司对同一内容或同一公司同一内容在不同的年份，其会计信息缺乏统一的固定披露方式，这使得不同公司之间或同一个公司不同会计期间的环境会计信息缺乏可比性，给会计信息的相关使用者带来了诸多不便，也影响了信息的决策有用性。

表 5 农业上市公司披露方式的行业分布

行业	年份	年度报告		社会责任报告	股东大会会议资料
		董事会报告	财务报表附注		
种子行业（15 家）	2014	10	10	5	5
	2015	11	11	4	3
	2016	11	12	5	3
养殖行业（10 家）	2014	9	10	3	2
	2015	10	10	4	2
	2016	9	9	6	4
饲料行业（9 家）	2014	5	4	2	2
	2015	9	5	1	3
	2016	9	6	1	3

续表

行业	年份	年度报告		社会责任报告	股东大会会议资料
		董事会报告	财务报表附注		
传统农业（6家）	2014	3	2	1	1
	2015	3	3	2	1
	2016	4	4	2	2

3. **信息披露内容不全面**

虽然农业上市公司环境会计信息披露的比例逐年递增，但其披露内容仍显得零散、不全面，且披露缺乏时效性，信息实用性较差。各年的信息披露差异比较如下图所示。

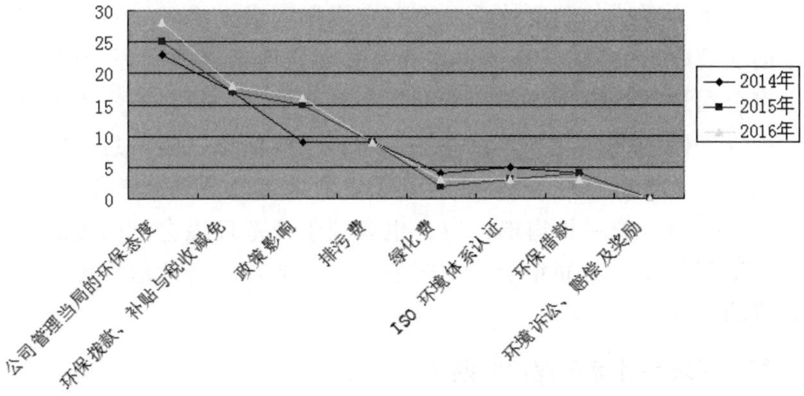

2014—2016 年农业上市公司环境会计信息披露内容

本文所列的环境会计信息披露内容主要有 8 个项目，宏观上可分为环境保护类（环保拨款、补贴与税收减免，公司管理当局的环保态度，ISO 环境体系认证，绿化费，环保借款，环境奖励政策影响）和环境破坏类（环境诉讼，排污费）。由上图可知，样本公司大多“选择性”地对环境保护类等对其有正面作用的环境信息进行披露，而避开环境破坏类等负面信息。除此之外，大多数农业上市公司环境会计信息披露仅反映了过去已经发生的事项，如公司为保护生态、治理污染已经进行的投资和支出的费用，以及获得的政府补助等。这些上市公司尤其缺乏对未来可能发生的环境问题的说明，未披露不确定和未发生的相关环境信息，而其中的某些信息可能对环保事业和公司财务具有极大的潜在影响。

三、解决农业上市公司环境会计信息披露问题的对策及建议

随着国民经济的快速增长，迫切需要对农业上市公司环境会计信息披露的管理进行优化。所以，为了更好地解决农业上市公司在环境会计信息披露中存在的问题，可采取如下对策。

1. 建立并完善环境信息披露制度，提高环境会计信息披露质量

环境信息披露制度是指资本市场上的有关当事人在证券发行、上市和交易等一系列过程中，依照法律、法规、证券主管部门管理规章及证券交易所等监管机构的有关规定，以一定方式向投资者和社会公众公开与公司有关的环境信息而形成的一整套行为规范和活动准则。我国在制定相关政策法规时，应当颁布相关专门性文件规范信息披露的制度，与各政府监管部门发布的制度形成一个较为系统的制度体系，在制定强制要求上市公司对其环境事项进行披露的法规政策的同时，还要考虑相关公司自愿披露不利环境信息的特例，鼓励上市公司进行自愿性披露，从而提高其环境会计信息披露水平，不断满足可持续发展经济下社会各界日益增长的对环境信息、碳信息披露的需求。建立健全环境会计信息披露制度，有利于农业上市公司提高披露的详细程度，明确披露的范围，统一披露的内容，也有利于规范环境会计的披露方式，从而易于对不同行业、不同年份、不同公司之间的环境会计信息做出综合的比较和规范的考评。

2. 健全环境会计信息理论体系

西方国家对于环境会计的相关研究与探索起步较早，其理论体系相对健全。因此，对于国外环境会计的发展进程我们应当通过各方面资料对其进行充分的了解，并结合我国的实际情况，积极开展环境会计的国际交流、合作与学习。在国内，由于具有相对复杂的会计核算对象，计量也有相应的弊端，使得环境会计理论与农业上市公司实务操作存在脱节的现象。对此，对于这门新兴的会计学科应当加大力度对其进行研究和探索，解决其现存的相关问题，以解决环境会计信息披露中存在的问题。

作为可持续发展进程中的重要组成部分，环境会计不仅要反映能以货币计量的经济效益，更要将环境保护或破坏活动对生态和社会的影响纳入核算体系。但目前我国环境会计理论体系中仍存在核算过于复杂、难以计量等缺陷，因此首先要加强对环境会计理论的研究，特别是针对计量这一环节。

3. 增强环境信息披露监督力度

针对农业上市公司环境会计信息监督力度不足的情况，政府部门应积极制定环境方面的相关文件和条例，加大对披露环境会计信息的奖惩力度，进一步明确公司披露环境信息的要求和责任，提高环保意识和社会责任感。同时，政府应当鼓励会计师事务所或国家审计机关根据环保的相关法律法规和制度准则对公司环境会计信息的可靠性和合法性等进行专项环境审计，增强对环境会计的监督力度。

财政部、证监局和环保局等相关部门要大力支持政府的工作，严格监管披露的会计信息，并客观评价农业上市公司环境管理责任和环境绩效的审计。另外，可以通过各种新闻媒体进行舆论方面的监督，做到信息披露更加透明。公众环保意识的增强在很大程度上可以影响企业的环境行为。

4. 加强环境意识和社会责任宣传，重视环境会计人才培养

政府部门应通过制定相应的环境经济政策，加强环保宣传，增强环境责任观念，激励农业上市公司自愿披露环境信息，使公司不仅追求自身经济利益最大化，还要合理地开发和利用自然资源并有效保护森林环境。农业上市公司应通过培训、观看宣传片以及实地访问等公司内部互动，尤其是对管理层级职员的环保知识的普及，督促其树立环保意识，重视环境会计，正确认识经济效益、环境效益和社会效益之间的联系。通过对管理层级人员环境意识的加强，使得农业上市公司承担更多的环境责任，如实、全面地披露环境会计信息，为公司树立良好的企业形象奠定基础。

通过借助相对完善的公司治理结构，调整绩效评价办法，将环境会计指标的完成情况纳入考核体系，定期对内部部门、人员、环保管理机制进行检查，以此调动公司决策层对环境保护投入的重视程度。环境会计的实施，是一个复杂的环境问题和社会问题，更应对财会专业人员进行环境会计和环境信息披露相关知识的培训，重视环境会计领域专业人才培养，培养出既懂一般的经济管理理论和会计理论知识、又懂环境会计理论和实务知识的高层次复合型专门人才。

主要参考文献

[1] 姚翠红，余虹. 重污染行业上市公司环境信息披露现状分析[J]. 商业会计，2017（10）：48-52.

[2] 杨青. 我国环境会计信息披露的现状、问题、解决办法[J]. 中国商论，2017（8）：79-80.

[3] 范文农. 我国重污染行业上市公司环境会计信息披露的研究——以钢铁行业为例[J]. 会计师，2017（3）：32-33.

[4] 刘金彬. 上市公司环境会计信息披露现状与对策研究——以四川省上市公司为例[J]. 财会通讯，2016（16）：8-12.

[5] 王楠，杨雯，黄静. 环境责任视角下电力行业环境会计信息披露研究[J]. 财会通讯，2015（36）：7-9.

[6] 黄爱华. 我国农业上市公司环境会计信息披露[J]. 农业经济，2015（11）：141-142.

[7] 李祝平，班慧芳，于浩. 采矿业上市公司环境会计信息披露问题探[J]. 会计之友，2015（20）：21-25.

[8] 刘梅娟，李永强，吴屹菲，张长江. 我国林业上市公司环境会计信息披露研究[J]. 农业经济问题，2015（1）：66-72+111.

新常态下管理会计的应用问题及对策探讨

——以中石化为例

薛正宽

近些年来，随着信息技术的快速发展和会计理论研究的不断深入，会计管理模式正在发生着深刻的变革。管理会计在提升企业内部资源的利用率、充分发掘企业财务相关价值、为企业提供全面有效的财务发展信息等方面发挥着越来越重要的作用，逐渐成为促进企业发展的重要驱动因素之一。因此，结合时代发展趋势和企业管理会计现状进行深入分析，完善企业管理体系，对于完善现代企业管理模式十分必要。相较于财务会计，管理会计虽然同属于企业会计，都是为企业管理服务，但管理会计与财务会计具有很大的区别。财务会计可以称为外部会计，而管理会计则属于内部会计。同时财务会计主要是对企业过去一段时间或是某一时段内发生的业务进行报告，主要是对历史信息进行提供和解释；而管理会计更侧重于对未来进行规划，对过去进行分析是为了能够更好地控制现在和指导未来，从而为企业经营决策提供各种有用的资料，确保企业经营效率得到有效的提升，实现企业最佳的经济效益。

一、新常态下强化企业管理会计的应用意义

2014 年 5 月，习近平总书记在考察河南的行程中首次提及“新常态”一词。所谓“新常态”，也就是减缓速度，进入了高效率、低成本、可持续的中高速增长阶段。首先是速度，即从高速增长转为中高速增长；其次是结构，即经济结构不断优化升级，使其质量更好；最后是动力，即讲求创新驱动，推进新型产业的发展。新常态就是和以往相比不同且相对稳定的状态。2015 年 3 月，李克强总理提出要主动适应和引领经济发展新常态，重点突出创新驱动。倘若企业要持续发展，提高市场竞争力，管理创新是极其重要的。管理会计作为对内报告会计，为企业预测、决策提供有用的信息，推动着企业

竞争力和价值创造力的进步，也是企业快速适应经济新常态的重要工具。

新常态下，管理会计体现的价值，既有可量化的也有不可计量的；既有财务层面的也有非财务层面的。新常态下，经济增长速度放缓、经济结构优化升级、经济发展驱动机制改变。经济发展具有的新的特征使得企业的资源配置方式以及面临的技术、市场、资本等条件发生新的变化，生存压力更大。管理会计作为管理信息的提供者，在新常态下对帮助企业管理者做出合理决策、实现价值增值很重要，最主要的就是要加快管理会计的创新能力，如恰当地改变管理会计理念，注重管理会计方法与工具的创新，高效地运用科学技术，对管理会计基础信息进行加工、整理、分析和传递，以满足管理会计应用的需要是很有必要的。因此，新常态下企业管理会计水平与企业发展紧密相连，当务之急就是强化企业管理会计体系的构建，这具有很重要的应用意义。

1. 强化企业管理会计是提高企业综合管理水平的现实需求

管理会计作为企业综合管理的一个分支，当前很多公司虽然开始运用了管理会计，但是基本上都处于一个摆设性质的管理会计，没有实质性深入解决问题。为了改变这种状况，可以通过强化企业管理会计来构建完善的管理会计体系。综合管理有更多的要求，比如，管理方法、管理手段、管理目标的确立等等，这就需要我们不断地通过强化当前的管理会计来满足其现实需求。管理会计工作在企业中占据着很重要的地位，只有做好了管理会计相关工作，降低企业的市场风险，才能更快地提高企业的综合管理水平。

2. 强化企业管理会计是提高企业经济效益的客观需要

近几年，随着目标成本法理论研究的渐渐深入，其应用于现代企业发展过程中取得了很好的经济效益。经过实践及相关研究之后形成了科学的预算管理体系，很好地促进了管理会计的发展。而且企业从源头上降低了企业运行成本，有效达成了企业成本控制战略目标，全面提高了企业的经济效益。

3. 强化管理会计是充分发掘企业财务相关价值的有效策略

企业的财务价值与企业的管理会计紧密相连。自计算机信息技术得到快速发展以来，出现了多种企业会计软件，如用友、金蝶等，它们通过计算机账务系统整合分析各项财务信息，在企业财务管理方面使管理会计人员能够更准确地运用信息，更好地为企业发展做出贡献，从而充分发挥了管理会计不断为企业创造经济价值的作用。这样不仅提升了对财务处理的效率，还可以在较短的时间内完成对收益的有效管理。同时，由于国家重视了管理会计，因而促进了财务人员的高效，更充分地发掘了财务的相关价值。可见，强化管理会计具有很重要的意义。

在经济发展新常态的背景下，更进一步强化管理会计不仅可以为企业创造管理上的价值，还能为企业创造经济上的价值，降低企业运行中的风险，使企业内部资源效益最大化，促进企业更好地发展。因此，清醒地认识到现代化管理会计的战略发展状况，向更具体的管理会计体系奋进，做到合理分配职责，是促进企业综合能力快速发展的必要性举措，同时需要相关领导带头学习，才能更好地发挥管理会计的作用。

二、我国管理会计的应用现状及存在的问题分析

改革开放以来，我国经济得到了突破性的发展，这远远离不开管理会计在其中所起的作用。随着市场经济越来越完善，会计变得尤为重要，企业的发展离不开会计的应用。管理会计主要给企业提供发展、改革策略，为企业经济效益的提高服务。然而，由于管理会计是一门新型学科，在国际上管理会计出现的时间比较早，在我国发展得很慢，再加上理论与实际的经验不足，没能得到更进一步的发展，同时企业经济效益的提升也并不高。最初，企业首先进入的是执行性质的管理会计阶段，主要参与企业会计信息系统的建立，它为企业管理的发展开辟了一条全新的路径，促进了企业生产效率的提高。接着是现代决策阶段，然而在企业的实际工作中，当公司的基础会计人员犯了错误的时候，并没有相应的管理制度去控制和进行处罚，会计信息质量和可靠性得不到相应的保证，严重导致了公司的决策者得不到可靠的财务信息，根据这些会做出不利于企业的经济决策，阻碍了企业价值最大化的经营目标的实现。如今，由于管理会计已经运用到不同企业，企业的多样性导致管理会计的工作更加多样化，对管理会计有了更高层次目标的要求，需要提供更加全面而及时的信息。目前，就现状而言已出现诸多问题，主要有以下几个方面。

1. 管理会计理论体系研究落后

事实上，管理会计的理论并不会是亘古不变的，它会随着周围的各种环境的变化而发生变化。比如说市场经济环境的变化，会让企业的结构发生变化，从而管理方式和方法也会发生变化，如果不改变还是照搬理论，肯定是

不妥的。首先，中国的管理会计起步晚，不管是管理会计观念还是管理方法都落后于西方发达国家几十年,引进的方法在实际应用中肯定要不断地调整，结合实际自身原因进行深层次研究，否则就会造成管理会计理论与实际的不协调；其次，一直以来对于管理会计没有完整的标准制度，各个企业根据自身的情况各自进行管理会计的一些简单的实践性工作，而没有相关准则来指导管理会计工作。因此，管理会计的理论体系有待进一步构建和完善，并将重心放到管理会计的研究工作中去，做到与时俱进，保证企业得到持续稳定的发展。

2. 缺乏高素质管理会计人才

我国的管理会计由于没有得到足够的重视，导致管理会计具体工作也很随心所欲。首先，由于管理会计人才极度缺乏，在选拔管理会计人才时，忽视了对管理会计专业知识的要求，导致企业的管理会计人员专业知识水平较低。大多数没有接受过专门的会计学习，都是以老会计带新会计的方式来处理事情，给企业带来了不好的影响。因此，掌握专业知识是管理会计工作能够顺利进行的必要条件，否则由于管理会计人员的失误使得企业遭受损失，阻碍了企业的发展，进而也就影响了会计的管理工作和企业的经营效益。其次，企业缺乏对会计人员进行职业道德的培养，会计人员的职业道德会直接影响一个企业的财务运行。现在很多企业不仅降低了管理会计人员的进入门槛，而且还不注重对他们的培训，形成了一种一直缺乏高素质管理会计人才的现状。那么，作为学校这样的教育机构，由于与人才培养直接相关，应该加大对会计专业在管理会计方面的定向培养，让更多的人了解管理会计，从而改变当前管理会计人才极度缺乏的现状。要加强职业道德建设，才能使工作效率提高，更进一步地强化企业会计工作的管理。

3. 改进管理会计手段，发掘管理会计价值

随着新兴企业的出现，又迎来了管理会计的研究时期。为了适应现代化企业发展的需求，将新兴技术渗透到管理会计体系中是很有必要的。之前的管理会计手段与现在的需求不相符合，这是无法达到预期效果的，这些问题急需改进，如加大对管理会计软件的投入使用，这个软件具有财务信息的整合、共享等功能。提高工作效率也是很有必要的，这样能让管理会计人员有更多的时间去发掘管理会计其他的价值。其次，对管理会计人员实行轮岗制度，不再是形式上的管理，应该多角度管理。通过这种方式来了解每个职责的工作重心，会使之后的管理会计工作更有针对性，发挥其真正的管理效果。

4. 单位领导层对管理会计的实践应用意识不强

管理会计近些年在企业中的应用较广，企业实际的经营管理者决定着管理会计是否能发挥一定的作用，并且管理会计实际上是会参与到企业的管理中去的。但会发现有的企业管理者大都已经习惯集权于一身，对他们来说，要把手中的权力分出去是一件很不轻松的事情。所以作为企业的管理人员更应该多了解和多学习管理会计知识，不断地充实自己，加强自己对公司的管理意识。对于现阶段我国管理会计在企业的应用情况来看，会发现很多问题，如企业管理者缺乏对会计工作的参与并且管理意识不强，导致这些企业的领导经常会出现决策失误，给企业带来损失；并且在做经济决策时，只看到了眼前的利益，不关心企业的长远发展和长远利益，这在一定程度上也会制约企业的发展。由此可见，企业管理者对会计工作的参与和会计意识影响着管理会计在企业中的应用，企业领导应该努力提升对管理会计的应用意识。

5. 管理会计的具体方法有待创新

近几年，我国在管理会计方面的发展主要依赖国内外已经研究过的理论。仅仅单纯地把方法拿过来用，而不结合国内的经济发展状况研究出合适的方法，是不会有很好的发展的。但是，通过学习日本在管理会计方法方面的应用，可以看出它有很多值得我们学习的东西，特别是他们改变的欲望比较强烈，潜心钻研一些国家的先进管理会计理论，分析自身处境，最终得出一系列适合自身发展的方法，并在实践中不断改进不好的方面。日本的松下集团、丰田汽车等知名企业发明的一些创新型的管理方法，如“看板管理”“订单式销售”“零库存”等，虽说日本管理会计方法绝大部分都是从西方引进，但其结合自身的一些特殊情况对这些方法进行了创新和改造，找到了自己适合的方法，仍然取得了很大的成就。方法的创新可以使管理会计走向其预测分析时代，更多地注重预测，将战略和运营置于首位。

三、中国石油化工股份有限公司管理会计应用经验分析

中国石油化工股份有限公司是一家以石油石化为主要业务的股份制企业。它拥有比较完备的销售网络系统，主要从事的业务包括：石油和天然气勘探开发和开采、石油炼制、石油化工、化纤、化肥及其他化工的生产、天然气管道运输等业务。它的经营资产和主要市场集中在中国经济最发达、最活跃的地区，到目前为止，它是中国最大的石油产品和主要石化产品的生产

商和供应商，也是中国第二大原油生产商，而且在境内外均已上市。公司充分发挥一体化的优势，实施国际化战略，在海外油气资源投资取得显著性突破，国际贸易规模也不断扩大，市场运作能力和综合贸易实力增强，保障了供应，同时降低了成本。在国际科技合作方面也进展得非常顺利，科技创新能力得到了一定的提高。中国石化坚持信息系统集中集成，不断加强信息化建设，推进系统的深化应用，不断地进步，在中国市场占据了重要的位置。我国经济建设的高速发展为石化业提供了巨大的发展机遇，也为石化企业的财务管理和管理会计的发展提供了良好的契机。现分析管理会计在该集团公司的应用，之所以该公司具有这么大的影响力，经过分析发现主要因为以下几方面。

1. 具有直线职能结构的组织设置

中国石油化工股份有限公司的组织结构属于直线职能结构，这是一种按职能不同划分工作，并由最高经营者直接指挥各职能部门的一种体制结构。作为下级机构，不但受上级部门的管理，而且会受同级职能管理部门的业务监督与指导。这种组织结构的优点是有利于提高企业的管理效率，根据不同管理层的工作职责以及信息特点，针对性地管理该企业，使企业的运行更高效。

2. 具有完善而科学的预算管理体系

中国石油化工股份有限公司运用的系统主要是ERP系统和FMIS系统，是目前公司用于各层级信息传递的软件系统。ERP系统是企业资源计划（Enterprise Resource Planning）的简称，它建立在信息技术基础上，是依靠先进的信息技术与管理思想为企业员工及决策层提供决策手段的管理平台。FMIS（Financial Management Information System）系统是中石油集团内部专用的财务管理软件，是一个对企业的经营及财务运作进行管理、控制的计算机软件系统，也是一项先进管理思想与管理手段高度结合的现代化管理工具，它能有效简化原有的财务系统流程，提高工作效率。公司通过基层员工在ERP系统输入管理会计相关信息，经系统汇总，然后将有用的财务管理信息传入FMIS，两个系统的有机结合使得公司在获得管理信息系统时工作更高效，目前主要体现在成本管理环节。

3. 明确指出管理会计的主要工作

管理会计的目的是要提高企业经济效益。管理会计的主要工作是根据企业的经济现状，对其经济进行预测，参与经济决策，规划经营目标，控制经济过程，考核评价经营业绩，为企业内部管理提出有针对性的建议。该公司对每项工作都加以细分，明确指出了哪个岗位负责什么，有很好的指导作用，这才会使得在执行管理会计的过程中更加有针对性。

中国石油化工股份有限公司执行会计工作的部门为财务部门，对职责做了细分，包括以下板块：会计核算工作、资产管理工作、预算管理、成本管理、绩效考核管理。其中成本管理、预算管理、绩效考核管理被定义为管理会计工作。从划分就可以看出，该公司对管理会计工作进行了细分，有明确的工作体系。公司的成本管理运用的是 ERP 和 FMIS 系统，根据系统生成成本核算报表，并将实际情况与成本的预算进行对比，分析并找出差异原因之所在，避免下次犯同样的错误。公司预算管理工作内容包括了四个版块：编制预算、分解预算、执行控制预算、对预算执行情况进行考核评价。公司的绩效考核管理工作是用于评价公司工作完成的情况，保证公司的决策运用得当。

中国石油化工股份有限公司通过积极学习并借鉴国内外现代管理的方面，运用合适的管理会计方法，积极应对环境变化，实现了良好的经济效益。近年来，以供给侧结构性改革为主线，降低成本、调整结构、巩固基础并提高产品质量，也体现了公司更注重管理会计，并取得了很好的效果。我们可以看到，随着管理会计的深入应用，公司在全国各地有了更多的生产基地，拥有更广的发展布局。其次，通过努力不仅壮大了国家经济实力，推动了国家经济的快速发展，促进了我国能源结构的完善，同时也带动了石化等其他工业的发展。希望中国石油化工股份有限公司能在综合实力方面越做越好，继续保持对管理会计的高度重视，不断促进企业管理会计的发展和应用。

四、解决管理会计应用问题的有效对策

1. 加强理论知识的研究

管理会计的实践工作与理论知识是相辅相成的，企业的变化会随着市场的变化而变化，随着经济的快速发展，很多过去的管理会计理论已经不能适应发展要求了。因此，面对当前形势，由于很多新兴产业的出现，加强理论知识的学习与研究已经迫在眉睫。但是在研究的同时，我们不能无用地做些表面工作。首先，要通过对各企业的大量分析，包括公司的现状、发展等状况，发现典型问题来加以研究；其次，应该大体上把握管理会计的发展方向，使研究方向具有指导性。

2. 提高管理会计实践方法的时效性

管理会计实践方法的时效性，即根据当前问题及状况分析最适合该企业的一种方法。之所以要做到管理会计实践方法的时效性，是因为随着经济的飞速发展，一切都讲究高效率，只有对症下药，才能药到病除，解决实际存在的问题。不一样的问题，运用一套方法是不科学的，运用不好会给企业带来很大的影响甚至会巨额亏损 。所以，为了能够让企业实现效益最大化，提高管理会计实践方法的时效性是第一要务，是让企业走向成功的必要路径。多年以来，有很多管理会计方法应用于各种企业，如订单式销售、平衡计分卡的应用等。在市场中供不应求时，为了避免客户流失、争取客户订单、形成良性销售惯性，有计划地提前接受客户交纳定金预订，并约定交车期限的销售就是订单式销售；平衡计分卡在绩效管理方式方面突破了原来单一落后的管理方式，以学习和成长为核心，把管理量化，以便检测管理系统的顺利运行，这是当今各种企业常用的管理工具。

3. 加强管理会计领导层的认知水平

作为一个企业，发展最重要的其实就是发展领导人才，一个好的企业的发展和进步与它的领导层至关重要。所以，假如管理人员缺乏应该具备的管理会计知识，在管理方面不能做到得心应手，不能以理服人，很难真正达到管理会计的工作效果。为了更好地管理企业，作为管理会计的领导层应该多学习管理会计相关知识，多参加相关活动，向先锋人士学习工作经验。通过学习在提高自身综合素质的同时，也可更多地去了解市场走向，了解市场规律以及发展策略，扩宽管理会计人才的视野，有利于企业日后的发展，面对问题时能够及时做出决策，弥补亏损。更何况管理层如果因为自身能力不够的原因，不能及时高效地用人，给企业的运作带来的影响是巨大的。树立正确的、适合当下发展的管理会计观念，对加强企业管理会计领导层的认知水平至关重要。我们还可以通过多种方式如加强实际操作与理论培训、知识竞赛等一些活动形式提高领导层对管理会计的参与度。

4. 制定长期管理会计发展策略

自管理会计建立以来，我们看到很多公司的快速成长都离不开管理会计所做的贡献。作为一个企业，需要有短期与长期的发展战略，短期与长期管理会计发展战略适合不同时期。在企业的运营中，如果只关注眼前的发展，满足于当前的状况，仅仅考虑如何减少成本而不规划合适的发展战略和转变观念，忽略长远的发展企业是很难壮大的。因此，结合当前状况，合理预测未来对企业发展的影响是非常重要的，今后可以为企业带来更多的收益。

5. 加强对管理会计培训，提高其综合素质

一个企业不仅仅管理层需要不断进修和学习，任何岗位都需要不断学习和创新。首先，由于岗位的多样化，如果进行统一培训会使培训效果不佳，分类培训是较好的选择方式，可以一对一地发现问题并及时得到解决，如课堂模拟高素质会计人员应该拥有哪些品质并可互相学习；其次，由于当前很多管理会计人才自身综合素质不高，使得管理会计的发展进步缓慢，所以提高管理会计人员的综合素质极其关键。企业应当不定时地组织大家学习管理会计人才的晋升机制、工作职责、理论知识等，多倾听管理会计人才的观点，让他们保持一种积极的工作态度去工作，并带动周围的员工，让员工从工作中了解到管理会计的本职工作的重要性,使其在岗位上能够更好地发挥作用。如果一个企业让高技能低素质人才去管理企业，做一些违法的事情，助长不好的风气，给企业带来不好的影响，这样的人才谁敢用呢？所以对于企业来说高素质是非常重要的，只有在高技能高素质均具备的情况下，企业的管理会计工作才会发展得越来越好。

6. 设立专门的管理会计研究机构

管理会计作为一个新的学科，在我国还很不健全，只是引入而没有很好的规划，没有专门的研究机构来促进它的进步。管理会计停滞不前，导致了跟不上经济的迅速发展。为了改变现状，我们就应该设立专门的管理会计研究机构来指导管理会计工作。通过研究机构的专业研究，以及实际工作经验综合分析，确定出更多合适的管理会计工具，满足企业发展所需。当然，作为研究机构应该保证它的权威性、真实性、及时性，研究出有意义的信息供企业使用。所以，进入研究机构的也需要严格的考核机制，控制研究人才质量与规模，才能更好地使研究机构发挥出有用的价值。

参考文献

[1] 李海. 新形势下管理会计应用问题及对策研究[J]. 中国市场，2016（24）：141-142.

[2] 尹梅. 新常态下完善我国企业管理会计应用的对策研究[J]. 经营管理者，2016（36）：189.

[3] 张帆. 我国管理会计的应用现状及其发展分析[J]. 科技创新与应用，2016（26）：277.

[4] 刘城，代剑环. 我国管理会计发展现状综述[J]. 经贸实践，2017（01）：236.

[5] 王菲娅. 平衡计分卡在安达市国税局绩效评价中的应用研究[D]. 哈尔滨商业大学，2016.

[6] 徐淑红. 管理会计在石化企业中的应用与实践[J]. 西部财会，2015（09）：28-30.

[7] 毛洪涛. 发展中国特色管理会计，助推中国经济转型升级[J]. 财务与会计，2015（02）.

政府补助会计准则新旧差异的比较分析

刘淑蓉

为了适应经济发展需要，规范政府补助的会计处理，提高会计信息质量，财政部在 2006 年 2 月 15 日发布了《企业会计准则第 16 号——政府补助》（以下简称：政府补助旧准则），并于 2007 年 1 月 1 日起实施。随着经济业务的日益复杂，对政府补助准则在政府补助及其相关会计处理方面，也提出了更高要求，因此在该准则执行过程中存在实务操作的疑难问题以及与国际财务报告准则存在一些差异。本着解决实务中的疑难问题和保持与国际财务报告准则的持续趋同，财政部于 2017 年 5 月 25 日发布了修订后《企业会计准则第 16 号——政府补助》（以下简称：政府补助新准则），并从 2017 年 6 月 12 日起开始实施。本文从政府补助的确认、计量、记录和报告四个方面的变化进行对比分析。

一、确认方面的差异

1. 将政府补助和收入区分开来

企业从政府取得的经济资源可能确认为所有者权益、收入或者利得。如果政府拨入的投资补助等专项拨款中，国家相关文件要求作为所有者权益进行会计处理的，说明国家对企业经济资源转移是基于所有者身份进行的，此时不作为政府补助处理，而应按照企业接受股东资本性投入的方式进行处理，确认为政府对企业的资本性投入，计入所有者权益；企业从政府取得的经济资源，如果与企业销售商品或提供服务等活动密切相关，且是企业商品或服务的对价或者是对价的组成部分，则企业应将其作为营业收入，比如节能补贴、家电下乡补贴等。名义上看，政府是将资金直接拨付给了企业，但国家有关政策性文件或交易相关的合同协议及该安排的实质，明确体现了实际的补贴对象是最终消费者，企业只是代为结算，这部分代消费者收取的政府补贴，本质上是企业销售商品或提供服务的对价的组成部分，应作为销售产品或提供服务的部分价格的回收，故企业将收到的补助作为收入而非政府补助的会计处理更为恰当。原准则对此没有明确区分，本次修改后的政府补助准则进一步明确了如何区分企业从政府取得的经济资源是政府补助、政府资本性投入还是政府购买服务，这样才能反映经济业务的实质。

例如：2016 年 12 月，A 公司收到财政部门拨款 1 000 万元，是对 A 公司 2016 年执行国家计划内政策价差的补偿。A 公司甲商品单位售价为 3 万元/台，但在纳入国家计划内政策体系后，A 公司对国家规定范围内的用户销售甲商品的售价为 2 万元/台，国家财政给予 1 万元/台的补贴。2016 年 A 公司共销售政策范围内甲商 1 000 件。本例中，A 公司自财政部门取得的款项不属于政府补助，该款项与具有明确商业实质的交易相关，不是 A 公司自国家无偿取得的现金流入，应作为企业正常销售价款的一部分。A 公司的会计处理为：

借：银行存款 5 000

　　贷：主营业务收入 5 000

2. 将收入和利得区分开来

收入，是指企业在日常活动中形成的、会导致所有者权益增加的、与所有者投入资本无关的经济利益的总流入。利得，是指由企业非日常活动所形成的、会导致所有者权益增加的、与所有者投入资本无关的经济利益的流入。

政府对企业的补助有多种情况，有的政府补助实际上是和企业的日常活动相关的，如有基于促进产业化和市场培育目的的产业扶持类补贴，也有基于激励企业科技创新项目的事后奖励类补贴；但相当多的是政府为促进行业特定的重大、重点创新项目攻关，在事前就给予企业的具有科研任务性质的政府资金资助；还有基于输出公共技术，如行业标准、技术规范和技术导则、公共数据平台和服务平台等，促进行业整体技术水平提升，从而下达给有能力承担的企业研究任务，并给予相应政府资助等。按照政府补助旧准则，无论是与资产相关，还是与收益相关的所有政府补助，最终都会计入当期损益（营业外收入），这样并不能真实地反映经济业务的实质，导致会计实务中的困惑，横向看在国际竞争中也处于不利地位。修改后的政府补助新准则允许企业从经济业务的实质出发，判断政府补助如何计入损益：与企业日常经营活动相关的政府补助，应当计入其他收益或冲减相关成本费用，并在利润表中的“营业利润”项目之上单独列报；与企业日常经营活动无关的政府补助，应当计入营业外收支。

二、计量方面的差异

1. 引入净额法

政府补助的无偿性决定了其应当最终计入损益而非直接计入所有者权益。其会计计量有两种方法：一是总额法，将政府补助全额确认为收益；二是净额法，将政府补助作为相关成本费用的扣减。政府补助旧准则只允许采用总额法，而新准则允许采用净额法对政府补助进行核算。

新准则第八条规定：与资产相关的政府补助，应当冲减相关资产的账面价值或确认为递延收益。与资产相关的政府补助确认为递延收益的，应当在相关资产使用寿命内按照合理、系统的方法分期计入损益。按照名义金额计量的政府补助，直接计入当期损益。

例如：按照国家有关政策，企业购置环保设备可以申请补贴以补偿其环保支出。丁企业于 2×08 年 1 月向政府有关部门提交了 210 万元的补贴申请，作为对其购置环保设备的补贴。2×08 年 3 月 15 日，丁企业收到了政府补贴款 210 万元。2×08 年 4 月 20 日，丁公司购入不需要安装环保设备，实际成本为 480 万元，使用寿命 10 年，采用直线法计提折旧（不考虑净残值）。2×16 年 4 月，丁企业出售了这台设备，取得价款 120 万元。本例中不考虑相关税费。

丁公司的账务处理采用了以下两种方法。

方法一：丁公司选择总额法进行会计处理

（1）2×08 年 3 月 15 日实际收到财政拨款，确认递延收益：

借：银行存款 2 100 000

  贷：递延收益 2 100 000

（2）2×08 年 4 月 20 日购入设备：

借：固定资产 4 800 000

  贷：银行存款 4 800 000

（3）自 2×08 年 5 月起每个资产负债表日（月末）计提折旧，同时分摊递延收益：

① 计提折旧（假设该设备用于污染物排放测试，折旧费用计入制造费用）：

借：制造费用 40 000

  贷：累计折旧 40 000

② 分摊递延收益（月末）

借：递延收益　　17 500

　　贷：其他收益　　17 500

（4）2×16 年 4 月出售设备，同时转销递延收益余额：

① 出售设备：

借：固定资产清理　　960 000

　　累计折旧　　3 840 000

　　贷：固定资产　　4 800 000

借：银行存款　　1 200 000

　　贷：固定资产清理　　960 000

　　　　营业外收入　　240 000

② 转销递延收益余额：

借：递延收益　　420 000

　　贷：营业外收入　　420 000

方法二：丁企业选择净额法进行会计处理

（1）2×08 年 3 月 15 日实际收到财政拨款：

借：银行存款　　2 100 000

　　贷：递延收益　　2 100 000

（2）2×08 年 4 月 20 日购入设备：

借：固定资产　　4 800 000

　　贷：银行存款　　4 800 000

借：递延收益　　2 100 000

　　贷：固定资产　　2 100 000

（3）自 20×8 年 5 月起每个资产负债表日（月末）计提折旧：

借：制造费用　　22 500

　　贷：累计折旧　　22 500

（4）2×16 年 4 月出售设备：

借：固定资产清理　　540 000

　　累计折旧　　2 160 000

　　贷：固定资产　　2 700 000

借：银行存款　　1 200 000

贷：固定资产清理　540 000

　　营业外收入　660 000

2. 增加了与资产相关政府补助的摊销方法

旧准则要求与资产相关的政府补助均按照直线法摊销，但某些固定资产和无形资产本身的折旧摊销方法可能并不是直线法，与之相关的政府补助若简单按照直线法摊销，可能未必合理，新准则对此进行了修改，从原来的直线法改为合理系统的方法，而非一定要按照平均法分摊，这样使政府补助的摊销将更加合理。

3. 财政贴息可以用实际金额入账，也可以按照公允价值入账

旧准则一般仅对提供给企业的财政贴息进行确认，对贴息给银行的不予确认；新准则第十二条"企业取得政策性优惠贷款贴息的，应当区分财政将贴息资金拨付给贷款银行和财政将贴息资金直接拨付给企业两种情况"，并规定了两种处理方式：直接提供给银行的，企业可选择两种方式之一，即按照贴息后的净额确认借款费用，或者按总额法确认借款费用，通过实际利率法进行调整；直接提供给企业的，冲减财务费用。新准则对财政贴息的会计处理做了更加详细的规定，提供了两种方法供企业选择：区分财政将贴息资金拨付给贷款银行和财政将贴息资金直接拨付给受益企业，这样既不违背国际趋同的原则，也允许企业选择简易方法，满足不同企业的现实需求。

（1）对于财政将贴息资金拨付给贷款银行，由贷款银行以政策性优惠利率向企业提供贷款的，企业可以选择下列方法之一进行会计处理：

① 以实际收到的借款金额作为借款的入账价值，按照借款本金和该政策性优惠利率计算相关借款费用。

② 以借款的公允价值作为借款的入账价值并按照实际利率法计算借款费用，实际收到的金额与借款公允价值之间的差额确认为递延收益。递延收益在借款存续期内采用实际利率法摊销，冲减相关借款费用。

例如：2×15 年 1 月 1 日，丙企业向银行贷款 100 万元，期限 2 年，按月计息，按季度付息，到期一次还本。由于该笔贷款资金将被用于国家扶持产业，符合财政贴息条件，所以贷款利率显著低于丙企业取得同类贷款的市场利率。假设丙企业取得同类贷款的年市场利率为 9%，丙企业与银行签订的贷款合同约定的年利率为 3%，丙企业按年向银行支付贷款利息，财政按年向银行拨付贴息资金。贴息后实际支付的年利息率为 3%，贷款期间的利息费用

满足资本化条件，计入相关在建工程的成本。

方法一	方法二
2×15 年 1 月 1 日，取得银行贷款 借：银行存款　　100 　　贷：长期借款——本金 100	2×15 年 1 月 1 日，取得银行贷款 借：银行存款　　100 　　长期借款——利息调整 10.9446 　　贷：长期借款——本金　　100 　　　　递延收益　　10.9446
2×15 年 1 月 31 日起，每月末按月计提利=100×3%/12=0.25 借：在建工程　　0.25 　　贷：应付利息　　0.25	2×15 年 1 月 31 日起，每月末按月计提利息=89.0554×9%/12=0.6679 借：在建工程　　0.6679 　　贷：应付利息　　0.25 　　　　长期借款——利息调整 0.4179 同时摊销递延收益 借：递延收益　　0.4179 　　贷：在建工程　　0.4179

（2）财政将贴息资金直接拨付给受益企业。由于企业先按照同类贷款市场利率向银行支付利息，所以实际收到的借款金额通常就是借款的公允价值，企业应将对应的贴息冲减相关借款费用。

接上例，丙企业与银行签订的贷款合同约定的年利率为 9%，丙企业按月计提利息，按季度向银行支付贷款利息，以付息凭证向财政申请贴息资金。财政按年与丙企业结算贴息资金。

① 2×15 年 1 月 1 日，丙企业取得银行贷款 100 万元。

借：银行存款　　1 000 000

　　贷：长期借款——本金　　1 000 000

② 2×15 年 1 月 31 日起每月月末，丙企业按月计提利息，应向银行支付的利息金额为 1 000 000×9%÷12=7 500（元），企业实际承担的利息支出为 1 000 000×3%÷12=2 500（元），应收政府贴息为 5 000 元。

借：在建工程　　7 500

　　贷：应付利息　　7 500

借：其他应收款　　5 000

　　贷：在建工程　　5 000

三、政府补助列报与披露方面

新准则允许企业根据经济业务的实质来判断政府补助在利润表中的列报科目，而旧准则全部列为营业外收入。新准则规定：

（1）计入其他收益的政府补助：企业应当在利润表中的营业利润项目之上，在“一、营业收入”项目下单独列报“其他收益”项目中反映；

（2）冲减相关成本费用的政府补助：在相关成本费用项目中反映；

（3）与企业日常经营活动无关的政府补助在利润表的营业外收支项目中列报。

主要参考文献

[1] 毛丽娟，江培培. 政府补助“当期确认法”与“递延确认法”影响分析[J]. 财会通讯，2016（31）.

[2] 赵磊蕾. 我国政府补助会计处理问题及对策探讨[J].财会通讯，2016(16).

[3] 沈中霞. 上市公司政府补助会计处理探究[J]. 财会通讯，2016（31）.

[4] 杨晖，贾香萍，李慧思. 我国上市公司政府补助会计处理及信息披露问题研究[J]. 商业会计，2016（13）.

[5] 财政部. 2006年2月15日发布《企业会计准则第16号－政府补助准则》.

[6] 财政部. 2017年5月25日发布《企业会计准则第16号－政府补助准则》.

新收入准则的主要变化和影响探析

刘淑蓉

收入是评估企业经营业绩的核心指标之一。我国与收入确认相关的会计准则是在 2006 年发布的，与当时的国际财务报告准则保持了一致，而当时国际财务报告准则中收入确认的基本原则是 20 世纪 80 年代确立的模式，其规定也非常原则化。随着产业升级和业务模式的创新，新兴行业和创新业务模式下的收入确认已经成为一个越来越复杂的问题，现行的收入准则已经不能满足需要，准则修订成为必然。

一、准则修订的必要性

1. 国际会计准则的修订是外在推力

国际会计准则理事会于 2014 年 5 月发布了《国际财务报告准则第 15 号——与客户之间的合同产生的收入》(以下简称“国际财务报告准则第 15 号”)，并在 2016 年分别进行了澄清和修订。国际财务报告准则第 15 号自 2018 年 1 月 1 日起生效(采用美国财务会计准则的企业自 2017 年 12 月 15 日起实施)。该准则的核心原则是，主体确认收入的方式应当反映其向客户转让商品和服务的模式，确认金额应当反映主体预计因交付该商品和服务而有权获得的金额，并设定了统一的收入确认计量的“五步法”模型，即识别与客户订立的合同、识别合同中的单项履约义务、确定交易价格、将交易价格分摊至各单项履约义务、履行每一单项履约义务时确认收入。为了保持我国企业会计准则与国际财务报告准则持续趋同，我国收入准则的修订成为必然。

2.“落后的”现行收入准则是内在动力

2006 年 2 月，财政部发布《企业会计准则第 14 号——收入》和《企业会计准则第 15 号——建造合同》(以下分别简称“收入准则”和“建造合同准则”)，对企业的收入确认、计量和相关信息的披露进行了规范。其中，销售商品收入、提供劳务收入和让渡资产使用权收入适用《企业会计准则第 14 号——收入》，建造合同形成的收入适用《企业会计准则第 15 号——建造合同》；销售商品收入主要以风险和报酬转移为基础确认，提供劳务收入和建造合同收入主要采用完工百分比法确认。然而，随着市场经济的日益发展、交易事项的日趋复杂，实务中收入确认和计量面临越来越多的问题，例如，现行收入准则和建造合同准则在某些情形下边界不够清晰，可能导致类似的交易采用不同的收入确认方法，从而对企业财务状况和经营成果产生重大影响，如何区分销售商品收入和提供劳务收入，如何判断商品所有权上的主要风险和报酬转移，如何区分按总额还是净额确认收入，对于包含多重交易安排或可变对价的复杂合同如何进行会计处理，等等。这些因素从客观上要求我们修订完善现行收入相关准则，切实满足实践需要。

3. 满足报表使用者对会计信息质量要求

各行业都面临着市场转型的严峻挑战，这就要求各行业都应充分了解客户需求，最大限度满足客户多样化需求，然而现行准则弱化了会计信息的可比较原则，使收入准则修订成为必然。

综上，为切实解决我国现行准则实施中存在的具体问题，进一步规范收入确认、计量和相关信息披露，满足报表使用者对会计信息质量要求，并保持我国企业会计准则与国际财务报告准则持续趋同，我们借鉴国际财务报告准则第 15 号，并结合我国实际情况，修订形成了新收入准则。

二、新收入准则的主要变化

1. 收入确认的模式和理念发生了改变

现行准则区分销售商品、提供劳务、让渡资产使用权和建造合同，分别采用不同的收入确认模式。新准则不再区分业务类型，采用统一的收入确认模式来规范所有与客户之间的合同产生的收入，并且就“在某一时段内”还是“在某一时点”确认收入提供具体指引，有助于更好地解决目前收入确认时点的问题，提高会计信息可比性、可靠性。

2. 以控制权转移替代风险报酬转移作为收入确认时点

现行收入准则要求区分销售商品收入和提供劳务收入，并且强调在将商品所有权上的主要风险和报酬转移给购买方时确认销售商品收入，实务中有时难以判断。修改后的收入准则则打破商品和劳务的界限，要求企业在履行合同中的履约义务，即客户取得相关商品（或服务）控制权时确认收入。

3. 对于包含多重交易安排的合同的会计处理提供更明确的指引

现行收入准则对于包含多重交易安排的合同仅提供了非常有限的指引，具体体现在收入准则第十五条以及企业会计准则讲解中有关奖励积分的会计处理规定，而这些规定远远不能满足当前实务需要。新收入准则对包含多重交易安排的合同的会计处理提供了更明确的指引，要求企业在合同开始日对合同进行评估，识别合同所包含的各单项履约义务，按照各单项履约义务所承诺商品（或服务）的单独售价的相对比例将交易价格分摊至各单项履约义务，进而在履行各单项履约义务时确认相应的收入，这有助于解决此类合同的收入确认问题。

4. 对于某些特定交易（或事项）的收入确认和计量给出了明确规定

新收入准则对于某些特定交易（或事项）的收入确认和计量给出了明确规定。例如，区分总额和净额确认收入、附有质量保证条款的销售、附有客户额外购买选择权的销售、向客户授予知识产权许可、售后回购、无须退还的初始费等，这些规定将有助于更好地指导实务操作，从而提高会计信息的可比性。

三、新收入准则确认计量的精髓——“五步法”模型

企业将应用“五步法”模型来确定收入确认的时间和金额。根据该模型的具体要求，收入应在企业将商品或服务的控制权转移给客户的时点（或过程中）以其预计有权获得的金额予以确认。根据满足特定条件的情况，收入应按以下方式确认：在一段时间内，以一种能够反映企业履行履约义务的方式确认；或者在某一时点上，当商品或服务的控制权转移给客户时确认。为此，准则设定了收入确认计量的五步法：

（1）识别与客户订立的合同；

（2）识别合同中单独的履约义务；

（3）确定交易价格；

（4）将交易价格分摊至单独的履约义务；

（5）履行每一项履约义务时确认收入。

四、新收入准则带来的影响

（一）准则提出的新要求

1. 增强合同意识、规范合同管理

新收入准则基于与客户之间的合同确认收入。在市场经济条件下，市场主体之间的交易主要依据合同，合同约定了交易各方的权利和义务，且这些权利和义务受到法律保护。与大多数市场经济国家一致，新收入准则基于合同确认收入，有助于强化企业合同意识、规范合同管理，将有力推动我国的市场经济进一步走向成熟。

2. 会计人员职业判断力要求更高

新收入准则要求采用统一的收入确认模型确认收入，以控制权转移代替风险报酬转移作为收入确认的标准，对于收入的确认、计量以及很多特定的交易和事项做出规定，并要求企业充分披露与收入相关的信息。

3. 业务管理与会计管理的融合度更高

确认收入的过程中需要依据历史数据等进行大量的判断和估计，合同条款的约定直接影响收入确认的结果，会计核算所需的很多信息也会依赖于业务部门提供的相关信息。这就要求业务部门和财务部门之间密切合作，就相关交易的商业模式、支付条款、定价安排等进行充分沟通。

（二）新准则影响预估

1. 对行业及商业模式的影响

新收入准则将会影响很多行业，初步看来，电信、汽车、信息技术和软件、医疗和制药行业以及房地产行业等会受到很大影响；而工业产品、零售、资产管理、建筑业、媒体和其他新兴产业等也将受到较大的影响。收入的变化还会影响企业的管理和决策，例如薪酬计划、投资项目、商业模式、合同条款；合同中提供的商品和服务是捆绑的，合同包含可变对价，影响巨大。如房地产公司出售一栋办公楼，价格为 8 000 万，同时提供 24 个月的维修服务。在以前的销售中，该房屋售价 7 800 万元，维修服务售价为 240 万元。按照原准则确认 8000 万元收入，240 万元或有负债；而按照 新准则办公楼与维修是两项不同的义务，需要分别确认：

出售收入=8000×7800/（7800+240）=7761 万元，维修收入=8000×240/

（7800+240）=239 万元。

2. 改变企业对收入确认的时段或时点

新收入准则对原来采用完工百分比法的企业需要重新评估是否应在某一时段内或某一时点确认收入，或对原来在某个时点确认收入的需要重新评估是否应该在某一时段内确认。

例如：20×6 年 8 月，某公司将一座建筑委托给甲施工企业修缮，合同规定支付 100 万元，分两次支付，每次 50 万元。第一笔针对地基工作，预计 20×7 年底完成；第二笔针对墙面工作，预计 20×8 年上半年完成。地基与墙面各占一半工作量。当年年底，专家评估，地基工作已完成，墙面工作即将完成，总完工率为 90%。

按照原准则 20×6 年确认收入 90 万元（100*90%），按照新准则：假定贴现率为 10%，地基工作已完成，一年后能收到 50 万元收入，当年确认的收入=50/（1+10%）=45.45 万元

墙面工作未完成，但可以按投入/产出（百分比）法确认墙面收入=45/（1+10%）^{2}=37.2 万元

3. 需要修改会计流程和内部控制，升级 IT 系统

在新收入准则下，企业不仅需要修改会计流程和内部控制，以便从源头获取涉及估计和判断得更为及时、准确的信息，而且还需要升级 IT 系统，以便为做出收入交易估计和支持信息披露获取更快、更多的相关数据。但需要估计与判断的新事项，可能对收入确认的金额或时点产生影响，而且披露的新要求可能更为耗时、费力和复杂。

4. 引起收入大幅波动

新收入准则引入了需要估计与判断的新事项，从而将对收入确认的金额或时点产生影响。

举例说明：A 公司从事消费品生产和销售，产品主要通过超市等零售终端卖给消费者，但 A 公司的直接客户不是超市，而是全国各区域经销商。为拓展市场，A 公司在同经销商签订的销售合同中约定：公司产品进入商超费用由 A 公司承担，经销商只需要提供费用单据即可向 A 公司申请支付，产品售价为 150 元/个（不含税）。假定 2016 年共销售产品 10 000 个，经销商发生的进店费等共计 20 万元，产品成本为 80 元/个，确认多少收入和销售费用？

现有准则：

主营业务收入	150 万
主营业务成本	80 万
毛利	70 万
销售费用	20 万
税前利润	50 万
毛利率	46.67%

新准则收入确认：

$150 \times 10000 - 200000 =$ 130 万

主营业务收入	130
主营业务成本	80
毛利	50
销售费用	0
税前利润	50
毛利率	38.46%

按照新准则，识别合同及履约义务，该业务包含两项交付义务：销售商品给经销商和替经销商承担市场费用，存在利益交换，不承担进店费用，售价将低于 150/个，即这种交换行为人为调节了产品售价及毛利，误导消费者。

5. 长期融资行为的计量对利润影响

即实质性融资行为的隐含利息计量。大型、长期的合同中，典型的比如工程建造，假如客户提前预付了全部或部分款项，并且这个预付期间很长（超过一年以上），现行准则下是没有影响，新准则要计算这种融资行为的利息。相当于在最后的利润表里会同时多出来一块收入和利息费用，合理还原了两种行为（销售和融资）分别的财务表现。

参考文献

[1] 财政部．《财政部关于印发〈企业会计准则——应用指南〉的通知》（财会〔2006〕18 号）中的《〈企业会计准则第 14 号——收入〉应用指南》. 2016 年 10 月.

[2] 财政部．《财政部关于印发〈企业会计准则第 1 号——存货〉等 38 项具体准则的通知》（财会〔2006〕3 号）中的《企业会计准则第 14 号——收

入》和《企业会计准则第 15 号——建造合同》. 2016 年 2 月.

[3] 财政部. 关于修订印发《企业会计准则第 14 号——收入》的通知（财会【2017】22 号文）.

[4] 国际会计准则理事会.《国际财务报告准则第 15 号——与客户之间的合同产生的收入》(IFRS 15). 2014 年 5 月.

论会计信息化标准体系建设

李光凤

一、问题提出

我国著名会计学家杨纪琬先生曾经预言："在 IT 环境下，会计作为一门独立的学科将逐步向边缘学科转化。会计作为管理学的分支，其内容将不断地扩大、延伸，其独立性则相对地缩小，而更体现出与其他经济管理学科相互依赖、相互渗透、相互支持、相互影响、相互制约的关系。"今天，会计学面临的挑战是，日益增长的信息需求及信息的多元化，已经完全超出了传统会计学界定的范畴，也远远超出传统会计信息系统的目标和功能，会计信息化的实施成为必然。而在以信息技术和通信技术为标志的会计信息化过程中，欲使信息作为一种资源为社会所共享，就必须使信息自身的表达方式以及信息的收集、传输、处理和存储的各个环节不断标准化，否则必然导致极大的混乱。因此，必须对会计信息化进行标准化，使之形成一个体系，以达到所需的统一局面，获得最佳的经济和社会效益。

会计信息化标准体系的建立和完善对软件公司、企业及其投资者、政府部门包括税务部门等都有极大的好处，也是目前会计工作者面临的一个迫切任务。新会计准则体系的建立已经为会计信息化标准体系的构建做了必要的准备，而会计信息化标准体系的建立则可以为会计准则在信息化社会中的应用搭建一个平台，使会计准则不仅在以前发挥作用，而且在信息化这一广阔的空间内为会计信息使用者提供更快捷、方便的财务信息。

会计信息化标准体系的建立能够解决数据采集、处理、输出以及使用的整个信息处理流程中的问题，使会计信息资源的生产者、使用者在同一平台上以相同的标准+对话，提高信息的使用效率和利用水平；会计信息化标准体系的建立可以把看似不相关的技术、规范和标准连成一个有机整体，对具体标准进行准确定位和有序组织，为各个标准提供共同发挥作用的平台，使各个标准相辅相成、共同发挥作用，实现 1+1>2 的下同效应；会计信息化标准体系的建立可以有效防止标准的不兼容和重复建设，促进资源的有效利用，也为后续标准的建立提供了一个框架，充分发挥其提纲挈领的作用。

二、会计信息化标准体系的构建

（一）标准的定义

《标准化工作指南 第 1 部分：标准化和相关活动的通用词汇》（GB/T20000.1-2002）中对标准化的定义是："为了在一定范围内获得最佳秩序，经协商一致制定并公认机构标准，共同使用的和重复使用的一种规范性文件。会计也有我们自己的标准——会计准则。"会计准则是会计人员从事会计工作的规则和指南，是规范会计账目核算、会计报告的一套文件。它的目的在于把会计处理建立在整个准则体系中起统驭作用。主要规范会计科目、会计基本假设、会计基本原则、会计要素的确认和计量等。具体准则分为一般准则、特殊行业的特殊业务准则和报告准则三类。

信息化社会也需要建立会计信息化的标准，即会计信息化标准体系。

（二）会计信息化标准体系框架

杨周南学者首次提出了对会计信息化体系乃至会计信息化标准体系的构建方案。在 2006 年会计信息化年会的主题发言中，杨教授将会计信息化体系分为会计信息化理论体系、会计信息化制度和规范体系、会计信息化的标准化体系、会计信息化行业管理体系；在 2009 年会计信息化年会上，杨教授又重新对之前提出的体系进行完善，提出了会计信息化的 TMAIM（Theory Methodology Application Implementation Management）体系架构的概念和结构，指出会计信息化的 TMAIM 体系架构是由会计信息化理论体系、会计信息化方法学体系、会计信息应用体系、会计信息化实施体系、会计信息化行业和社会管理体系五个要素组成，并以系统科学、管理科学、会计学、组织学、社会学、信息科学、信息工程学、心理学和行为科学等学科为主要理论依托，以现代信息技术为核心技术，以信息平台为主要工具所构成的统一体。其中，会计信息化行业和社会管理体系由三大工程要素构成：会计信息化制度法规工程、会计信息化人才工程和会计信息化产业工程。会计信息化制度法规工程包括会计信息化管理制度体系、法规体系、基础工作规范体系、标准化体系、会计信息化审计体系等；会计信息化的标准体系分为会计信息表达形式（元数据）标准、价值链会计信息的准入标准（元数据的定义）；中间过渡和终极输出标准，凭证、账簿和报告的输出标准，表外披露项目等；标准、重点财务管理指标的标准、非财务信息标准等；会计信息分类和传送的标准；会计信息数据交换标准（会计软件数据接口标准）；会计信息系统的性能和质量控制标准；会计信息安全控制标准；会计信息系统评估标准；会计软件的合法、合规性测评标准。

胡仁昱、孙士英、褚彦淑将会计信息化标准体系分为以下四个部分：会计信息表达形式的标准（元数据），中间过渡和终极输出标准（XBRL），会计信息数据交换的标准（数据接口），会计信息安全控制标准。

（三）会计信息化标准体系中各部分之间的关系

如果把会计信息化标准体系比作一座房子，元数据就是房子的地基，数据接口标准就是房子的门窗，实现房子内部与外界的沟通，XBRL 标准是房子美丽的外表，安全控制标准是房子的门锁，这是体系安全的保证。可见，四者缺一不可。

1. 会计数据接口标准

会计数据接口标准是一种数据信息在磁介质中存储的统一形式，即对于所有在使用的会计软件规定的统一数据输入、输出格式。会计数据接口标准化对会计信息的社会化共享有着极其重要的作用，在相应的政策法规和数据安全的保障之下，就可以使会计数据和信息在企业之间、上下级单位之间、社会各相关权益人之间进行真正的社会化共享，各需求方就可以按照一定的权限，对会计数据和会计信息资源进行企业内、外部的再加工和社会化的充分利用。会计数据接口标准的应用体现在以下几方面。

（1）对于企业管理者而言，可以对企业内的会计数据进行内部价值链分析，判断如何降低成本，优化企业流程；还可以对行业价值链进行分析，了解企业在行业价值链中的位置，判断企业是否需要沿价值链向前或向后延伸。

（2）对于上级政府部门而言，会计数据接口实现标准化后，能够解决税务系统、银行系统以及关联企业系统之间的数据传递问题，政府能对其进行汇总和审查，有助于政府部门掌握真实、有效的经济发展基础数据。

（3）对于审计机构而言，可以通过会计信息共享，对原始会计数据、中间会计数据和会计信息、发布的会计报告进行审计分析。无论是社会审计、内部审计还是政府审计都可以应用会计数据接口标准，将不同格式的数据转换成同一格式，使得审计中的数据不仅可以从跨年度的账簿中获取，也可以从不同版本的会计软件中直接取得，还可以从标准格式凭证数据库中取得。

（4）对于经济信息统计管理和经济调控机构而言，可以通过会计信息共享，由社会经济活动的原始经营交易数据出发，对其进行加工处理，不仅可以生成传统的会计信息，而且可以得到社会经济活动中各种物资的供需关系和各行业之间资源的动态变化和平衡关系，了解各种资源在国民经济各部门、各行业和各单位之间的动态关系，用于预测经济前景，辅助制定宏观经济政策，进行监管和调控。

2. 会计信息呈报标准

会计信息呈报是财务会计的最后一个环节，是连接企业与外部信息使用者，尤其是连接企业与资本市场的桥梁和纽带。目前，我国的财务报表信息是由信息供给方和需求方以外的第三者呈报的，即财政部通过制定会计准则和证监会通过制定信息披露呈报准则加以规范。信息技术尤其是互联网技术的发展为财务报告的变革提供了契机，很多公司开始利用互联网公布其财务报告，主要有一般文本格式、数据库格式和 XBRL 三种呈报格式。

（1）一般文本格式即 PDF 格式，它是通过 Adobe Reader 软件来装载和打开的。PDF 格式文件支持在线阅读、打印和快捷下载，具有和纸质财务报告完全一样的效果；缺点主要是无法建立要素间的链接，无法实现报告公司和信息用户的交流。HTML 具备链接功能，并且可以通过搜索引擎进行查找，其主要不足在于排版不太理想，因而在实践中很多公司采取了 HTML 格式+PDF 格式作为公司报告的形式。这种结合模式的缺点在于不利于信息的存储，信息共享性不好，用户不易对数据进行二次处理。

（2）数据库格式旨在提供一个数据库，以便信息使用者从中提取不同明细程度的数据，它是在数据库环境中对事项报告模式的拓展，但有与事项报告模式不尽相同的取向。事项报告模式更强调编制明细一些的财务报表，而数据库格式则着重存储和维护最原始的数据，这对于信息使用者的专业要求更高；其缺点是界面不友好，机构外用户不易获取信息。

（3）XBRL 是由主流金融组织、会计师事务所、金融服务提供商和软件开发公司为满足网络财务报告生成并和全球范围商业数据交换而共同开发的。它是一种针对企业财务报告而发展的标记语言，是应用于财务信息、报表与分析资料等网络传输格式标准，是一种可免费获取的用于财务报告的电子语言标准。它是 XML 在业务报告信息交换方面的一种应用，是目前应用于非结构化信息处理，尤其是财务信息处理的最新技术。XBRL 格式实现财务报告有三种模式：其一是由企业信息系统本身如 ERP 系统产生各种财务报表，并以电子文档形式存在于 Excel 表格或 Word 文档中。在有关证券机构或银行机构需要 XBRL 报表时可以通过 XBRL 格式转换器进行转换，转换过程中会依据相应的分类标准和实例文档完成，最后形成 XBRL 文档。该模式下的转换过程是自动完成的，转换中不会造成数据的丢失和出错，能够保证 XBRL 财务报表的准确一致。不足在于只有企业 ERP 系统生成报表后才能进行转换，有一定滞后性。其二是企业的信息系统对外直接输出的是不可直接转换利用的打印文档或 PDF 格式文档，中间的转化需要按照 XBRL 格式要求进行手工输入来形成 XBRL 文档。该模式下手工输入的同时也增加了数据错误的风险。第三是由企业自身的 ERP 系统加上集成的 XBRL 适配器，在进行信息处理过程中就直接按照 XBRL 规范来完成报告的处理。能够实时输出

相比其他格式，XBRL 格式的优点在于，无论是公布在报纸上的文字，还是以 PDF、DOC、HTML 等多种格式发布的财务报告，虽然人可以阅读，但是要用计算机抽取其中的数据进行统计、分析、比对、检验却非常困难。在没有采取 XBRL 技术之前，信息发布后，由于口径的不一致，文本技术的标准不统一和非“国际化”的障碍，信息的最终使用者由于无法直接提取报表中的数据进行进一步分析，结果转移了投资方向，企业失去了发展的机会。

三、应用 XBRL 实现会计信息标准化传递和监管

XBRL 的本质是让会计数据实现标准化，是一种应用于商业和会计数据电子化交流的标准，它有助于会计信息的提供、分析、交换和使用。XBRL 的应用能够对财务数据进行特定的标识和分类，便于信息处理和统计分析，通过互联网提供具有时效性的信息，提高信息的相关性，增强了财务信息的利用效率，能够实现跨平台使用，不受个别公司软件和信息系统的限制，为投资者或分析者使用财务信息提供方便，可以多格式输出，避免重复输入问题，能够显著改善财务报告披露的效果，建立一个企业财务会计信息的大平台，使得财政、税务、审计、统计、金融监管、证券监管、保险监管等各个

部门都可以从中获取所需会计信息。

XBRL 的应用目标主要是为了解决互联网上不同平台和不同操作系统之间的财务报告传送，提高报表传送效率，减少报表由于重复输入而增加的工作量和出错的概率。

1. 我国 XBRL 标准财务软件推广存在的问题

在财政部和有关部门领导的指导和支持下，XBRL 中国地区组织从 2006 年起开始筹备，2007 年 9 月以财政部会计准则委员会的名义申请加入 XBRL 国际组织。2008 年 11 月，财政部等九部委成立了会计信息化委员会暨 XBRL 中国地区组织。

2010 年，企业会计准则通用分类标准和 XBRL 技术规范系列国家标准正式发布，要求 13 家企业和 2 家会计师事务所自 2011 年起实施企业会计准则通用分类标准。2011 年 6 月，通用分类标准首批实施单位完成 XBRL 格式财务报告的报送工作。2012 年 2 月 28 日，财政部发布《关于地方国有大中型企业实施企业会计准则通用分类标准的通知》。XBRL 标准财务软件在我国的应用还任重道远，主要存在以下几个方面的问题：

（1）我国 XBRL 标准的应用不够深入。虽然上海证券交易所和深圳证券交易所采用 XBRL 标准进行财务报告披露已有 10 多个年头，且 2010 年又发布了 XBRL 企业会计准则通用分类标准，但是 XBRL 财报的披露大多仅仅停留在表面，只是实现了终端财务报表数据在传统格式和 XBRL 格式之间的格式转换。XBRL 会计数据并不是源自企业日常业务，而是直接来自终端的财务报表。

（2）国内缺乏 XBRL 标准的专家和权威，对该标准的研究大多停留在理论层面。XBRL 标准 2000 年在国际上才出现，2001 年才有 XBRL1.0 标准，2003 年颁布 XBRL2.0 标准。虽然，近两年颁布 XBRL 石油和天然气行业扩展分类标准，XBRL 企业会计准则通用分类标准和 XBRL 银行也扩展分类标准，但总体上 XBRL 在国际上应用较多，国内真正理解和懂得 XBRL 标准的人还很少，目前应用该标准做成的系统还没有，上海证券交易所年报标准化报送系统可以说是国内第一个实际应用该标准的系统。

（3）国内大多数企业已经采用了 ERP 系统，但现有的软件不包括 XBRL 报告功能模块，而且不同软件的兼容性也很差。因此，尽快开发能与企业现有信息系统兼容的 XBRL 标准软件是国内软件开发商面临的一个紧迫问题。

（4）应用标准中最重要的分类标准还不完善。在证监会上报国家金融标准化委员会的《上市公司信息披露电子化规范》中，只定义了工业企业的财务报表科目，对金融企业、房地产等其他行业还没有制定出对应的分类标准。

2. 解决我国 XBRL 标准财务软件推广的对策

针对以上现实问题，我国应加快 XBRL 的研究和应用，避免在国际资本市场竞争中处于劣势。

（1）时时关注 XBRL 研究动向，参与 XBRL 标准制定。XBRL 是否能成为全世界各类企业发布报告的通用国际商业语言？目前还很难下结论，XBRL 的有关标准还在进一步修改和完善，还需要得到国际互联网联盟的正式推荐。经济趋向全球化，企业的竞争是在世界范围内进行的，就需要别人理解我们的信息，理解我们的技术，尽量避免由于二次开发导致的资源和时间的浪费，XBRL 技术带来了巨大交易成本的节约。因此，多借鉴其他国家和国际组织的研究动向和成果，同时积极参与国际 XBRL 标准的制定，表达我们的意见，尽量减少不同标准之间的差异。

（2）谨慎推广 XBRL。XBRL 牵涉到的问题很多，某些客观条件我们还不具备，对该技术的推广要根据具体情况进行。由于会计人员、财务人员几乎没有相关的知识结构和知识储备，因此相关专业的教育应该加大类似课程的传授推广，加大在职人员再学习的力度。其次，要加强公司治理结构的优化。XBRL 它只是一项减少交易成本的技术，本身的存在是中性的，该项技术还没有完善。

总之，XBRL 的推广普及需要企业、会计师事务所、软件企业、政府部门等相关方面的共同推动。软件企业应将自己的 ERP 产生的数据库与 XBRL 相对接，让企业能从中获益，只有共同收益，才能共同推动 XBRL 的推广普及。

参考文献

[1] 杨周南. 中国会计学会第八届全国会计信息化年会论文集[C]. 2009（5）：76-93.

[2] 杨周南. 会计研究，2003（11）：2-6.

[3] 胡仁煜. 会计信息化研究与案例讲解[J]. 2013（12）：93-117.

[4] 杨周南，赵秀云. 中国注册会计师，2008（9）：5-10.

[5] 应唯，王丁，黄敏，王颖. 会计研究，2013（8）：3-9.

[6] 汪诗怀. 中国总会计师，2013（1）：54-56.

[7] 李吉梅，壮美杰. 财务与会计，2013（8）：44-46.

[8] 应唯，杨周南. 中国 XBRL 分类标准问题研究[M]. 大连：大连出版社，2011.

[9] 财政部会计司编写组. 企业会计准则通用分类标准讲解[M]. 北京：中国财政经济出版社，2012.

论“互联网+”对会计信息化发展的影响

崔 飚

2012 年 11 月，易观国际董事长兼首席执行官于扬在第五届互联网博览会上首次提出了“互联网+”的理念。他认为“互联网+”是一种将产品和服务与全网跨平台用户场景相结合的化学公式，企业应思考如何找到自己行业的“互联网+”。2015 年 7 月 4 日，李克强总理签批国务院印发《关于积极推进“互联网+”行动的指导意见》，“互联网+”逐渐被社会大众所熟知。“互联网+”就是指互联网加上各个传统行业，但并非简单的相加，而是利用互联网技术将传统行业与互联网进行深度融合，从而形成新的生态，具有跨界融合、创新驱动、重塑结构、尊重人性、开发生态和连接一切六大特征。“互联网+”已经打破了原有的行业格局，以连接一切为目标，通过跨界重塑、发展创新驱动的道路，来实现互联网的自我革新。在创新的同时，最大限度地尊重人性、创造性，关注客户体验及其开放的市场生态环境，也使得更多的创造者有机会实现价值。

会计信息化是会计发展史上的一次革命，是“互联网+”背景下会计发展的必然趋势。会计信息化是基于现代信息技术平台，融物流、资金流、信息流与业务流为一体，反映会计与现代信息技术相结合的，高度数字化、多元化、实时化、个性化、动态化的会计信息系统。该会计信息系统已经发展成为一项管理活动，而并非只是简单的信息系统，它已经发展成为一种会计管理信息系统。这一系统能够针对会计主体中的价值活动，开展科学、准确的会计核算以及会计管理，而且能够充分利用信息技术采集、处理和存储一些会计信息等，可以实现对会计要素的确认以及报告等相关活动，除此以外，它还可以有效地监督以及控制财务活动等。

一、“互联网+”对会计信息化发展的积极影响

“十二五”时期，会计信息化成为我国会计改革与发展的重要目标之一，

也是企业降低成本、提高效率的重要途径。经过三十多年的发展，我国的会计信息化建设从一开始的手工记账，发展到利用计算机软件核算，再到后来的互联网智能，取得了令人满意的成绩。“互联网+”的到来，为会计信息化的纵深发展提供了重要支持。

1. “互联网+”为会计信息化发展提供了先进的技术支持

在“互联网+”时代，云计算、大数据、移动互联网等新兴技术快速发展，会计信息处理更实时、动态、集中，会计核算更规范、高效、便捷，为会计技术的演进升级提供了有力支撑。

（1）实现会计工作无纸化。互联网技术通过光纤网络传输的方式，提高了会计信息的传递速度；电子凭证逐步取代了纸质凭证，会计信息以电子数据的形式存在和传递，提高了会计信息系统的运作效率，节约了成本。

（2）改善会计服务资源配置。据 2016 年统计，中国的会计从业人员数量早已越过 2 000 万人大关，其中的 28%没有在会计岗位工作或失业，而 72%在岗会计人员，人均年收入不到 5 万元。与此同时，我国有大约 6 500 万家微小企业需要会计服务。这种供给的结构性过剩和需求缺口的矛盾在互联网时代将有机会得到解决，即在互联网上建设会计服务众包模式。在众包模式下，持有会计资格证和其他会计证书的人员完成注册、认证、考试及接单；通过注册、认证、考试的会计人员只要有空闲时间，有一台电脑，有连接网络，就可以随时工作。如此便能有效改善会计服务资源配置。

（3）互联网技术为会计信息化提供计算机语言、互联网应用。例如可扩展商业报告语言（XBRL），它是基于互联网的跨平台操作，是专门用于财务报告编制、披露和使用的计算机语言，具有高度识别、分析、比较、汇总等功能，是国际上将会计准则与计算机语言相结合，用于非结构化数据，尤其是财务信息交换的最新公认标准和技术；再如浪潮公司定义了“财务云”，将集团企业财务共享管理模式与云计算、移动互联网、大数据等计算机技术有效融合，建立集中、统一的企业财务云中心，支持多终端接入模式，实现“核算、报账、资金、决策”在全集团内的协同应用，实现财务共享服务、财务管理、资金管理的三合一。

（4）提供会计信息共享平台。会计信息共享平台以财务业务流程处理为基础，以优化组织结构、规范流程、提升流程效率、降低运营成本或创造价值为目的，以市场导向为内外部单位提供专业化服务，实现“协同业务、集中管理”。“互联网+”连接一切目标，使得互联网技术为各行各业提供了一个共享会计信息的平台以及资源维护的后台，实时监控预警，确保会计信息成功传输与利用。

2. 利于提高会计信息质量

在“互联网+”下，信息使用者更加关注非结构化数据。财务数据和结构化数据与其相结合，使会计信息的决策相关性进一步被提高。而利用快速便捷的网络通信，会计信息可以及时地在各单位、各管理层之间传输共享，提高了信息的及时性。会计信息由传统的会计人员识别转化为计算机系统智能识别，利用强大的自动识别系统，预设权限系统，能有效地防止舞弊现象发生，提高了会计信息的准确性。

3. 利于促进会计管理职能的转型

在“互联网+”的影响下，信息的传递速度、共享性使企业对会计信息的要求越发严格，而传统的会计工作已经跟不上这些要求。随着“互联网+”时代的到来，云计算、大数据、移动互联网等新兴技术的广泛使用和快速发展，会计的管理职能终于得到了重视，将会计人员的核算工作时间缩减，以便有更多的时间用于为企业创造经济利益的管理中去，并将会计核算职能和会计管理的职能明确区别划分。因此，财务会计逐步向管理会计转型，具体体现在以下几个方面。

（1）由“事后算账”转向“事前预测、事中控制”。“互联网+”改变了传统的事后核算模式，使得会计核算与业务活动同步进行，各管理层能够及时获得各种管理信息，实现了会计信息对业务活动的实时反映和有效监督。

（2）由“静态控制”转向“动态控制”。大数据、云计算等新兴的信息技术实现实时共享的同时也促进了会计工作从静态财务信息模式向动态管理模式的转变，会计信息系统不仅参与核算与监督，更多地被用于会计管理，更好地发挥了会计信息在分析预测、风险评价、战略决策等方面的作用。

（3）由“部分控制”转向“全面控制”。会计工作逐步将重心从外部利益相关者转移到内部经营效益的服务中来，更多地关注企业决策、预测、财务筹划等工作，为企业的发展提供数据支撑。

4. 利于促进会计相关领域的发展

“互联网+”在促进会计信息化进步的同时，也带动了相关产业的发展。当前，会计信息从线下走到线上，由相对独立走到资源共享。在连接一切的大平台上，会计信息需求增大，传统的信息共享模式不再适应新形势的发展，一些新兴的虚拟产业应运而生，它们为客户提供了高效便捷的会计服务，例如云会计、互联网记账公司、网络会计师事务所等。同时，“互联网+”与会计行业的深度融合，也促进了网络传输和信息安全等相关信息技术产业的扩张和发展。

二、“互联网+”对会计信息化发展的不利影响

会计行业搭乘“互联网+”的快车，正处于变革之中。当人们小心翼翼地把会计信息系统置身于开放的互联网世界，并享受着前所未有的优越感时，“互联网+”也给会计信息化发展带来一些不利影响。

1. 现有的网络会计立法不能满足会计信息化发展的需要

在“互联网+”环境下，网络会计需要政策与法律的规范引导，然而目前与我国网络会计相关的法律法规并不完善，不能满足会计信息化发展的需要。传统财务会计理论的运行基础一般都是建立在会计主体假设、持续经营假设、会计分期假设以及货币计量假设之上的，随着互联网的发展与壮大，这些传统的运行基础都将受到重大冲击和挑战，各种各样的问题也有待解决，所以必然要求建立健全会计法律法规、准则制度来适应各方面的要求，对现有的网络会计立法进行更新、创新。

2. 会计信息被网络泄露、截取、篡改的风险增大

会计信息化利用互联网技术实现了资源共享，在浏览获取会计信息的同时，网络数据可能被不法分子所利用，如侵入会计信息系统，窃取商业机密，给相关企业带来损失。针对存在的安全漏洞，如何防范会计信息在互联网环境下的泄露、截取、篡改，如何提升投资者对上市公司财务信息的信任度等问题，成为信息化发展过程中每个企业必须要面临和解决的重要问题。

3. 自主财务软件亟待开发

在发达国家技术垄断的情况下，我国的高新技术水平有限，要想在财务软件上实现自主创新仍需一个漫长的过程。而“互联网+”迫使财务软件从原来封闭的局域网财务系统向开放的互联网财务体系转变，但同时也给财务软件的运行带来极大的风险，如黑客的袭击。就 2016 年来讲，从导致 5 亿用户受影响的雅虎数据泄露事件，到针对域名服务商 Dyn.com 的大规模分布式拒绝服务（DDOS）攻击，足以让我们心惊胆战；再如，计算机病毒的入侵，

有些通用网络财务软件不能完全实现处理特殊业务的功能需求，等等。此外，财务软件在升级过程中也可能导致其运行不稳定，使软件与具体业务出现不协调状态或电脑与软件出现不兼容状态；并且财务软件的升级还可能导致升级前数据的缺失，从而影响会计信息的真实性与完整性。

4. “互联网＋会计＋管理”的复合型会计人才紧缺

随着新型互联网的发展及其在会计领域的应用，对财务会计人员的要求也越高，如云应用程序、平台管理等方面，高效管理、高效操作、财务人员的知识结构和管理能力等都必须适应现在互联网发展的需要，通过更新和优化当前知识，提升综合能力来适应发展的需要。根据2016年财政部会计资格评价中心的数据，大约有300万会计持证人员过剩，而在人员过剩的大背景下，同时也隐含着“会计人才”紧缺数百万的局面。在未来的发展中，普通的会计岗位需求将削减，大量传统财务人员面临转型或失业。所以，互联网应用程序需要培养复合型会计人才，不仅要能做基本的会计工作，还要熟悉财务信息软件和懂管理。

三、“互联网+”环境下促进会计信息化发展的策略

对于在“互联网+”时代会计信息化发展所遇到的这些问题，我们又该如何解决？探寻行之有效的方法与策略，促进会计信息化良性发展，刻不容缓。

1. 建立健全网络会计法规

为了能够有效满足互联网信息技术发展对会计领域提出的实际要求，有效解决互联网工作中存在的各项问题，就需要完善会计工作准则、会计工作制度，在传统会计主体工作过程中，需要重视会计个体、会计实体的作用。互联网信息技术的不断发展促使网络公司蓬勃发展，对于网络会计涉及的虚拟经济业务、网络主体责任纠纷、信息质量标准、网络安全协议、电子商务、虚拟企业与监管部门法律责任等事件，需明确网络主体的责任与义务，重视网络会计立法工作，结合我国发展国情制定出更加规范、更加具有针对性的网络会计法律法规，保证财务会计信息工作的真实性以及可靠性，促进网络会计信息工作的健康发展。从会计软件的角度分析来看，需要注重产权维护工作，防止出现盗版以及仿冒问题，同时还需要制定相关法律法规打击盗版以及仿冒问题，加大对网络会计犯罪的打击力度，促使“互联网+”背景下财务领域工作能够有序、健康、安全地发展。

2. 强化企业内部控制

为了有效防范互联网带来的网络泄露、截取、篡改风险，企业应该强化内部控制。第一，应建立健全会计数据备份制度。具体方法包括：①每次关机前对会计数据进行备份且至少备份两份；②凡具有数据的输入与系统设置权限的人员都应有数备份权，以便在完成输入与设置后能及时地对数据进行备份；③做好相关磁介质档案的防磁、防霉、防高温与防盗等工作；④会计软件的源程序与系统在开发过程中形成的文档资料应严格保管；⑤对每日备份的机内数据资料由专人保管并设立登记制度；⑥结账后将档案设置为只读模式进行保存。会计数据备份是一份非常重要的、企业必须经常进行的例行性基础工作，通过以上方法基本可以有效防止财务信息的丢失和损坏。第二，应实行严格的职责分离与轮岗制度，保证业务处理与业务记录的分离，系统设计、分析、操作与会计资料保管的分离；同时结合人事管理制度，重要岗位要进行轮岗。第三，加强对计算机与会计信息系统使用的控制。这项控制要求计算机使用者与系统使用者要有绝对的授权，只有通过相对应的账号与口令才能进入系统。第四，定期或不定期地对机器设备进行测试。“互联网 + 会计”系统的载体就是计算机的各个软件和硬件，养成对计算机各机械设备的测试习惯，可以预防会计信息的突然性消失。

3. 加大自主财务软件开发力度

我国的财务软件一直沿着“核算型软件—管理型软件—决策者支持型软件”的趋势发展。当互联网经济融合于全球化的环境时，加速会计软件的更新显得尤为重要；同时，国家要加大对高新技术的资金支持，培养一批高质量的具有国际竞争力的软件开发人才；除了自我创新外，我国要加大“走出去”与“引进来”的力度，打破国外一些软件商的技术垄断，吸取国外的技术经验，使我国会计软件开发的周期缩短；再者，在云会计弄潮的当代，我国财务软件要加强与大数据库、云计算等技术的结合，要符合国际会计法律法规，同时还要考虑到财务软件的多国语言与多货币处理功能，才能应对经济全球化、经济网络化的趋势。

4. 加强“互联网 + 会计 + 管理”复合型人才的培养

“互联网 + 会计”需要一批网络会计人员来实现其价值，如果缺乏对应的人才，那么它再强大的功能也无法发挥其作用。培养一批高素质的“互联网 + 会计 + 管理”复合型人才应从以下四方面着手：一是国家要重视复合型人才的培养，加大对会计人员培养的资金投入力度，并且在国家政策上加大扶持力度；二是企业要重视对会计复合型人才的培训，支持会计人员到国外学习与交流，同时在公司内部实行定期的网络会计知识培训与实操的练习；三是各高校要从实际出发，着眼于现实需求，适当调整会计学科知识结构，会计专业学生应与计算机、互联网安全、电子商务等学科交叉学习；四是会计从业人员要与时俱进，紧跟时代步伐，提高自身会计、计算机与互联网认知的水平。

参考文献

[1] 周容彬．“互联网+”时代如何推进管理会计的应用[J]．审计与理财，2015（9）：89-90.

[2] 杨军．“互联网+”环境下企业管理会计的实践与变革[J]．会计之友，2015（18）：74-75.

[3] 张琳，王佳，张劲松．“互联网+”时代的中国会计信息化发展研究[J]．商业会计，2015（17）：178-179.

[4] 赵男男，单昭祥．由“互联网+会计”谈会计信息化发展之路[J]．特区经济，2015（9）：121-122.

[5] 陈圆．电算化会计与手工会计的对比分析与转化研究[J]．会计之友，2006（6）：48-49.

[6] 高一斌．“互联网+”与大会计时代[J]．金融会计，2015（15）：67-68.

[7] 曲振波．“互联网+”时代下的管理会计[J]．中国经济，2015（6）：10-11.

供给侧改革下我国制造业存货管理存在的问题探讨

熊 亚 刘中友

一、供给侧改革与存货管理的背景及意义

1. 供给侧改革背景

自 2015 年 11 月起，“供给侧改革”成为高频词汇不断被提及，习近平总书记和李克强总理在各种会议上经常提到这个经济新常态下的关键词，各级地方领导也都在各项工作和会议中反复强调。所谓供给侧结构性改革，便是用改革的方法推进结构调整，提高供给质量，矫正要素配置扭曲，扩大有效供给。我国制造业的供给侧改革是供给侧结构性改革的主战场，用增量促存量，优化投资结构和产业布局，开源疏流，是完成这场改革“去产能、去库存、去杠杆、降成本、补短板”任务的先导之法。作为中国经济发展的必然要求，我们应积极促进供给方面的结构性改革，这也是我国在国际金融危机后适应国家整体竞争力新形势的选择。

2017 年 3 月 7 日，习近平总书记在出席全国人民代表大会第十二次会议上谈到推进国有企业改革时强调：无论经济发展到何时，实体经济都是我国经济发展、在国际经济竞争中取得主动性的根基。我国的制造业大多属于国有，积极推动制造业的供给侧改革，促进企业库存管理的优化，是在大背景下助力经济持续发展的根本保证。

2. 供给侧改革下对制造业存货管理探究的实践意义

从理论方面看，邵光学和王锡森在他们的研究中曾谈道：从目前来看，全国对供给侧改革的研究大多是从宏观整体方面入手，而忽略了根据各地方的实践经验做出总结归纳。本文中，笔者将以自己调查了解到的地方企业经验以及对供给侧改革政策的理解运用入手，对本地区的实践经验进行概括总

结和研究，希望丰富和完善供应侧结构性改革的理论体系。

从实践方面看，在供给侧改革新形势下探讨制造业库存管理也具有重要意义。一是有利于实现企业存货管理的目标，提高经济效益。企业保存存货的原因：一方面是为了确保生产或出售的经营需要；另一方面是出于对价格的斟酌，零购物资的价格往往较高，而整批购买在价格上有优惠。然而，过量的存货要占用较多的资本，并且会增加其相应的管理费用。所以，存货管理的目标，一般而言是要致力于各种成本与存货效益之间的权衡，达到二者的最佳结合。对于我国制造业存货管理进行探讨，有利于制造业有针对性地分析企业存货管理存在的问题，做好成本和效益之间的“一杆秤”，从而实现制造业存货管理的目标，提高经济效益。二是有利于及时补充货物，满足市场需要，提升社会效益。在经济新常态背景下，制造业的发展亟待改变。产品供大于求，并不是因为我国的消费需求不够，而是因为有效的供给不足造成大量的需求外溢，从国人到外国采购奶粉、电器甚至马桶盖等一系列生活用品就可见一斑。针对新形势下存货管理存在的问题，找出应对之策，可以促进产品结构的优化升级，提高企业的创新能力，最终达到提升有效供给、满足市场需要、提升社会效益的目的。

二、我国制造业存货管理存在的问题

1. 存货内部管理控制存在的问题

（1）存货的采购不合理。

第一，存货的采购计划不合理。首先，一些企业管理者对存货在认识上就存在不足。虽然说一定的存货量是保证企业正常经营的前提，但是如果管理者不能结合企业的实际情况，单凭自己的经验和估计进行物料采购，没有通过科学的方法进行评估，不能正确地决定采购数量和采购时间，就会造成存货的大量积压或者短缺，占用资金的同时还会影响货品的质量，造成资源浪费、供销失衡。其次，存货采购作为库存管理的重要组成部分，需要科学合理的采购计划和指导。但是面对不断变化的市场环境，我国制造业并没有因时应势而变，存货管理的传统主观经验对存货采购的影响要大于对企业现实情况和市场环境的调查分析。最后，在供应商的选择上也存在一些问题。在“有约束供应商”选择的情况下，任何一个供应商都无法独立实现企业的全部要求。许多企业对于一些重要材料的需求过于依赖某一家供应商就会出现供应商能左右采购价格的情况，此时采购方将处于被动地位，又因为更换供应商成本太高，所以进退两难。

第二，存货的采购实施阶段存在问题。我国大部分制造业的存货管理没有建立体系，形成一套结合本公司特点的完整的管理办法，对采购的质量和数量没有进行严格的考核，采购过程的控制也反映出公司内部控制的不健全，管理上存在漏洞和弊端。比如，一些企业存货的采购环节与存货的仓储保管、发出等环节存在脱节现象，由于负责人对各个环节的实际情况不是特别了解，加之企业人员的责任划分不是特别明确，在制单的时候错误地填制采购单，对需要采购的物品情况交代不清，职权混乱的局面也时有发生。

（2）存货日常管理不够规范和完善。

第一，存货的出入库不够规范和完善。首先，存货的验收阶段对存货采购和再加工环节起到承上启下的作用，是存货管理的中间步骤。这一环节的问题主要出现在存货验收入库时，仓储部门和人员没有及时地查验到货数量和到货质量，填制的入库单不够准确规范或者说存在错误。其次，对于存货的存放和保管，存放的时候如果企业的仓储地址选择不当，仓储人员忽视存货的存放环境，都可能会导致存货的质变、生锈腐蚀、氧化损坏。然后，就企业所用的存货盘点方法，一些企业没有设立定期盘点制度或者即使设立了相关制度却执行追责不严，导致盘亏和盘盈没有得到及时处理，出现账实不符。最后，在存货出现异常情况时，纠结于原因的找寻而没有实地高效地解决问题，导致问题处理不及时。

第二，存货的领用、销售与生产不能紧密衔接。由于不同部门对存货的不同要求，又缺乏必要的沟通，难免产生矛盾。比如，生产部门一般需要大量材料存货，以避免生产工人的虚待；采购部门希望一次性大量购入货品，通过降低采购价格和次数的方式降低采购成本；销售部门希望产成品较多以满足销售需要；财务部门则致力于减少库存资金的使用量，使资金的利用率最大化。在这种情况下，企业销售部门没有及时向生产部门提供外部市场信息，生产部门不能根据市场情况生产适销对路的产品。信息的不畅通导致各部门不能进行及时有效地调整，存货管理各个环节的联系就会更加疏松，在一定程度上增加了企业为追求存货管理供给侧改革、实现实时科学管理的难度。

2. 信息化管理水平不高

我国制造业大多为大型重型工业企业，所运用的存货管理技术大多停留在沿用传统方法或者对引进的国外技术“只赶不超”阶段，并没有利用当今世界互联网+的信息资源优势，建立起适合我国制造业存货管理的会计系统，没有做到利用大的政策背景进行改革创新。就现实情况来看，部分制造业对存货的管理还在采用手工规划，虽然在会计核算上运用了电算化，但在网络技术、卫星传输、自动识别读取技术落后的情况下，使我们无法及时高效地了解库存管理信息，实现各部门之间的信息共享。这样不仅会动用大量的人力和物力，影响公司的整体运作，还可能造成企业资源的浪费。而另外一些企业虽然进行了信息化管理，但是由于管理目标不清晰、操作不熟练、执行不力等原因，信息化管理并没有降低管理成本，反而造成企业内部的信息不对称，制约企业的发展。

当然，在电子商务迅速发展、市场逐步国际化的时代，除了企业内部的问题，企业外部资源即供应链的管理也应该予以重视。我国大部分制造企业在选择供应商时没有对该企业的实际状况事先进行评估，按照科学的标准进行招标。一些企业为了眼下的利益，缩短当期的存货成本，从而挑起供应商之间的价格竞争，长此以往，供应商对企业的信任度会有所下降，不利于建立长期的战略合作关系。

3. 工作人员对政策的理解不到位且人员配置机制存在缺陷

制造业人员对供给侧改革以及相关政策的理解不够普遍和深入，对于某些概念，只有少数公司的管理上层、高级管理人员或者董事才有所了解，普通员工根本不清楚甚至可以说就算看了相关的文档资料也还是不理解，并不能将“供给侧改革”与企业制造和存货管理挂上钩。

就目前情况来看，我国制造业进行存货管理人员配置机制存在缺陷和不足，与国际一流企业相比还存在很大差距。加之缺乏专业的内部控制机构，管理人员的风险调控意识淡薄，企业内部新老人员分层严重，老员工对新的技术和方法接受慢，特别是在信息技术的操作上一时难以驾驭，对于新的改革也缺乏学习跟进的热情；而新人对于公司包括存货管理在内的整个流程也不够熟悉，管理经验不足，不能有效地应对突发问题，导致造成存货调动不力、短缺或积压的情况时有发生，在理论和实践操作的融合运用上存在困难。再者，由于监管不到位以及采购人员素质的原因，制造企业的存货管理也存在一定的问题，如内部人员与外商勾结，以获取回扣的方式进行私下交易，为获取一己私利而在采购存货的时候不顾货品的质量以及采购途中的运输费用，舍优取劣，舍近求远，或者将各种发票用于报账，滥竽充数，大大增加了企业的采购成本，严重地损害了公司的利益。

三、供给侧改革下应对我国制造业存货管理存在问题的措施

1. 加强内部控制，规范存货管理

（1）根据实际情况，合理进行采购。存货采购要符合供给侧改革的方针政策，采购的材料要建立相应的外部资源供销链接，做到适销对路，从源头上去库存。因此，在存货管理的采购计划阶段，公司必须要考虑会计核算时账上损耗的存货，在做出采购决策之前，必须先思考企业的存货管理水平，确定企业应该订购的材料数量以及存货的延续时间。制造企业必须制定合理的计划以确保有足够的库存来完成产品的生产，同时又不能造成库存积压、资金占用，这就依赖于对存货周转率的思考。而作为检验存货周转效率的标准，存货周转率在企业管理决策之中被广泛地使用，它能够反映企业的绩效，分析企业的经营能力，是衡量企业购、产、销平衡效率的一把尺子。我国制造业库存管理的问题不在于非要把所有库存都降到最低，而是应该根据存货的种类及其之间存在的比例关系，具体问题具体分析。

（2）规范存货出入库，加强部门之间的合作。由于部门之间对存货的要求有所不同，在众口难调的情况下，想要化解矛盾、避免冲突，就要寻求部门之间的合作。

第一，申请单的审批流程：部门填写采购申请单——物资部库房检查无库存——相关部门会签——公司领导审批。

第二，计划采购依据：市场部、配套部下达计划。

第三，采购管理流程：物资部采购员按照采购依据询价、拟定采购价、填写采购审价单——物资部部长审核、必要时公司领导审核——监审室审价——采购员实施采购——入库检验——入库——发票审核——财务部挂账、付款。

第四，产品入库后，两个工作日内（含当日）需办理入库手续。

第五，其他相关工作，就企业实际情况做出规定。例如：超过 2 000 元的仪器仪表、设备零部件等，物资部原则上采取三家以上报价，比质比价，具备招标采购条件的，应尽量实行招标采购。供应商选择按照《XX 公司供应商管理办法》执行，不得选择集团公司供应商黑名单中的供应商。一次性物资采购 50 000 元以上的，原则上应签订书面采购合同。采购物资需涨价的，物资部填写《CYM 采购价格调整申请表》，送主管领导审批，物资部负责做好所采购物资的退货、因质量问题索赔等工作。

（3）明确岗位分工，清晰职责权限。供给侧改革背景下我国制造业存货管理方法已有所革新，笔者将在总结企业存货管理经验的基础上对我国制造业的存货采购问题应该如何进行供给侧改革做出具体的分析。

第一，制定相关的规章制度，结合时政说明管理目的和办法的适用范围。

第二，职责分工要明确。首先各部门要负责提出采购申请，并负责按照流程履行采购申请审批手续，如生产保障部负责会签设备维修件采购申请、质管部负责会签计量器具、技术中心负责会签刀具、公司领导审批（若公司领导授权会签部门，会签即代审批）；物资部负责询价、办理审价流程，实施采购、物资送检、办理入库手续；管理督导部负责审价，资料存档，负责本办法的监督检查；财务部负责挂账、付款。

第三，对部门考核的具体规定。首先，因部门申请采购的物资不适用、不能用而造成公司损失的，考核责任人；其次，必须坚持“先审价、后采购”的原则，对物资部采购员违反规定、不诚信报价的调离原岗位；最后，采购的物资严重偏离市场价格的，视损失情况考核责任人，审价人员也要连带考核。对反映、举报采购物资价高质次的，公司给予奖励。

第四，在控制存货增量管理方面，各部门的职责为：财务部负责及时对各库房物资结库，保证从系统导出的库存数据准确、完整；负责对配套库内进入考核期的无金额产品核定成本金额。市场部负责将产成品、本部门采购物资及依据本部门下达的计划形成的存货责任落实到人。制造部负责将本部门采购的毛坯、自制配套件及依据本部门下达的计划形成的存货责任落实到人。配套部负责将本部门采购的配套件及依据本部门下达的采购计划形成的存货责任落实到人。物资部负责将本部门采购的物资及依据本部门下达的采购计划形成的存货责任落实到人。管理督导部负责库存物资的导出并分发到相关部门；负责按照规定实施考核；负责监督检查制度执行情况。存货的责任划分：市场部经销员对入库后超过三个月未销售产品承担存货责任。制造部计划调度员、车间计划调度员对自制配套件入库积压超过三个月的存货承担责任。制造部、配套部、物资部、市场部采购员对积压超过三个月的所采购物资承担存货责任。

无计划或超计划采购物资不得办理入库手续，因违规办理入库，造成积压并超过三个月的，库管员和采购员承担存货责任。存货责任落实不到具体责任人的，由部门领导承担存货责任。

2. 加强信息技术建设，实现动态监控

目前，大多数制造企业的库存管理都是使用各种财务软件，其中大部分是金蝶用友。通过财务软件给库存设置报警线或者最大库存线，如果库存超过了这个线，系统就会自动预警，实现库存的动态监控。生产库存的内部会计控制可以采用手工和自动化相结合，保证库存管理系统的有效运行，保证数据的准确可靠和及时存取。会计控制还应实现库存管理软件与 Internet 的有机联系，充分利用先进的网络技术，实现远程数据的快速传输，为企业实现库存的数字化管理提供有力的工具，便于实现企业内部的监督指导，保证数据的一致性，实现各部门存货往来业务的自动取消和分类管理。

企业之间的竞争更应当考虑企业之间供应链的竞争，重视外部资源即供应链的管理。现在企业最前沿的选择就是利用 ERP 管理系统，有的可以从订单开始实现财务和物流的一体化；有的则从生产开始，具体情况视企业的信息技术水平而定。根据相关部门和企业的要求，通过 ERP 计划和库存控制系统，及时调整库存动态变化，准确反映库存情况，实现库存控制要求。创建供应商的档案，用最新的成本信息来调整库存的成本。具体来说有：供应商信息查询包括查询，供应商的能力、信誉等，将各种计划功能与价值控制功能完全集成到整个供应链系统中。

3. 提高管理者的理性管理思维和存货管理人员执行力

（1）提升管理者对政策的理性思考和应对方法。管理者作为企业的核心和领导人员，他们对相关政策的理性思考和对存货管理方法的优化创新起着至关重要的作用。普通员工对于一些政策条款难以理解，需要管理者的开拓和引领，将供给侧改革的政策进行具体地分解分析，融合到实际的存货管理工作当中。如何推进供给侧改革，就是要化解产能过剩、去掉库存，在此过程中要充分利用“一带一路”的契机，实现产能的转移，或者利用技术改革加上政府的有效扶持加以化解。库存管理的问题就需要管理者严抓制造业采购、生产、销售的各个方面，始终以市场为导向进行技术改造，破除体制障碍，降低企业成本，宏观上进行全局指导的同时给员工灌输、普及新的概念和政策知识。

（2）合理配置人员的同时提升存货管理人员的执行力。我国制造业的存货管理应该根据各个企业的实际情况合理配置工作人员，重视各个部门、机构人员数量的分配，适当地增加企业的监管人员，强化企业的内部控制。同

时，应该注重员工素质的培养，提升存货管理人员的执行力，笔者认为可以从以下几个方面着手。

首先，要营造氛围，确保执行力度。企业员工要认知企业的文化理念，结合当前供给侧改革背景下“去库存”的要求，时时保持这种思想和意识并将其融入企业理念之中，从强制执行向自觉执行转变，形成自觉执行的氛围。

其次，要严肃程序刚性，固化程序。各级管理人员要树立榜样，带头实施，自上而下地强化执行力。要树立科学用人的导向，突出识别人才的重要性，加大培训力度，提高管理人员的道德素养和业务素养，如在加强销售管理压降产成品存货方面，应该制定一系列的客户违约条款，明确货款的支付方式；而对销售人员应该增强其法律意识和销售管理，在每一笔业务发生前都要对客户的营运状况和承付能力进行认真调查、核准，不能贸然发货，更不能搞“感情交易”和“君子协定”，避免不必要的经济损失，同时尽可能地降低产品积压的风险。

最后，要重视考核，严于奖惩。抓住不跟进的事情，追究不跟进的人，以此来加强过程管控，提高执行力。每项工作的进行都要制定相应的进度安排，按照时间节点的管控检验计划实施的进度。

参考文献

[1] 程云雷. 企业存货管理存在的问题与对策[J]. 商业会计，2016(10)：76-77.

[2] 孙雅缔. A汽车零部件公司存货管理问题研究[D]. 沈阳工业大学，2016：36-39.

[3] 邵光学，王锡森. 供给侧结构性改革研究述评[J]. 经济学家，2016（12）：95-100.

[4] 韦萌. 一汽—大众存货管理优化研究[D]. 吉林大学，2015.

[5] 郭正茂. 库存管理对企业经营绩效的影响——基于2003-2014年制造业上市公司的实证检验[D]. 南京大学，2016.

[6] 周颖. 存货管理中的问题与对策分析[J]. 当代会计，2016（3）：15-16.

[7] 刘盈辰. 国有企业存货管理问题及对策[J]. 商场现代化，2016(21)：77-78.

[8] 陈昕. 经济新常态下制造企业存货管理思考[J]. 新会计，2016(5)：12-14.

[9] 金晓彤，黄蕊. 技术进步与消费需求的互动机制研究——基于供给侧改革视域下的要素配置分析[J]. 经济学家，2017（2）：50-57.

[10] 马小会. 加强制造业企业存货管理的思考[J]. 时代金融，2016（17）.

[11] 沈姬红. 企业存货管理问题及解决措施[J]. 商场现代化，2016（18）: 105-106.

[12] 周慧敏. 我国制造业企业存货管理问题与对策分析[J]. 企业导报，2016（14）: 49-49.

[13] 刘明达，顾强. 从供给侧改革看先进制造业的创新发展——世界各主要经济体的比较及其对我国的启示[J]. 经济社会体制比较，2016（1）: 19-29.

[14] 王平. 浅谈中国制造业的供给侧改革[J]. 财经界，2016（24）.

“互联网+”时代高校第二课堂教学模式创新研究*①

陈 欢

一、引 言

当前高等教育改革的关键在于提升大学生综合素质。大学生的综合素质包括政治素质、思想道德素质、专业素质、文化素质和心理素质。其中许多社会所需要的素质和能力（如创新素质和能力）并不能完全通过第一课堂来获得，迫切需要通过方法更新颖、手段更灵活、思想更多样的第二课堂活动来进一步实现。

20 世纪 80 年代末，我国便开始了对第二课堂的研究与探索。理论与实践证明，第一课堂与第二课堂相互联系、相互影响，它们之间存在互补的关系。如果第一课堂是培养高质量人才的主要通道，那么第二课堂便是发挥培养全面素质人才的重要载体。第二课堂，作为一个发掘高校学生优点与亮点的平台，为学生开启了一个综合能力全面发展的新天地，并与第一课堂共同促进学生提升学习能力与专业技能。同时，第二课堂将课堂教学与丰富多彩的课外实践活动结合起来，有利于处理好学习基础知识与实践课堂所学的关系。

第二课堂本身具有实践性、灵活性、广泛性等特点，拥有第一课堂无可替代的教育作用，给学生群体提供了比第一课堂教学活动更为丰富的实践活动，使得学生通过课外活动更多地了解社会实际，同时帮助高校学生在具体实践中不断地培养良好的思想道德品质。因此，第二课堂已逐渐成为素质拓展、创新意识培养、实践能力实现、潜能激发、人格重塑等方面的重要载体。

* 本文为重庆市社会科学规划项目（编号：2016QNGL54）、重庆市教委科学技术研究项目（编号：KJ1600617）、重庆工商大学 2014 年科研启动经费项目（编号：701-670101237）的阶段性成果。

二、文献回顾

1. 国外研究现状

在国外，关于第二课堂，更准确的表述是“Activities on the Open Classroom”即课外活动，其宗旨在于扩展教学的空间。综合国外对于第二课堂的开展和研究，更多的是将第二课堂作为实践能力教育的课堂。在国外高校中，“第二课堂”或者说“开放课堂活动”的概念反映了学生身心和个性全面发展的要求，如今已成为校园生活不可缺少的部分。学校方面通常采用相应的有效的激励机制来鼓励和支持学生课外活动的兴趣，各式各样的俱乐部等社团活动是课外活动的主要表现形式。社团的活动更多地注重让大学生在实际生活中认识世界，充分体现实践教育的意义。从学生的角度来说，在学校接受教育的目的就是为了将来在社会中生存和竞争。因此，学生们对实践创新等能力都十分重视，他们大都在动手实践中锻炼自身的能力，拓展自身的素质。在课余时间，他们积极主动地参加各种课外活动，其目的是拓宽自己接触的范围，和同学交流经验、实现资源共享，从而提高自己的社交能力等。从学校的管理来说，关于课外活动，国外许多高校已经形成了一系列成熟的管理制度和设施，专门为帮助学生提供资源。此外，有专门的教师来引导、辅助学生们的学习。再有，国外的大学有足够的空间和时间，学生的课外活动更多的是走向社会、积累经验。从活动资金来源方面，学生课外活动经费来源多元化，国外很多高校的专项基金往往依靠政府补贴、企业赞助和国际基金组织支持等。资金是一切活动的物质基础，在资金充足的环境中，大学生的课外活动才能更好地开展和实施。

2. 国内研究现状

20 世纪 80 年代末，我国开始了对“第二课堂”的研究。当时的学者就对大学生第二课堂的功能、表现形式、特点和应用机制等方面做了研究。蔡克勇和冯向东编著的《大学第二课堂》(人民教育出版社，1988 年)提出了“第二课堂”这个概念，在此书中他们对第二课堂的功能进行了比较全面的阐述。王国辉、陈明、周志强和张慧春合著的《高等教育第二课堂素质拓展学分化研究》(辽宁大学出版社，2006 年 9 月)从学分制的角度对第二课堂进行了研究。谢相励《高校第二课堂活动课程研究》(四川大学出版社，2012 年 10 月)针对高校第二课堂在育人体系中被边缘化、效果较差等状况，创造性地提出用“课程”的理念将第二课堂活动课程化，依托学生社团组织实施第二课堂活动课程，构建了具有鲜明特色的高校第二课堂活动课程实践教学模式。

关于信息技术在第二课堂中应用的研究则相对较晚。开始阶段，信息技术更多的是作为其他学科开设的支持手段而存在。随着信息技术学科的完善和发展，信息技术学科也像其他学科一样，探究本学科第二课堂的开发与实施。李静 （2010）从教师配备、教学原则、教学形式和教学内容等方面将信息技术第二课堂与常规课堂进行了比较分析。周婧（2012）则分析了信息技术对大学英语第二课堂教学的影响。赵云（2016）对网络技术在大学英语口语第二课堂教学中的作用进行了分析。

现阶段，对于第二课堂的研究有很多，但大多是基于某一门课程的开展所出现的问题或者只针对学生的政治思想教育方面而进行的研究阐述，并没有针对全方位的问题进行研究并加以现实的技术方法对其解决。而且现阶段的第二课堂开展的形式大部分仍以传统形式为主，如社团活动、学术研讨、科技竞赛等。由于学生被第一课堂教学占据了大部分学习时间，所以可通过互联网技术充分利用学生平时上网娱乐的时间来进行第二课堂的学习。

本文根据大数据的时代特点，试图通过利用“互联网+”构建第二课堂学习平台，对现阶段第二课堂应用中存在的问题进行研究分析，并将互联网技术应用到第二课堂中，利用社区服务平台的随机性、隐蔽性、渗透性、自主性提高学生的兴趣和参与度。这样不仅方便师生间的交流，而且更好地拓展了学生的学习范围，丰富了第二课堂的教学方式，使得学生得到更多的锻炼和资源的共享。

三、第二课堂在实践应用中存在的问题

现阶段，我国各个高校开展了不同形式的第二课堂，努力地将第二课堂逐渐推进融入学生的学习生活中去。然而，在实施推进的过程中，仍出现许多问题与弊端，没有真正发挥第二课堂的功效，主要表现在以下几方面。

1. 学校对于第二课堂的资源投入不足

尽管我国高校对第二课堂的研究与应用已经有一段时间了，特别是教学改革提出之后，各高校对第二课堂活动的重视程度不断提升，但并没有做出具体的实质性的成效。从我国大部分高校目前的规划建设、教学设施等硬件以及师资队伍等软件设施与使用方面来看，依然是先满足第一课堂的所需，对第二课堂教学的经费支持、教师队伍配备、体制建设方面的投入相对不足。

据调查，大部分高校 90%左右的经费用于第一课堂建设，而第二课堂的经费支持远远不够。而且，第二课堂的教学设施大部分是利用第一课堂课后暂时不用的资源，第二课堂开展活动的时间受到限制。教师和学生的积极参与是第二课堂开展的重要主体，而学校教学资源、环境设施、制度设计等软硬件方面的支持是第二课堂顺利开展的重要保障。

2. 第一课堂与第二课堂的协同机制尚未形成

目前，大多高校并没有统一的第二课堂教学规划，使得第一课堂教学与第二课堂活动间存在着教学时间上的冲突与教学规划上的不科学。经常有学生因为参与课外竞赛而耽误第一课堂教学的内容，或者为了避免第一课堂考评成绩而放弃第二课堂的活动。而且，第二课堂活动的成效评价体系不够明确，不能调动相关教学及学生组织活动等部门和教师的工作积极性。目前，第二课堂活动学生参与较多的主要是文艺、体育活动，而一些知识竞赛类活动，如“挑战杯”、知识辩论赛等活动参与的学生较少或积极性不高，许多同学和老师是被动参与。因此，第二课堂活动能够很好地培育人才的功能没有办法充分发挥出来。

3. 第二课堂教学的师资力量薄弱

随着高校不断扩招学生，师资力量短缺逐渐显现出来。师资力量建设也制约和影响着高校第二课堂活动的发展。在很多高校，教师满足第一课堂教学已经不易，因此第二课堂直接由学生自行参与，没有教师指导或由第一课堂的教师来担任指导。事实上，第二课堂活动本身对教师专业技能和综合素质能力要求相对较高，如果没有专门的教师进行指导根本达不到教学的效果。当前强调更多的是要求教师队伍自身建设方面要体现一专多能性，迫切需要解决教师总体队伍过少及师资力量不足等问题带来的连带影响。

4. 第二课堂教学手段和方式相对落后

开展第二课堂的最终目标是实现学生素质的全面拓展。因此，其教学方式要根据时代特点、教学内容以及学生兴趣和特点而灵活变动。大数据时代，我们应该充分利用学生偏爱网络和一些应用软件的特点，要结合网络平台以及工具的使用，在线进行第二课堂的学习和素质拓展。

5. 第二课堂教学活动形式单调且无专业特色

目前，大部分高校的第二课堂活动主要以社会实践、竞赛等形式为主，而且教师也并未根据学生的专业特点进行全方位指导。我们应利用教师和学生的课余时间，通过互联网线上组合专业教师进行指导，开展不拘泥于传统形式的活动。

四、“互联网+”在高校第二课堂教学模式创新中的应用

基于以上对于现阶段第二课堂所出现的问题，我们可以利用大数据时代的优势，结合“互联网+”，秉承以人为本的理念来重新安排实施第二课堂的开展，更好地实现学生素质的全面发展。具体建议措施如下。

1. 利用大数据了解学生兴趣，明确第二课堂活动范围

通过云服务平台，集成学生、教师、家长、课程、活动等核心数据，并对数据进行分析利用，从考勤、过程性评价、成绩管理、导师管理、绩效考核、安全管理、后勤管理、综合素质评价等多个维度设计动态管理平台，将过去的数字校园升级为基于移动互联网、物联网和走班状态下的新一代智慧校园，为第二课堂的教学活动设计提供可依据的数据。

2. 通过网络平台构建资源共享机制，整合社会多元化资源

学校各部门的相互配合是第二课堂活动顺利开展的重要保障。目前，第二课堂主要需要得到场地、经费和教师三方面的支持。在坚持“以学生为本”等相关理念的同时，亦应建设相应的资源共享平台，通过网络平台协调场地使用，并通过活动收取广告费的方式获得外部经费支持，同时协调校园各部门支持第二课堂的建设工作。第二课堂活动，也需要院校之间乃至校企之间的资源平台共享，为第二课堂活动提供专业性强、实用性高的指导与服务。

3. 建立学生学习社区，丰富教学活动形式

随着现代网络技术的快速发展和智能手机、平板电脑等通信工具的普及与应用，人们的生活进入了“掌上信息时代”，在互联网平台的基础上，及时信息化的相应软件随之而生，如微信、微博、直播软件等。将第二课堂的教学活动以学生们喜闻乐见的方式融入学习中，让学生更有兴趣主动参与第二课堂活动。

4. 线上线下交流学习，有效利用课余时间

不同专业的教师可以在线上组成指导团队，学生也可以根据自身的特长选择不同专业的教师，并建立相应的学习小组，通过线上交流学习，便于不同专业知识的互补，弥补了活动中某个专业的学生没法获取所有知识和任务

的缺陷，而且跨专业结合的指导教师团队能有效地指导学生完成活动。此外，通过线上平台，教师和学生不局限于固定的空间和时间交流讨论，可以利用“睡前时间”等零星时间参与第二课堂的教学活动，解决学生和教师在第二课堂活动时间不足的问题。

5. 构建评价考核机制，提升教师积极性

学校可以在第二课堂的网络学习平台引入以学生为主，学校、家长、企业等社会团体共同参与的评价考核机制，可选择从师生对第二课堂活动的满意程度、第二课堂活动的多样化程度、院校师生的参加程度、校内与校外第二课堂活动的合作程度，以及第二课堂活动对学生的性格优化、对学生学习知识的促进、对学生择业与就业等方面能力的提高、对教育界乃至整个社会的贡献等，多方面、多角度、全方位进行考核。

参考文献

[1] 罗海燕. 高等教育阶段第二课堂的定位反思[J]. 当代教育科学，2013（13）：12-13.

[2] 中共中央、国务院. 关于进一步加强和改进大学生思想政治教育的意见[N]. 人民日报（2版），2004-10-14.

[3] 袁兴国. 基于人才强国战略的高校人才培养模式改革探析[J]. 黑龙江高教研究，2011.

[4] 魏培徵，马化祥，马莉萍. 高校第二课堂与大学生创新素质培养的关系研究[J]. 思想教育研究，2011（10）：99-102.

[5] 刘奇. 高校第二课堂建设研究[J]. 教育与职业，2014（6）：41-42.

[6] 蒋志勇. 浅析高校第二课堂的育人功能及其管理[J]. 教育与职业，2008（23）：62-63.

“金课”结构性特征与科教融合理念的内在关联性探析*

顾 飞 赵芯蓉

一、引 言

“课程是教育最微观、最普通的问题”，但其要解决的却是“培养人”这个教育中最根本的问题[1]。作为人才培养的核心要素，课程也是学生在大学里受益最直接、最核心、最显著的关键环节[1]。就这个意义上而言，可以说课程也是关乎国家人才培养与科技创新全局的战略性大问题。因此，以课程为“主渠道”，从教育最微观、培养人最直接的单元着手，推动科教融合理念的落地实践，对于建设“一流专业”、培养“一流人才”、打造“一流学科”、办好中国特色的世界“一流大学”有着至关重要的基础性作用。然而，相对于众多基于学科专业建设以及高校整体运行层面的科教融合研究与实践而言，基于课程微观层面的理论探索与创新实践显得尤为不足。这种科教融合理念在课程建设与教学实践中的缺位，直接影响到创新型人才的培养，也导致了“低阶性、陈旧性”的“水课”在各类型高校的教育教学活动中都不同程度的普遍存在。因此，厘清“金课”结构性特征与科教融合理念之间内在的多维关联性，对于深化课程教学改革创新、培养创新型人才意义重大。

二、科教融合理念的人才培养内涵与“金课”概念框架的提出

1. 科教融合理念及其人才培养内涵

科教融合是当代大学培养创新型人才的核心理念，也是各国高校深化

* 本文系 2017 年重庆工商大学教育教学改革研究一般项目“基于科教融合理念的《财务管理案例》教学模式改革创新与实践”（项目编号：2017214）、重庆市教育科学“十三五”规划 2018 年度一般课题“创新生态视阈下科教融合特色专业课程教学范式研究：基于《财务管理案例》的微观实践”（项目编号：2018-GX-345）的阶段性成果。

教育教学改革，建设一流大学所应秉持的共同原则。作为一种与时代发展相结合的高等教育人才培养新理念，科教融合并非是科研与教学在形式上的浅层结合抑或结构上的简单拼凑，而是将传统的科研与教学有机整合并全方位融会贯通于人才培养的全过程。课程是人才培养的“主渠道”，课堂是人才培养的“主阵地”，在课程建设与课堂教学等人才培养活动中，通过科研与教学之间持续地有效互动，形成二者之间的深度耦合与协同转化的常态化机制，必将有助于培养学生的创新意识、创新思维与创新能力等高阶思维与综合能力，有助于落实立德树人根本任务、全面提高大学人才培养能力，有助于建设一流课程、打造一流学科专业、办出“世界一流大学”、推动科教兴国战略的一体化实践。

2. “金课”概念的提出及其概念框架的结构性特征

“金课”是由教育部原部长陈宝生同志在“新时代全国高等学校本科教育工作会议”上提出的一个新概念。他将具有“深度、难度、挑战度”结构特征且具有“激发学生的学习动力与专业志趣”成效的课程视为“金课”[2]。在教育部 2018 年 8 月发布的《关于狠抓新时代全国高等学校本科教育工作会议精神落实的通知》中，“淘汰水课、打造金课”被教育部首次写入正式的官方文件。通知要求各高校“全面梳理各门课程的教学内容，淘汰‘水课’、打造‘金课’”，切实提高课程教学质量，并将课程建设特别是“打造金课”置于高校质量工程中非常突出和至关重要的地位[3]。此后，教育部高等教育司司长同志又在第十一届“中国大学教学论坛”上，将“金课”的结构性特征归纳为“两性一度”，即“高阶性、创新性、挑战度”[1]。“金课”特征的概念框架提出，为推进“课堂教学革命”提供了方向指引，提供了优化标杆和操作标准。同时，也为科教融合理念在“金课”建设微观层面的落地实践提供了现实的可能性。因此，从“金课”概念框架的结构性特征与科教融合理念的内在关联性分析入手，探究如何基于科教融合理念推动课程教学改革创新、建设好中国大学“金课”具有重要的理论与实践价值。

三、“金课”高阶性特征要求与科教融合理念的内在关联性分析

高阶性是“金课”概念框架中的首要特征。就高阶性特征的要求而言，课程教学不再是简单的知识传授，而是知识、能力、素质的有机融合，强

调了“金课”应当具备“培养学生解决复杂问题的综合能力和高级思维”，要求在课程教学过程中应当淡化传统的“标准答案”求解思路，更多地强化对学生能力和思维的训练[1]。而这种对课程教学“高阶性”人才培养要求本身就与科教融合理念的行为指向具有高度契合的内在一致性，势必要求扭转传统的以教师、教材、课堂为中心，以单向讲授式教学、知识记忆性学习为主导路径的陈旧教学模式，取而代之的是以开展科学研究的创造性思维、研讨式路径和综合性方法来重构“教学科研化”的探究式课堂。同时，基于人才培养在高校的核心地位，促进科研资源、项目、过程及其成果有效地转化为具有“高阶性”人才培养功能的教学优势，通过“科研教学化”为合理增加课程难度、适度拓展课程深度提供专业前沿的科研成果保障，并通过有效的师生研讨互动，形成教学相长、科教互促的长效机制，也唯有如此才能从根本上消灭低阶性、陈旧性的“水课”。

四、“金课”创新性特征要求与科教融合理念的内在关联性分析

创新性特征是“金课”概念框架中的核心特征，其水平高低直接影响到“金课”高阶性、挑战度两项特征的显示度。“金课”的创新性主要由课程内容、教学形式、学习结果三个闭合环节来体现，而科教融合理念则是重塑上述三个环节创新性内涵特征的关键思想动力源。

1.“金课”课程内容的创新性与科教融合

“金课”的课程内容要具有且长期保持其前沿性和时代性，这就必然要求高校同时应当具有雄厚的科研实力，唯有如此才能为其教学领先优势的形成提供前瞻性的学术支撑。为此，高校内部必须建立健全促进高水平科研成果和前沿性学术思想向高质量教学资源、时代性课程内容适时转化的机制，当然这种科教资源与优势的转化机制也势必离不开教育科学研究的作用发挥，而这一过程则是科教融合理念在高等教育教学实践中最直接、最显性的体现。

2.“金课”教学形式的创新性与科教融合

“金课”的教学形式应当体现出先进性与互动性，而不再是传统课堂以教师为主体、以教材为中心的“满堂灌”讲授形式，更不是教师主导、学生被动的“我讲你听”单向式教学形式。而科教融合理念则是推动教学形式由传统性向先进性、由灌输型向互动型转变的教育教学改革思想原动

力。在以科教融合理念去改造和重构课堂教学方式的过程中，一方面，要真正地坚持以学生为中心，尊重学生“求知”与“自由”的本性[4]，基于学生认知特点以及教育科学规律去研究和开发有助于引导学生自主学习、系统思考、综合应用与创新创造的先进教学形式，诸如探究式、情景式、实验式、项目式等教学方式，从而在教学过程中不断激发学生自我成就、自我实现的专业志趣和成长愿景，深层次发掘学生的创造本性和创新潜能；另一方面，要基于教学双方的主体间性，在强互动的教学过程中，以启发式、参与式、讨论式等类似研究的教学形式，培养学生的问题意识以及分析性思维、批判性思维、复杂性思维、创新性思维等高阶思维，使其在掌握知识的基础之上，还能够创造性地综合运用所学知识解决复杂性、高阶性的专业问题，甚至于通过科教融合的项目式教学过程，让学生参与到科学研究之中，使其在体验证实与证伪并发现和创造知识的过程中，养成“证据、证实、证伪、推理、怀疑、验证、批判”[5]等一整套科研思维方式，进而将其培养造就为高素质的创新型人才。

3.“金课”学习结果的创新性与科教融合

“金课”的学习结果应当具有探究性，促进个性化的人才培养。教师在教学设计和教学过程中，应当以科教融合的理念，更加注重因材施教，更好地立足学生的个性特点，结合学生的个体化差异，使得学生在学习过程中不仅仅囿于知晓答案的对错，而更加在意学会独立思考、分析、批判与自主探究[5]，并依据事实证据来对现象和问题做出理性客观的判断与结论。由此可见，唯有将科教融合理念贯穿于课程内容、教学形式和学习结果的全过程，方能够真正地达到“金课”的创新性要求。

五、“金课”挑战度特征要求与科教融合理念的内在关联性分析

挑战度是“金课”概念框架中的感知特征。“金课”的挑战度主要体现在课程内容和学习结果本身，这对于教学双方而言均应具有一定的难度。而联结课程内容与学习结果之间的教学形式也应当与之相应的予以重构，以切实增强教学活动的互动性与内驱性。在课程内容上，除应包括既有的较为成熟的知识体系外，还应以科教融合理念促进科学研究成果向教学优势资源转化，结合课程相关领域的科学研究，适当融入与课程相关的最新研究成果以及前沿理论知识，在保持课程知识体系相对稳定的基础

上，推动课程内容适时迭代升级，使其对于师生双方更具一定的挑战性，并以此为激励促进常态化的教学相长。在学习结果上，应当更加侧重于对知识的理解和应用的评价，尤其应当突出对创造性地综合运用知识解决复杂性专业问题能力的评价，使学生能够在挑战自我的探索性自主学习过程中培养科学精神、实现自我超越，逐步完成知识、能力和价值观的系统化自我建构。与之相应的，在教学形式上，也需要任课教师摈弃单一的“我讲你听”的传统讲授形式，转而在发挥讲授法相对优势的同时，整合运用启发式、探究式、讨论式、项目式、竞合式等强互动的教学形式，以此激发学生独立思考、发表见解、批判质疑、创新创造的专业志趣、学习热情、求知渴望和学习投入，并通过教学互动的过程将其转化为促进教师教学投入、教学反思、教学启发和教学提升的内生动能，进而实现教学相长的持续性闭环优化。当然，这种具有一定挑战度的教学目标设计，本身也具有类似目标管理的双边激励效应，教师要上好这门课程需要认真地投入时间和精力来备课和讲课，而学生要想学好这门课程同样也需要其在课上课下投入更多的自主学习、独立思考时间和精力作为保障。唯有如此，才能从根本上消灭“教师不用心上”“学生不用抬腿就可以通过”的“水课”[1]。

六、结 语

基于上述对“金课”概念框架结构性特征与科教融合理念内在关联性的分析，本文认为，在人才培养上，“金课”概念框架的高阶性、创新性、挑战度三大结构性特征与科教融合理念具有内在的关联性和导向的一致性。科教融合理念是新时代高校落实立德树人根本任务和提高人才培养能力的有效举措，也是引领新时代高校深化课程教学模式改革创新与探索实践不可或缺的核心理念。以科教融合理念推动“金课”建设，促进其在课程教学的微观层面落地实践，对于高校加强一流课程建设、深化教学改革创新、开展“课堂教学革命”[6]、主动适应课程教学和人才培养的高阶性要求、不断提升课程内容以及教学形式和学习结果的创新性水平、适度增加课程及其教学和评价对于教学双方的挑战度等“金课”建设要求具有“一两拨千金”的杠杆效应。因此，基于科教融合理念进一步加强课程建设、重构教学内容、创新教学模式、改革教学过程、优化考核评价，对于促进人才培养与科学研究的内生性耦合、常态化互动、切实提高大学课堂教学质效、最大限度地激发“金课”涌现和减少并消灭“水课”具有重要的理论研究与实践指导价值。

参考文献

[1] 吴岩. 建设中国“金课”[J]. 中国大学教学，2018（12）：4-9.

[2] 陈宝生. 在新时代全国高等学校本科教育工作会议上的讲话[J]. 中国高等教育，2018（23）：4-10.

[3] 教育部关于加快建设高水平本科教育全面提高人才培养能力的意见[J]. 中华人民共和国教育部公报，2018（09）：18-24.

[4] 曲霞，宋小舟. 高校教学名师的科教融合理念与实践——基于教学名师与普通教师调查问卷的对比分析[J]. 中国高教研究，2016（06）：97-104.

[5] 刘柏岩，任增元，孙莉. 重构科教融合下的一流本科教育[J]. 中国高校科技，2019（08）：50-53.

[6] 别敦荣. 大学课堂革命的主要任务、重点、难点和突破口[J]. 中国高教研究，2019（06）：1-7.

一带一路

基于“一带一路”的中马会计差异及协调分析

秦冬梅

中国提出的“一带一路”建设为沿线国家经济发展开启了新局面。2017年8月9日，由中国承建的马来西亚东海岸铁路在马来西亚半岛东海岸彭亨州关丹正式动工，这是“一带一路”建设中在海外投资金额最高的单体建设项目。事实上，2009—2016年连续8年中国都是马来西亚最大的贸易国。随着经济的发展，两国的经贸往来需要会计作为商业语言缓解信息不对称和降低交易成本。本文拟对“一带一路”建设中的中马会计准则进行比较，以促进“一带一路”沿线国家和地区的会计协调。

一、中马会计准则发展历程比较

在被英国殖民者统治了80多年后，马来西亚于1957宣告独立，然而其会计标准却被打上了英国的烙印。1967年，马来西亚成立了会计师协会（MIA），该机构负责进行会计教育和制定职业标准。1979年，马来西亚加入国际会计准则委员会（IASC），并采用了绝大多数的国际会计准则。这一时期，马来西亚会计师协会（MIA）和马来西亚注册会计师联合会（MACPA）共同组建了马来西亚注册会计师协会（MICPA），该协会主要负责制定会计准则MASs，以补充国际会计准则（IAS）所未涉及的领域。1997年，马来西亚颁布了《财务报告法》，并根据该法令成立了财务报告基金会（FRF）和马来西亚会计准则理事会（MASB）。FRF主要监督MASB的日常运行活动，而MASB则主要负责构建财务会计概念框架、制定和修订会计准则等。此后很长一段时间，MASB直接援引IASs作为现存准则。2004年，MASB发布了一系列针对会计准则改进的征求意见稿，力求使已发布的会计准则与当时相应的国际会计准则的变化相一致。为了提供高质量的财务报告，从2005年1月开始，MASB将颁布的会计准则更名为财务报告准则（FRS），并按与国际会计准则一致的原则进行编号，要求马来西亚所有的公众公司都必须要遵循财务报告准则 FRS。从 2007 年开始，马来西亚致力于财务报告准则（FRS）与国际财务报告准则（IFRS）的趋同。2008 年 8 月，FRF 和 MASB 共同提出计划在 2012 年 1 月 1 日前实现马来西亚会计准则与国际财务报告准则的全面趋同，并提出了一个框架马来西亚财务报告准则（MFRS）。从 2012 年起，所有企业均需使用 MFRS，允许有的企业选择执行 FRS，但是从 2018 年起，这些企业也要开始执行 MFRS，MASB 鼓励这些企业提前使用 MFRS。

在我国，财政部于 1985 年颁布了《中外合资企业会计制度》，第一次参照国际惯例设计了会计制度，规定了会计核算一般要求、核算原则和方法、科目和报表等内容。1987 年召开的中国会计学会年会上成立了“会计原则和会计基本理论研究组”，于 1989 年起开始研究和探索会计准则的制定工作。财政部会计事务管理司也成立了会计准则课题组，在 1989 年 3 月提出了制定中国会计准则的初步设想。1992 年财政部正式颁布了《企业会计准则》《企业财务通则》以及 13 项行业会计制度和 10 项行业财务制度（简称：“两则”“两制”），1993 年 7 月 1 日起正式实施 “两则” “两制”。这一时期的会计改革开始学习借鉴国际会计准则，采用了国际通行的“资产=负债+所有者权益”的会计平衡等式和会计报表体系，也借鉴运用了制造成本法、加速折旧法等通用会计核算方法。至此，我国基本统一了各行业会计处理方法和程序。从 1992 年《企业会计准则》发布以后，财政部即着手草拟制定具体会计准则，在 1997 年发布了《企业会计准则——关联方关系及其交易的披露》，此后，又陆续发布了 15 项具体会计准则，初步建立了我国具体会计准则的基本架构。2000 年 7 月 1 日，修订的《中华人民共和国会计法》在全国施行，《企业财务会计报告条例》和《企业会计制度》也于 2001 年 1 月 1 日起在股份有限公司范围内执行。《企业会计制度》按照《企业财务会计报告条例》中的规定，对六大会计要素重新定义，使会计要素的定义更加科学，更加符合国际惯例。2006 年以后，我国会计准则制定的进程进一步加快。2006 年底，财政部颁布《企业会计准则—基本准则》和 38 项具体会计准则，标志着我国会计准则与国际会计准则实现了实质性趋同。2010 年，中国财政部发布了《中国企业会计准则与国际财务报告准则持续趋同路线图》。2014 年，财政部发布了新增或修订的八项企业会计准则；2017 年，财政部陆续发布了六项企业会计准则解释、四项会计处理规定以及七项新增或修订的企业会计准则，进一步保持了中国会计准则与国际准则的持续趋同。

在会计国际化的大环境下，中马两国渐进有序地与国际会计准则趋同，增强了会计信息在全球范围内的可比性，也提升了企业的市场竞争力。但是通过对比可以发现，两国的会计协调存在差异。马来西亚在1979年就部分采用了国际会计准则，在其后的会计改革中，紧跟国际会计准则的步伐，在2012年实现与国际会计准则的全面趋同；而我国的会计规范在20世纪70年代末才与国际惯例局部接轨，在考虑到我国国情的前提下，从初期的谨慎采用到现在的高度趋同，经历了复杂的过程。中马两国同属“一带一路”沿线国家和东盟自由贸易区的成员国，要想使中国的跨国公司及涉外企业无障碍地融入对方市场，更好地与马方企业进行经贸交流，必须实现两国会计准则的相互包容与协调。

二、中马会计准则制定模式的比较

会计准则的制定一般有三种形式：一是公平导向型，即民间组织制定准则，更注重相关方参与的程度；二是效率导向型，即政府制定准则，政府可凭借职权优势来提高准则制定的效率；三是公平效率兼顾，即由民间组织制定、政府出面监督管理，充分考虑效率和公平二者的平衡关系。

马来西亚会计准则制定模式是公平效率兼顾型，其准则由马来西亚会计准则委员会（MASB）制定，MASB是制定准则的唯一法定机构，力图使马来西亚的会计准则在所有重要方面与境外的准则尤其是IAS保持一致。在IAS没有涉及或不符合本国国情的情况下，将对IAS作相应的调整或制定新的准则。虽然MASB表面上看不属于政府部门，但其制定和颁布的法律具有一定的法规性质，而且委员会的组成成员均由财政部任命。因此，MASB并不是一个完全意义上的民间主导型准则制定机构，它具有半官方色彩。目前，我国会计准则制定机构为财政部会计司下设的会计准则委员会，是典型的效率导向型模式。政府既作为一个监管者又作为一个参与者在准则的制定过程中发挥作用。

因此，马来西亚会计准则的制定要比中国更民主一些，既能顾及各利益相关者的利益，同时又在一定程度上保证了政府的主导性与权威性。但是由于MASB的成员由政府任命，在准则制定过程中，难免会将政府机构的利益摆在较为重要的位置，从而影响准则制定的独立性。可是MASB又不具有绝对的权威性，这样极易导致各有关利益集团在准则制定过程中产生摩擦，从而影响准则的制定效率。我国属于大陆法系国家，是典型的以政府参与为主的立法模式，具有较强的强制性和统一性，但是从另一方面来讲，又影响了准则制定机构的独立性，限制了会计团体在准则制定过程中作用的发挥。

三、会计准则体系的比较分析

1. 概念框架的差异

财务会计概念框架对整个会计准则的制定起到理论支持作用，也是编制高质量会计准则体系的基础。马来西亚于 1998 年根据《财务报告法》发布了《财务报表列报建议框架》。2006 年马来西亚会计准则理事会（MASB）对《财务报表列报建议框架》进行了修订，并于 2007 年 7 月 1 日开始施行；2011 年 11 月又颁布了新修订的概念框架，并指出该框架与 IAS 的框架趋同。马来西亚的《财务报表列报框架》(2011）除了前言、财务报表目标、地位外，还包括第一章财务报告的目标、第二章报告主体、第三章有用会计信息的质量要求以及第四章框架剩余部分（包括会计假设、财务报告要素及其确认和计量、资本维持观）。

我国至今并无真正意义上的财务会计概念框架，基本准则实质上扮演了同样的角色。我国于 2006 年发布了《企业会计准则———基本准则》，从 2007 年 1 月 1 日开始实施，2014 年 7 月 23 日根据《财政部关于修改〈企业会计准则——基本准则〉的决定》对其进行了修改。我国基本准则在整个准则体系中起统御作用，包括第一章总则、第二章会计信息质量要求、第三章资产、第四章负债、第五章所有者权益、第六章收入、第七章费用、第八章利润、第九章会计计量、第十章财务会计报告和第十一章附则。基本准则对现行 42 个具体准则起着统御和指导作用，具体会计准则应在基本会计准则规定的框架内，按照会计业务或事项的类别进行制定与执行。可见，基本准则相当于我国现阶段的财务会计概念框架。

我国将基本准则作为会计准则体系的第一个层次，并定为法规，明确其对各具体准则的指导作用。而马来西亚 MASB 明确指出，概念框架并不是会计准则体系的组成部分，因此并未涉及具体准则中的计量或披露问题，概念框架也不能凌驾于任何具体准则之上。所以在二者发生冲突时，以具体准则为准。

2. 具体准则的差异

目前，马来西亚企业几乎已经全面执行 MFRS。迄今为止，MASB 共颁布了初次使用 MFRS 的规定、股份支付、企业合并、持有待售的非流动资产，以及终止经营、矿产资源开采估价、金融工具披露、营业分部、金融工具、合营安排、公允价值计量、来自客户合同的收入、租赁、财务报表的编制、会计政策、会计差错和估计的变更、建造合同、所得税、厂场设备、收入、职工薪酬、汇率影响、借款合同、权益法、对合营和联营企业的投资、恶性通货膨胀的财务影响、每股收益、中期财务报告、资产减值、预计负债、或有负债和资产、无形资产、投资性房地产、金融工具的确认与计量、农业等 44 个具体会计准则。

在我国准则体系中，42 项具体会计准则可分为一般业务准则、特殊行业的特定业务准则和报告准则三类：① 一般业务准则主要规范各类企业普遍适用的一般经济业务的确认和计量，如存货、投资、固定资产、无形资产、资产减值、收入、外币折算等准则项目；② 特殊行业的特定业务准则主要规范特殊行业中特定业务的确认和计量，如金融工具、石油天然气、农业和保险合同等准则项目；③ 报告准则主要规范普遍适用于各类企业通用的报告类的准则，如合并财务报表、中期财务报告、现金流量表、分部报告等准则项目。

中马两国具体会计准则的设置基本类似，但并不完全相同，例如 MFRS 尚未有关于非货币性资产交换、债务重组等具体准则。同样，我国也没有恶性通货膨胀的财务影响、农业会计等具体会计准则。在一些具体会计处理中也存在差异，如我国规定长期资产减值损失不能转回，而 MFRS 允许资产减值损失符合一定条件的情况下可以转回；MFRS 规定仅仅同受国家控制而不存在其他关联方关系的企业不构成关联方，这也与我国的要求不同；马来西亚较为广泛地采用了公允价值计量属性，比如对投资性房地产的后续计量，我国规定通常采用成本模式计量，满足条件时可以采用公允价值模式，马来西亚规定企业在成本模式和公允价值模式中进行选择，并鼓励企业采用公允价值计量；在生物资产的后续计量方面，我国要求企业在满足条件的情况下才能用公允价值，而马来西亚规定“除了公允价值无法可靠计量”外，初始计量和后续计量均采用公允价值。另外，在合并报表的编制范围以及企业合并的处理上也存在差异。

通过中马两国具体会计准则比较可以看出，中马两国都积极与国际会计准则趋同，许多准则和会计处理方法都借鉴了国际会计准则。因此，两国的会计准则大体上是一致的，但由于历史、政治、经济和文化等的原因，两国的会计准则还是存在一些差异。由于我国在制定准则时出于本国国情的考虑并未完全按照国际会计准则体系进行设置，这就使得我国的一些准则设置与马来西亚存在差异，而马来西亚财务报告准则中的农业水产养殖方面的规定也是充分考虑了本国产业的特点来制定的。

四、“一带一路”建设中的中马企业会计准则协调分析

1. 组建协调机构和研究机构

要实现中国和马来西亚两国会计准则的趋同，就必须要有一个专门的协调机构。目前，中国与马来西亚之间还没有成立专门的会计准则协调机构，可以暂时由政府进行组建，以协调两国会计准则。由于马来西亚属于东盟，我国可以考虑在财政部会计司下设立一个东盟会计准则趋同小组，专门负责中国与“一带一路”沿线东盟国家的会计准则协调问题，首先以中马会计准则协调为试点，以后根据需要再逐步扩大趋同范围。这样的安排既可以充分利用现有资金、人力等资源，也可以保证协调机构的权威性。同时，建议中国会计学会牵头，组织两国高校及具有较高影响力的学者与会计从业人员，整合两国资源，建立基于“一带一路”沿线协调会计制度研究机构，对会计制度及会计准则的规范性与协调性进行深入研究，争取能够在沿线各国的经贸合作中得到广泛应用。

2. 建立良好的沟通机制

建立良好的沟通机制是中马两国实现会计准则协调的保障。中马两国以及参与“一带一路”建设的多为发展中国家，与我国的距离较近，气候、地貌、人文等也有共通之处，彼此的会计准则和制度有可以相互借鉴的地方。两国会计准则协调机构应建立定期会议制度，明确趋同路径，对双边贸易中涉及的会计问题进行磋商，促进两国会计准则的协调与包容。一方面，我国的会计准则体系可以通过共同沟通与学习得到进一步完善；另一方面，我国会计准则及实施的各种经验与做法，也能为马来西亚提供一定参考，同时也能够提升我国在“一带一路”沿线国家乃至国际会计界的话语权。

同时，两国政府也应鼓励各国会计组织、会计师事务所等进行相互交流，促进东盟会计服务的合作，促进中国与马来西亚会计职业界的发展，从而为两国会计准则的趋同以及跨国企业的发展提供更好的服务。

3. 培养国际会计人才

加强国际会计教育，培养国际会计人才，为会计准则协调提供人才储备。

随着我国与“一带一路”沿线各国经济业务往来的增多，对具备国际会计知识背景的会计师需求也是相当大的，中马两国应该加大对符合专业素质人才的培养。两国都可以在本国的高校中开设国际贸易、国际税收、国际会计与财务等相关课程，同时鼓励两国的高校建立合作关系，互相承认学历，多给两国高校老师和学生创造互相学习交流的机会；加大对专业化师资力量的培养力度，通过高校之间的合作来共同培养师资力量。在实务界，也鼓励两国会计机构和会计师事务所加强沟通，加强对执业会计师的继续教育，注重对行业新人才的培养，提高执业人员的国际化会计执业能力，提升会计服务的能力和拓宽会计服务范围。

会计协调是一项牵涉面极广的复杂的系统工程，由于中马两国的政治、法律、文化、教育等存在差异，完全的会计准则趋同是不可能的。随着两国经贸往来的增多，会计协调会尽量减少两国会计准则上的差异和矛盾，以降低企业交易成本，对加快两国经济发展必将产生深远的影响。

参考文献

[1] 廖中莱. 马来西亚全力支持和参与“一带一路”建设[J]. 当代世界，2015（1）：28.

[2] 门瑢. “一带一路”倡议背景下高铁走出去与会计信息质量问题[J]. 财经科学，2016（11）：125-132.

[3] 吴清. 中马企业会计准则比较与趋同——基于中国-东盟自由贸易区环境下的研究[J]. 财会通讯，2013（6）：111-112.

[4] http://www. masb. org. my（马来西亚会计准则委员会官网）.

基于“一带一路”的会计专业硕士（MPAcc）国际化人才培养模式研究*

章新蓉

我国提出共建“一带一路”的倡议得到了国际社会高度关注。“一带一路”致力于建立和加强沿线国家互联互通的伙伴关系，在此背景下中国和新加坡战略性互联互通项目示范基地落户重庆。重庆作为内陆开放高地，区域辐射带动能力明显增强，成为国家“一带一路”和长江经济带的重要战略支点。在全球经济国际化和“一带一路”发展进程中，具有开放视野的高级会计应用型人才日益发挥着不可或缺的特殊作用。正如重庆前国资委主任崔坚指出的，必须“加大力度培训一批熟悉国际市场规则和惯例，具有较高外语水平的外贸、金融、法律营销、管理、财务等方面人才”。因此，在国家“一带一路”建设以及重庆区域经济开放发展的背景下需要大批应用性国际化的高级会计人才，是当前重庆市地方高校履行人才培养、科学研究和社会服务三大职能所必须密切关注的战略重点。

一、研究背景及意义

1. 作为“一带一路”建设的重要战略支点是打造内陆开放高地的内在要求

会计是国际通用的商业语言，地方经济的开放程度越高，企业国际化的经营规模越大，会计的地位和作用就越发突出，应用型、国际化会计人才的培养就显得越发迫切。“一带一路”从沿海到内陆，随着重庆打造内陆开放经济高地步伐的加快，更多地融入全球化经济，成为国家级内陆开放港口枢纽，打通了欧亚大陆桥的渝新欧大通道；中新战略性互联互通项目示范基地落户

* 本文获得重庆市教育委员会 2016 年研究生教育教学改革研究项目（项目编号：yjg20163046）资助。

重庆；国际离岸金融及跨境货币结算中心迅速发展；美国等国际化企业先后落户山城；建设、嘉陵、长安等在渝企业也相继踏出国门拓展海外市场，越来越多“引进来”和“走出去”的企业使重庆成为国家“一带一路”和长江经济带的重要支点。基于此，具有开放视野，高素质、复合型的会计人才的需求缺口逐渐增大。满足“一带一路”背景下重庆打造内陆开放高地对高级国际化会计人才的需要，这是重庆地方高校应该肩负的重大责任。

2. 是提高应用型高级会计人才培养质量的必然要求

随着教育部对研究生人才培养的战略调整，招生政策逐渐向应用型研究生倾斜，近年新增大批专业研究生硕士点，每年的专业硕士招生数量也呈几何级数增长。截至 2015 年，我国的 MPAcc 招生单位已达 177 家，每年招生人数不断增加，大量的会计专业硕士培养及今后的就业方向和优势必然成为摆在高校面前的一个重要课题。重庆本土高校研究生会计人才培养模式的国际化及开放性不够是影响和制约人才培养质量最为明显的“短板”，如何真正地通过“引进来教”和“走出去学”的途径，有效地吸引、汇聚并整合更多的校内外优势教学资源，以此形成国际化会计专业硕士人才培养的长效机制，将有助于提高重庆会计专业硕士人才培养的质量和就业优势，有助于提升会计专业硕士在发展“一带一路”的开放型经济进程中的专业胜任能力和服务能力。

3. 具备探索国际化应用型高级会计人才培养模式的实践环境

随着重庆打造内陆开放经济高地进程的推进，一方面，诸如 ACCA、CIMA、CFA 等国外著名会计教育职业资格国际化机构进驻重庆，且对国内硕士研究生均有初级或中级的有条件免试政策，为培养重庆国际化的会计专业硕士、推进开放式国际化会计专业硕士培养模式的探索提供了优势资源；另一方面，国内外企业特别是国际会计师事务所抢滩重庆，他们在重庆的会计实践、业务竞争与拓展，以及他们与重庆本土高校会计院系的校企合作，又将为探索构建国际化会计专业硕士培养模式积累更多的经验和素材，为国际化会计专业硕士培养提供广阔的实习实践基地。

二、国内外研究现状及兄弟高校的实践探索

1. 国内外研究现状

刘红霞，王秀婷（2014）认为，会计硕士教育的迅速发展，迫切要求大

学依据 MPAcc 的专业特质改革传统教学模式，构建实用性强且特色突出的 MPAcc 课程体系，实现市场需要、学生发展与教育内在规律相统一的新型培养模式。白君贵（2012）认为，在专业学位研究生教育发展比较早和比较成熟的国家和地区，专业学位研究生教育与职业任职资格基本接轨是从事某种职业的必备或先决条件，形成了专业学位研究生教育与职业资格的注册与审核的相互衔接。他提出，在我国《会计行业中长期人才发展规划》中，已经提到了 CPA 与 MPAcc 挂钩的新政策倾向，MPAcc 的改革方案考虑推行 CPA 与专业学位双挂钩的政策，MPAcc 毕业生在考取 CPA 资格时可以免试相应的科目，CPA 在考取 MPAcc 专业学位时可以享受加分等优惠政策。此外，根据《国际商务财会》的报道（2013），特许公认会计师公会（ACCA）公布了一项针对会计专业硕士（MPAcc）学位持有者及 MPAcc 在校生的免试政策，会计硕士报考特许公认会计师最多可免试 9 科。对 MPAcc 教育指导委员会认定的第一批和第二批培养单位，ACCA 将给予其 MPAcc 在校生 9 门科目（F1-F9）有条件免试。王秀芬、王进朝、张功富等（2012）指出，随着全球经济一体化进程的深入，我国企业需要大批具有国际化视野和理性思维的国际化会计人才，这对我国会计教育国际化提出了更高的要求。胥朝阳、郑力（2008）认为应以柔性教育理论为指导对会计人才培养体系进行一体化改革，形成了“1 个专业基础平台+2 个专业培养方向”。1 个专业基础平台是指专业基础课程平台，2 个专业培养方向是指以 CPA 方向课程模块和 ACCA 方向课程模块为基本架构的“基于执业资质的‘1+2’会计人才培养体系”。陈姝（2014）认为，高校在人才培养方案的制订上应“以职业需求为导向、以产业结合为途径、以提高质量为核心”的人才定位培养方案。盛明泉、翟胜宝（2011）将各大高校 MPAcc 的培养方向进行了整理，其中天津财经大学 MPAcc 将培养方向分为了 ACCA 和 CIMA 方向，旨在培养具有国际化视野的高水平会计人才；南京大学会计专业硕士的培养方向有 CFO 和 ACCA，目标是培养一流的国际化、市场化、开拓型、创新型的 CFO 和 ACCA。Mastracchio Jr.，Nicholas J. 等（2011）认为，美国的硕士培养注重注册会计师（CPA）考试培训。当学生选择课程时，通常能够接受 CPA 考试的培训（如伊利诺伊大学香槟分校），或者应用型硕士项目的顾问会根据学生最终考取 CPA 的目标对其课程计划进行调整（如德克萨斯大学奥斯汀分校、密歇根州立大学）。美国会计硕士学位项目的培养内容与学生的职业追求十分相关，其职业导向既可以是重视注册会计师证书的会计师事务所，也可以是咨询公司、政府部门或企业。Weiser，Herbert J.（2009）提出，在 1948 年，德克萨斯大学奥斯汀分校就开设了全球第一个会计专业硕士项目，并且截至目前，德克萨斯大学奥斯汀分校的会计专业硕士在美国新闻、世界报道和公众会计报告的公告中排名第一。他们认为学校的课程考虑到学生的经验、技能以及职业目标，为学生提供了一系列灵活的课程。通过参加案例教学，学生能够提高他们的创造力、反应速度，并且有机会将他们在课上所学应用到实际中，与此同时，如果一个学生的最终目标是参加注册会计师（CPA）考试，他的指导老师将修正其学业计划，以便其在完成学业的同时有能力参加该项考试。宋晓华、敖云娜、罗格非等（2017）认为，在经济全球化的大环境下，培养会计国际化人才日益重要，且 ACCA 在国际上的影响力巨大，因此 MPAcc 与 ACCA 通过课程互认与 ACCA 职业资格课程的对接以及开展课堂创新等手段，实现职业资格对接，这有利于会计国际化人才的发展。应梅（2015）结合中国人民大学 MPAcc 项目研究生培养的实践，认为我国为培养出出色的、国际化会计专业硕士人才，应在教学工作上倡导开放式教学，构建全方位的实践教学体系并且要不断加强师资队伍的建设。

2. 兄弟高校实践动态

财政部前副部长在 2009 年 4 月 24 号会见来访的英国特许管理会计师公会（CIMA）全球会长罗斯先生（Glynn Lowth）时指出，为了应对当前复杂多变的国际环境，特别是经济全球化的不断深入，中国会计行业迫切需要培养拥有国际视野的高素质会计人才。希望今后中国会计行业能与其他国家的会计职业组织积极探索更多的合作方式，共同培养国际化人才，促进行业的不断发展。通过查阅全国 105 所具有 MPAcc 授权点高校的官方网站，绝大多数高校的会计专业硕士都设置有专业方向，设置的方向主要分为三类：其一是采用传统专业方向或在传统专业方向上增加“高级”等前缀词，如高级会计实务、高级审计实务、高级公司财务、高级管理会计；其二是直接将会计职业或资格设置为方向，如 CFO（首席财务官）、CPA（注册会计师）、CRO（首席风险官）、M&A（并购专家）等；其三是极少部分高校涉及国际化方向，在课题组查阅的 105 所高校中明确设置有国际财务会计、国际财务管理或国际管理会计等方向的有 12 所，其中与国际会计职业资格结合的只有 5 所学校（均在沿海地区），这 5 所高校目前主要是将 ACCA（特许公认会计师公会）和 CIMA（英国特许管理师公会）作为会计专业硕士的国际化方向。

3. 文献及实践探索述评

纵观国内外研究和部分高校对会计专业硕士国际化人才培养模式的探

索，可以看出，提高会计专业硕士的培养质量、增强创新能力成为当前人才培养模式改革的重点，而探索以适应经济全球化的需求为目标、培养国际化会计的高级应用型人才则是会计专业硕士人才培养模式改革的有益尝试，但现有的文献中缺乏系统研究关于会计专业硕士国际化人才培养模式的文献，而高校对培养国际化会计专业硕士的实践探索也是凤毛麟角。因此，从理论和实践上探索重庆地方高校会计专业硕士国际化人才培养模式具有主要的现实意义。

三、本科层次国际化会计人才培养的实践基础

2009年，重庆工商大学会计学院与ACCA、凯博国际教育机构（KAPLAN）等协同创新，率先在重庆首开本科会计学专业ACCA成建制班，2012年又开设了本科CIMA成建制国际项目班。ACCA和CIMA项目在本科层次的成功推进，促进了学院在教学理念、师资队伍、课程体系等方面的国际化发展趋势。此外，重庆工商大学还积极尝试双语教学，依托学校国际化开放办学优势，与国（境）内外38所高校建立了长期合作关系，相继邀请了美国西肯塔基大学、加拿大温莎大学等国外学者来校讲学，选派学生参加与外国高校的校际交流互换和迪斯尼项目等，每年均有一批优秀毕业生留学深造。会计学院的本科层次逐渐构建以会计学专业为主体，以ACCA和CIMA专业方向为“两翼”的“一体两翼”专业发展格局，以国际化会计人才培养模式，开创培养具有国际化开放视野的高素质和复合型的应用会计专业人才。2012年，重庆工商大学会计学院被重庆市教委批准为“基于内陆开放高地的会计国际化人才培养的实验区”，基于重庆打造为“一带一路”内陆开放经济高地培养并输送国际化会计专业硕士人才打下基础。

1. 依托“一体两翼”会计专业发展格局，实现与国际教育机构的双向嵌入

国际化会计人才培养模式顺应了国家鼓励企业实施“走出去”战略和重庆建设内陆开放高地急需国际化会计人才的需要，通过积极与国际教育机构合作，以会计学专业为主体基础，面向会计人才培养的国际化标准，着力打造ACCA和CIMA两个国际化会计专业发展方向，形成“一体两翼”的会计专业发展新格局。一方面，引进国际化的会计教学理念、师资队伍、课程教材、质量标准、教学管理和人才培养方案；另一方面，通过借船出海，引进国际机构的教师，同时选派优秀教师赴国外进修、培训，助力迅速提高师资

队伍的国际化水准，有效地增强国际化会计人才培养的内生性能力，稳步推进会计人才培养与国际接轨，从而尽可能地缩小与发达国家与地区在国际化会计人才培养方面的差距。

2. 以国际化目标导向设计并实施 ACCA、CIMA 本科人才培养方案

重庆工商大学会计学院国际化项目培养方案中确定了面向适应内陆开放高地发展需求的人才培养目标定位，按照“三结合一服务”的理念（即国际教育与本土教育相结合理念，国内学历教育与国内外执业资格教育相结合理念，国内本科教育与国内外研究生教育相结合理念，为内陆开放高地的经济建设服务），以培养具有以“厚基础、宽口径、强能力、高素质、国际化”为特征的会计人才为目标，制订科学的国际化会计人才培养方案，将 ACCA、CIMA全球考试课程全部嵌入ACCA成建制班的人才培养方案,形成了复合型、国际化人才培养特色鲜明的创新性培养方案，为培养熟悉国际市场规则和惯例、具有较高外语水平又懂会计与管理的国际化人才奠定了坚实的基础，对打造内陆开放高地的国际化会计人才培养模式创新实验区进行了有益的探索 。

3. 打造了一支结构合理、教学经验丰富、教研能力强的国际化师资队伍

在 ACCA 和 CIMA 的培养方案中，设计了对学生英语听、写、读、说进行全面强化的方案，更重要的是对全球考试的核心专业课程全部采用全英文原版教材，这就提出了会计专业国际化师资队伍的需求。目前重庆工商大学一方面与楷博国际教育机构建立了稳定的合作关系，对全球考试的核心专业课程聘请全外教教学，拥有稳定的专业课外教师资队伍；另一方面学校积极引进了具有 ACCA 资质的专业教师，并通过校、院两条途径分别选送教师到英国、新加坡、马来西亚等地交流和培训，选派教师到上海、北京等地参加 ACCA、CIMA 项目培训，师资队伍的国际化培训和交流的力度在逐年加大。这支国际化的师资队伍，不仅很好地完成了 ACCA 和 CIMA 成建制班的教学任务，而且还推进了普通班的双语教学改革，使学校会计专业人才国际化的覆盖面更加广泛。

4. 建立了稳定的国际化实训实习基地

重庆工商大学会计学院高度重视实验实训实习基地建设，根据学校《本科教学实训实习基地建设与管理规定》，学校有专项经费予以支持，以保证实训实习等教学实践活动的正常开展。以社会作为实践大课堂，利用学科优势，加强产学研结合，通过长期协议的形式建立了固定的实训实习基地，在开设

会计国际化方向后，在ACCA成都办事处和CIMA重庆办事处的大力支持下，与ACCA和CIMA的雇主联盟建立了合作关系，增加了跨国公司、跨国金融机构和跨国会计师事务等30个国际化单位作为实验区的实践基地，为本科国际化人才培养实验区的会计专业学生实习提供了有力保证。同时，我们还聘请实习基地中实践经验丰富、专业水平高的具有ACCA、CIMA资质的财务总监作为学生的实习指导教师，使国际化人才的培养具有国际化的实践环境。

四、重庆地方高校会计专业硕士国际化人才培养模式实践途径

将人才培养模式嵌入到"一带一路"建设的总体格局中，使会计专业硕士的国际化人才培养活动起源于国家发展战略的需要、延伸于重庆内陆开放高地的需要、服务于区域经济国际化发展的需要，在一定程度上提高了会计人才培养的适用性和层次性。因此，重庆地方高校应积极探索国际化的高级会计人才的培养模式，优化设计会计专业硕士的国际化培养方向，形成具有特色的国际化培养课程体系、创新研究生课程教学手段与方法、提高研究生课程质量、并进而提高研究生的专业国际化能力及创新能力，将国际化人才培养落到实处。

1. 对现有的会计专业硕士国际化人才培养示范基地进行调研

通过查阅全国105所高校中明确设置有国际财务会计、国际财务管理或国际管理会计等方向的有12所，其中与国际会计职业资格结合的只有5所学校（均在沿海地区），这5所高校目前主要是将ACCA（特许公认会计师公会）和CIMA（英国特许管理师公会）作为国际化方向。重庆高校中目前尚未有高校在会计专业硕士的培养方案中明确设置国际会计职业资格的国际化方向，因此重庆高校为了制订出适合地方高校会计专业硕士国际化人才培养模式，有必要进行事前的可行性研究，可以到教育部批准的会计专业硕士国际化人才培养示范基地的广东外国语外贸大学，还有在会计专业硕士国际化人才培养中具有较大影响力的高校如天津财经大学等进行实地考察调研，学习和借鉴其他高校会计专业硕士国际化人才培养的经验。

2. 明确本校会计专业硕士国际化人才培养模式定位

会计专业硕士国际化人才培养模式主要有两种：一种是成建制班模式，

就是在招生简章中明确设置国际化方向，如 ACCA 方向、CIMA 方向、CFO 方向等；另一种是业余制模式，就是在会计专业硕士班中宣传国际职业资格考试及免试政策，并采取业余制模式对参考同学的全球考试课程进行业余培训，类似于许多高校开设的注册会计师培训班和会计职称考试培训班。当然，作为成建制班模式可以使培养目标更明确、培养过程更规范、约束性更强，其特色也更加突出，人才培养效果也会更好。

3. 研究会计专业硕士国际化人才的嵌入式培养方案

目前，会计专业硕士的国际化项目主要还是选择 ACCA 项目和 CIMA 项目占首位。特许公认会计师公会（ACCA）公布了一项针对会计专业硕士（MPAcc）学位持有者及 MPAcc 在校生的免试政策，会计硕士报考特许公认会计师最多可免试 9 科。对 MPAcc 教育指导委员会认定的第一批和第二批培养单位和第三批培养单位，ACCA 将给予其 MPAcc 在校生 9 门科目（F1-F9）有条件免试，在此政策背景下，会计专业硕士的培养方案只需要嵌入 P 级课程，而 ACCA 官方组织宣布从 2017 年 10 月份开始，P1 和 P3 课程合并，因此会计专业硕士（ACCA）方向培养方案只需要嵌入 4 门 P 级课并通过全球考试就可以取得 ACCA 资格；就 CIMA 而言，在 2010 年起就面向 MPAcc 专业在读生和毕业生开通了免试的快速通道，该免试政策面向 MPAcc 专业毕业生或顺利完成第一年课程学习的 MPAcc 专业在校生。申请人凭借学历、学位证书或学校出具的完成第一年课程学习的证明即可申请参加 CPGA（CIMA Professional Gateway Assessment）快速通道考试。通过考试者即可直接获得 CIMA 管理会计高级文凭、CIMA 职业资格 11 门课程免试并豁免全部费用，同时可以直接进入 CIMA 战略级学习和考试，从而快速获得 CIMA 皇家特许管理会计师会员资格。因此，会计专业硕士（CIMA）方向培养方案只需要嵌入战略级 E3、P3、F3 等 3 门课程并通过全球考试就可以取得 CIMA 资格。

4. 储备一批会计专业硕士国际化人才培养的师资力量

会计专业硕士的国际化师资的来源也有两种模式：一是师资力量国际化水平比较高的学校，完全利用自身的师资力量实现国际化项目课程的教学工作；二是可以借船出海，利用国际教育机构的师资来担任全球化考试课程的教学任务，同时在这个过程中逐渐培养形成自身的国际化师资队伍。一方面学校可以积极引进具有 ACCA 资质的专业教师；另一方面可以通过学校和学院两条途径分别选送教师到国外交流和培训，加大对国际化师资的培训和交流的力度，使其高校自身的教师迅速成为合格的国际化师资队伍。

5. 建立会计专业硕士国际化人才培养的实践实习基地及案例库

学校可以在国际项目官方组织的大力支持下，借助 ACCA、CIMA、CFA 等组织的强大雇主联盟组织，与雇主联盟单位建立合作关系，增加与跨国公司、跨国金融机构和跨国会计师事务所等国际化单位的合作与沟通，建立为国际化会计专业硕士学生实践的基地，为国际化会计专业硕士学生的实习提供实践基础。同时，可以聘请国际化实习基地中实践经验丰富、专业水平高的具有国际会计资格的财务总监作为学生的事业指导教师，为会计专业硕士国际化人才的培养提供具有国际化的实践环境。通过与公司及事业导师的沟通逐步形成国际会计与财务管理等方面的案例资料，并进而逐步建成具有鲜明国际化特色的案例库。

参考文献

[1] 付建设，王晓艳. MPAcc 的发展现状及相关问题思考[C]. 中国会计学会会计教育专业委员. 中国会计学会会计教育专业委员会 2010 年年会论文集. 蚌埠：安徽财经大学，2010：32-34.

[2] 刘红霞，王秀婷. 敏捷制造理念下的 MPAcc 课程体系建设研究[C]. 中国会计学会会计信息化专业委员会. 中国会计学会第十三届会计信息化年会报告论文集. 中国会计学会会计信息化专业委员会，2014.

[3] 姜欣. 浅论会计专业学位教育问题——中国会计学会会计教育专业委员会论文集[C]. 蚌埠：安徽财经大学，2010：47-50.

[4] 白君贵. 全日制专业学位研究生培养模式研究——以主导价值取向为定位[J]. 学理论，2012（27）：208-209.

[5] 会计硕士报考特许公认会计师可免试 9 科[J]. 国际商务财会，2013（06）：35.

[6] 王秀芬，王进朝，张功富. 会计学专业国际化与本土化相结合的教育理念与教学改革研究——中国会计学会会计教育专业委员会 2012 年年会暨第五届会计学院院长（系主任）论坛综述[J]. 会计研究，2012（11）：87-90.

[7] 胥朝阳，郑力. 柔性教育视域下“1+N”课程体系的设计[J]. 辽宁教育研究，2008（01）：69-72.

[8] 刘建秋，刘冬荣. 注册会计师胜任能力及其培养途径研究[J]. 会计之友，2009（16）：105-106.

[9] 陈姝. MPAcc 教育的困惑与出路[J]. 新西部（理论版），2014（23）：131-132.

[10] 盛明泉，翟胜宝. 会计专业硕士（MPAcc）培养方案创新研究[J]. 会计之友，2011（09）：120-128.

[11] 闫华红，王润. 中美应用型会计硕士课程设置比较研究[J]. 会计之友，2014（27）：113-118.

[12] Mastracchio Jr.，Nicholas J.，Lively，Heather M.，Carlson，Elizabeth T. “Should a Master's Degree Be Required for CPA Licensure？” CPA Journal. Nov2011，Vol. 81 Issue 11：9-11.

[13] Weiser，Herbert J. “Accounting Education—Presentand Future”，Accounting Review. Jul2009，Vol. 41Issue 3：518-524.

[14] 秦少卿、罗文浩. 中国-东盟经贸会计人才培养模式研究[J]. 会计之友，2007（07）：60-61.

[15] 许家林. 会计教育国际化：经济全球化的期待与呼唤[J]. 贵州工业大学学报，2004（04）：26-29.

[16] 宋晓华，敖云娜，罗格非. MPACC 培养模式与 ACCA 职业资格对接研究[J]. 华北电力大学学报（社会科学版），2017（01）：128-131.

[17] 应梅. 开拓创新 构建实践能力培养体系——中国人民大学 MPAcc 项目研究生培养实践和体会[J]. 中国研究生，2015（06）：62-63.

“一带一路”建设对高等会计教育的思考

喻建红

“一带一路”经济带贯通了亚欧非三大洲，途经沿线65个国家，这些国家具有多种宗教信仰和不同的民族文化，50多种认定的官方语言、10余种会计制度。会计作为国际通用商业语言，为各国经济交流架起沟通的桥梁。会计既是一个信息系统，又是利益协调机制，在“一带一路”建设中，会计势必要与“丝绸之路”经济带的发展联系在一起，发挥沟通、协调各种经济关系的重要作用。为此，我们要对高等会计教育进行深入反思，研究新一轮高等会计教育改革的走向。

一、“一带一路”背景下高等会计教育发展取向

目前，高等会计教育的状况与我国“一带一路”建设以及我国经济未来发展的态势显现出不适应性，因此必须深化高等会计教育改革。

1. 必须协调会计教育本土化与国际化的关系

会计教育国际化，包含各国会计教育观念、教育内容的信息交换、教育机构的国际合作、教育人员的交流，以及跨国教育活动等方面。经济全球化需要会计教育国际化，使会计成为真正的国际通用商业语言。但由于会计教育培养的会计人不是抽象的，而是具有国家性的，体现国家的意志要求，尤其是经济发展的客观要求，因而会计教育不可避免地具有本土性。本文所指会计教育本土化，是指立足中国会计环境发展国际化的过程，即将中国会计元素例如传统的优秀会计文化、技术方法等加以推广与应用，使中国会计成为国际会计的重要组成部分。我们要依据需要，有选择地引进、吸收国际会计的先进理念，从而使本土化和国际化有效协同。首先，是会计教育理念的协调，即会计既是一个财务信息系统，也是一个管理活动；其次，是会计角色的协调，即会计是会计信息的提供者，也是利益关系的协调者；再次，是

技术方法的融合一致，即会计的行为、动机、方式、手段等的协调；最后，是会计规范范式的协调。中国会计规范是中国会计行为的准绳，包括法律准则、职业道德和相关规章制度，既有国家、行业的规范，也有单位内部自己的规范，已形成一个有效的规范体系。国际会计规范应充分吸纳中国会计规范之精华，使之成为国际会计规范中的一部分，这样才能使两者趋同或有效对接，相得益彰。

2. 在注重会计教育规范的同时加强会计教育的创新

会计教育规范即通过会计教育制度的实施来限制和约束会计人的相关行为，形成会计自我规范意识和规范能力，并监督相关人员或部门。会计教育创新是指在会计理念、行为、程序等方面出现的与既有会计规范指导下工作的差异性，比如会计教育理念的创新、会计人才培养目标的创新、会计教育技术手段的创新等。会计教育规范与会计教育创新并非矛盾，而是辩证的统一：一方面，会计教育规范是会计教育创新的基础，为创新提供必要的支持和保证；另一方面，会计教育创新又是对会计教育规范的丰富与发展，是会计教育规范的自我升华。两者相辅相成，协同一致。

3. 会计教育注重专业性的同时也要重视会计教育的综合性

会计专业化可使会计人获得扎实的专业理论知识和基本技能，但若只强调会计专业化教育，则会造成很大的局限性。目前，企业所处的经济环境日趋复杂，经济事项的不确定性日趋增加，知识更新周期越来越短，会计人不断遇到新知识、新问题，这就要求他们能够利用复杂的会计信息创造性地解决问题。因此，高等会计教育必须向综合化发展，培育会计人的综合素质，促进会计人的全面发展。会计专业化与综合化是相辅相成、相互协同的，专业化是综合化的基础，而综合化要以专业化为核心竞争力。

4. 会计教育必须在重视国标化的基础上重视会计教育的差异化要求

会计培养标准的国标化是会计人才培养的基本要求，亦是国家指导会计专业建设、评价教学质量的基本依据，体现国家对会计教育的意志和要求。会计培养标准差异化，是通过独特的个体特性、专业能力、综合素质等来强化人才特点，增加用人企业价值的目标，同时获得会计人培养的竞争优势。

当前，教学质量工程建设成为提升人才培养质量的主要途径。为提高高等会计教育质量，制定会计培养的国家标准是必须的。与此同时，会计培养标准的差异化也势在必行。“一带一路”建设将出现许多会计领域的全新业务、复杂业务，这要求会计人不能仅具有专业知识，而且要具备许多综合能力与素质。但目前，会计学专业人才培养同质化现象比较严重，会计人才在专业知识、专业技能和实践能力方面与差异化的社会需求相脱节，人才供需存在结构性矛盾。其实，会计培养标准的国标化与差异化并不矛盾，国标化是基础，对会计人才培养、专业建设等制定统一标准，为会计专业指明总的发展方向；学校在执行这个标准的基础上，可根据实际情况确立适当的差异化培养标准，以满足社会对会计人的不同需求，这两者是相辅相成、缺一不可的。

"一带一路"建设与以上几个方面的高等会计教育改革取向存在着紧密的内在联系，它必将促进全球经济一体化、区域经济联动的加速发展。在这种形势下，各国都需要高质量的信息来提高自身决策的前瞻性，因而会计国际化成为必然，会计教育国际化也成为会计教育发展的趋势。但这个趋势随着中国的崛起必然带有中国的烙印，体现中国会计的意志和方式，甚至中国会计将主导国际化。由此，中国会计教育应以国际化为手段，以本土化为目标，使会计教育本土化成为会计教育国际化的出发点与归宿，从而实现两者真正的内在统一。在"一带一路"建设复杂的会计环境中，因循守旧是无法培育高素质会计人才的，基于规范基础上的会计创新教育必将成为会计教育发展的主旋律。但仅有专业知识是无法满足社会对会计人创新能力的需求，这要求会计人具备较高的综合能力，而要培育拥有较强综合能力的会计人才，就需要实现会计培养标准的差异化，因材施教。

二、实现我国高等会计教育改革取向对策

1. 人才培养目标需要根据"一带一路"建设的要求再定位

随着"一带一路"建设的实施，中国将成为经济全球化、一体化的重要推动者，甚至是主导者。在不远的未来，中国有可能成为全球第一大经济体，而未来的国际会计准则和新的会计方法也将由我国会计人员来主要参与确定。因此，我国未来的会计人才培养目标应是：培养具有全球观念和国际视野、掌握系统会计理论和方法、具有创新能力、适应不断变化的环境要求、能处理各种复杂会计关系的高素质会计人才。

2. 教育方案需要根据"一带一路"建设的要求再优化

依据会计教育培养目标，学校要以会计学的核心课程体系为依托，旁征博引相关学科的精华，形成开放式的培养计划，例如宏观经济学、微观经济

学、计量经济学、国际政治学、社会学、国际法等，同时更加深化管理学及管理会计学的推广与应用。

3. 教育方式需要进一步创新

学校要注重第二、第三课堂的开发与应用，重视培养会计人的综合素养。我们不仅要重视第一课堂，充分利用第一课堂提高学生的专业能力，锻就职业能力；还要注重第二课堂，即校园之内、教室之外的课堂，鼓励学生参与各种形式的社团和组织，培养学生沟通协调、与人相处的能力，以及写作、演讲表达等能力，帮助学生充分展示自我，使学生具有强大的自信心，为今后的创业打下坚实基础；同时还要注重第三课堂，即社会之内、校园之外的课堂，例如社会实习、实践活动等，培养学生的创新意识和胆魄，为不断创新打下基础。

4. 教材需要国际化和本土化相结合

会计专业教材是传播会计知识的重要载体，高质量的会计教材在会计教育中起着重要的桥梁作用。随着“一带一路”建设带来的社会经济环境的变化，会计教材也需与时俱进，体现中国的会计理念。在会计教材选择上，当前较突出的现象是大量引进和介绍国外会计原版教材，学习复制国外的会计理论与方法，这不利于我国实际会计问题的解决，也不利于我国会计理论的创新与发展。对此，我们一方面应吸收和借鉴国外原版会计教材的成功经验；另一方面应立足中国实际情况，注重中西结合，进行有针对性和实效性的选择，架构出有中国特色的会计教材，以适应目前经济环境的新要求。

5. 教学方法与手段的科学化

科学的教学方法与手段要求将科学的教育思想与先进的教学设备相结合，以实现教学资源的最佳配置为目标，最大限度发挥教育的作用。目前，我国会计教育的教学方法与手段相对落后、单一，使得我国会计教学效率不高、效果较差，因而亟须切实加强教学方法与手段的科学化，如学校可通过启发式教学，从会计人的实际情况出发，坚持“学为主、教为导”的原则，培养学生的思维能力，增强学生的参与意识；引入批判性思维，鼓励学生不要轻信已有的结论，要敢于批判、设想、推断，将批判作为学习的切入点及自主学习的动力；通过案例教学法还原案例情景，并通过独立研究和相互讨论，提高会计人分析问题和解决问题的能力。此外，学校和教师还要充分运用现代信息技术来改进教学手段，将信息技术与会计教育深度融合。

6. 教育者素质要综合化

教育者是会计教育的具体执行者，其素质高低直接关系到会计教育能否得到有效实施及发挥应有效果。当下，面对“一带一路”建设日益复杂的社会经济环境，我国要想提高会计受教育者的综合素质与创新能力，必须要求会计教育者具备综合能力，即会计教育者不仅要有较高的智商、具备扎实的专业基础，还要具有较高的情商、具备沟通和协调能力，更要有灵商、具备创新和应变能力等。只有智商、情商、灵商三商并重的会计教育者才是高素质的教育者，才能更好地理解与传播现代会计教育理念，更好地授业解惑，更好地运用和驾驭科学的会计教学手段与方法，更好地培养综合能力强的高素质会计人才。

参考文献

[1] 方光华. 高校助推新丝路建设的新自觉[J]. 中国高等教育，2015（9）.
[2] 孙铮，李增泉. 会计高等教育的改革趋势与路径[J]. 2014（11）.

“一带一路”建设中建筑施工企业异地施工涉税初探

温 蓓

2013 年 9 月和 10 月，国家主席习近平在出访中亚和东南亚国家期间，先后提出共建“丝绸之路经济带”和“21 世纪海上丝绸之路”的重大倡议，该倡议一提出便得到国际社会高度关注。这是中国提出的两个符合欧亚大陆经济整合的大战略，其中“丝绸之路经济带”涵盖东南亚经济整合、涵盖东北亚经济整合，并最终融合在一起通向欧洲，形成欧亚大陆经济整合的大趋势。“21 世纪海上丝绸之路经济带”从海上联通欧亚非三个大陆和丝绸之路经济带战略形成一个海上、陆地的闭环，两者合称“一带一路”。

2015 年 3 月，为推进实施“一带一路”，让从汉代开始的古丝绸之路焕发新的生机活力，以新的形式使亚欧非各国联系更加紧密，互利合作迈向新的历史高度，中国政府特制定并发布《推动共建丝绸之路经济带和 21 世纪海上丝绸之路的愿景与行动》。基础设施互联互通是“一带一路”建设的优先领域，我们在尊重相关国家主权和安全关切的基础上，积极开展沿线国家加强基础设施建设规划、技术标准体系的对接，共同推进国际骨干通道建设，亚洲公路网、泛亚铁路网规划和建设，与东北亚、中亚、南亚及东南亚国家开通公路通路 13 条，铁路 8 条。此外，加强能源基础设施互联互通合作，共同维护输油、输气管道等运输通道安全，推进跨境电力与输电通道建设，积极开展区域电网升级改造、油气管道、跨界桥梁的合作；共同推进跨境光缆等通信干线网络建设，提高国际通信互联互通水平，畅通信息丝绸之路；加快推进双边跨境光缆等建设，规划建设洲际海底光缆项目，完善空中（卫星）信息通道，扩大信息交流与合作。输电线路、光缆传输系统等基础设施建设已取得成果，逐步形成了连接亚洲各次区域以及亚欧非之间的基础设施网络。

作为建筑施工企业，抓住“一带一路”基础设施建设机遇，着眼于交通基础设施的关键通道、关键节点和重点工程，配套完善道路安全防护设施和交通管理设施设备，对提升“一带一路”道路通达水平起到了推进建立统一的全程运输协调机制，促进国际通关、换装、多式联运有机衔接，逐步形成兼容规范的运输规则，实现国际运输便利化的作用。同时，“一带一路”针对畅通陆水联运通道、推进港口合作建设以及口岸基础设施建设的需求，为建筑施工企业提供了很大的发展机遇。

建筑施工企业在“一带一路”建设中，面对如此巨大的市场，为了占据更多的市场份额，建筑施工企业纷纷加大了异地市场的开发。而在异地经营中由于各种因素的制约，建筑施工企业面临的涉税风险逐渐显露，稍有不慎就可能给企业造成巨大的经济损失。

首先，对于在异地施工的建筑施工企业在涉税方面要考虑企业所得税的缴纳。对于打算开展异地施工的建筑施工企业，应该按照国家税务总局颁发的关于建筑安装企业所得税纳税地点问题的通知规定，建筑施工企业一旦离开工商登记注册地或经营管理所在地到本县或区以外地区施工的，均要提供建筑施工企业在异地施工的中标通知书、与建设方签订的施工合同、已取得的施工许可证或者是开工的报告以及施工队伍的情况介绍，向其所在地的主管税务机关申请开具外出经营活动税收管理证明，只有取得税务部门审核填发的外出经营证以后，其经营所得才可由所在地主管税务机关一并计征所得税。若异地施工的建筑施工企业不能提供外出经营活动税收管理证明的，项目施工所在地主管税务机关应督促其限期补办，否则应作为独立纳税人就地缴纳企业所得税。同时，项目施工地应向所在地主管税务机关提供总机构出具的证明该项目施工地属于总机构或二级分支机构管理的证明文件，否则经营所得也将由项目施工地的主管税务机关就地征收所得税。

其次，建筑施工企业凭借所在地主管税务机关开具的外出经营证到达施工地以后，为避免项目施工所在地的税务部门重新核发税务证明，建筑施工企业要在第一时间主动向项目施工所在地主管税务机关递交本企业《税务登记证》的副本和外出经营证，并且在以后的施工过程中要随时向项目所在施工地的主管税务机关提供按完工进度或完成的工作量据以计算应缴纳所得税的完税证明，这样项目施工所在地的税务机关核实无误后予以登记，企业持有所在地税务机关核发的《税务登记证》副本才可以在项目施工所在地进行经营活动。

同时，建筑安装企业在异地施工中还要特别注意按照国家财务、税收的有关规定设置好账簿，准确计算应纳税所得额及适用税率，按规定清晰准确计算缴纳所得税，否则税务机关一旦检查到企业未按规定设置账簿，或者存在虽然设置了账簿，但账目不清、会计资料不完整、不能正确计算应纳税所得额的情况，税务机关将根据规定采取核定的方式计算建筑施工企业应纳税所得额，这将会给企业带来一定的税收风险。

对于建筑施工企业还应重视作为现行企业所得税法的重大变革之一的法人税制的运用，法人税制与强调只有构成法人主体资格才能单独申报纳税，不构成法人主体的营业机构，应与总机构汇总纳税，2010 年 4 月，国税总局下达的 156 号文和 2012 年 57 号文一再强调：实行总分机构体制的跨地区经营建筑施工企业按照“统一计算，分级管理，就地预缴，汇总清算，财政调库”的办法计算缴纳企业所得税。但同时 156 号文也明确了建筑施工企业总机构直接管理的跨地区设立的项目施工地，应按项目实际经营收入的 0.2%按月或按季由总机构向项目所在地预分企业所得税，并由项目施工地向所在地主管税务机关预缴。对于这一条，异地施工的建筑施工企业首先要清楚跨地区设立的项目施工地，仅指建筑施工企业跨省、自治区、直辖市和计划单列市设立的不具有二级分支机构条件的项目施工地，且也不属于二级或二级以下分支机构直接管理的项目经理部（包括与项目经理部性质相同的工程指挥部、合同段等）。其次，建筑施工企业跨区施工不构成分支机构，尽管由总机构统一汇算清缴，但一定要在项目所在地预缴企业所得税，缴纳方式可以按照项目实际经营收入的 0.2%按月或按季由总机构向项目所在地预分企业所得税，并由项目施工地向所在地主管税务机关预缴。对于这种情况通常项目所在地税务机关为简便征管，一般会主张按照项目实际经营收入的比率预征企业所得税，这一部分税款必然减少总机构所在地实际的预缴税款。

因此，建筑施工企业总机构应牢记汇总计算企业应纳所得税，并严格按照若总机构只设跨地区项目施工地的扣除已由项目施工地预缴的企业所得税后，按照其余额就地缴纳；建筑施工企业跨地区设立二级分支机构的，二级机构应汇总直接管理的项目部以及二级以下分支机构直接管理的项目部（包括与项目部性质相同的工程指挥部、合同段等）所发生的经营收入、职工工资和资产总额，由二级分支机构向二级分支机构所在地主管税务机关汇总预缴。建筑施工企业所属二级分支机构直接管理的跨地区项目部，以及二级以下分支机构直接管理的跨地区项目部等，不再就地预缴企业所得税。二级分支机构预缴时，先由总机构计算全部应纳税所得税额，再确定二级分支机构应预缴的所得税额。其中就地预缴企业所得税的二级分支机构，仅指汇总纳税的建筑施工企业依法设立并领取了非法人营业执照的机构，并且总机构对其财务、业务、人员等直接进行统一核算和管理的分支机构。对于不具有主体生产经营职能且在当地不缴纳增值税和营业税的产品售后服务、内部研发、仓储等汇总纳税企业内部辅助性的二级分支机构，上年度认定为小型微利企业的二级分支机构，当年新设立的二级分支机构，当年撤销的二级分支机构，自办理注销税务登记之日所属企业所得税预缴期间起，汇总纳税企业在中国境外设立的不具有法人资格的二级分支机构，总机构亏损或当期没有实现应所得税额，均不就地预缴企业所得税。

对于建筑施工企业总机构既有直接管理的跨地区项目施工地，又有跨地区二级分支机构的，先扣除已由项目施工地预缴的企业所得税后，再按照规定计算总、分支机构应缴纳的税款。

建筑施工企业总机构在办理企业所得税预缴和汇算清缴时，应附送其所直接管理的跨地区经营项目施工地就地预缴税款的完税证明。

建筑施工企业经营活动结束后，应向施工地税务机关办理注销手续，外出经营证交原填发税务机关。

除了企业所得税以外，“一带一路”建设中建筑施工企业异地施工个人所得税也值得我们关注。根据相关规定，建筑施工企业应明确自己代扣代缴的义务，对于自身作为总承包企业或分承包企业派驻跨省异地工程项目的管理人员、技术人员和其他工作人员在异地工作期间的工资、薪金所得个人所得税，由总承包建筑施工企业或分承包建筑施工企业依法代扣代缴并向施工项目所在地税务机关申报缴纳。

建筑施工企业如果通过劳务派遣公司聘用劳务人员跨省异地工作期间的工资、薪金所得个人所得税，由劳务派遣公司依法代扣代缴并向施工项目所在地税务机关申报缴纳。

作为跨省异地施工的建筑施工企业单位应就其所支付的工程作业人员工资、薪金所得，向施工项目所在地税务机关办理全员全额扣缴明细申报。凡实行全员全额扣缴明细申报的，施工企业所在地税务机关不得核定征收个人所得税。

同时，建筑施工企业自身也要清楚税务部门的责任，以个人所得税为例，建筑施工企业所在地和异地施工项目所在地的税务机关不可以对异地工程作业人员已纳税工资、薪金所得重复征税。

参考文献

[1] 国家税务总局. 2012年第57号公告：关于印发《跨地区经营汇总纳税企业所得税征收管理办法》. 2012.12.

[2] 国家税务总局. 国税函【2010】156号：《关于跨地区经营建筑施工企业所得税征收管理问题的通知》. 2010.4.

[3] 国家税务总局. 2015年第52号公告:《国家税务总局关于建筑安装业跨省异地工程作业人员个人所得税征收管理问题的公告》. 2015.7.

[4] 曾荔. "一带一路"倡议下实施甘肃建筑施工企业面临的法律风险研究[J]. 法制博览，2017（3）.

[5] 安翔青. 企业参与"一带一路"投资法律风险防范需做到"1+4"[J]. 决策智库，2016（2）.

“一带一路”建设与高校会计人才职业生涯规划创新

王 婷 李向阳

当今对中国发展产生深远影响的“一带一路”建设进入全面建设阶段。面对经济新常态，我国高校积极推进高等教育与国家经济发展和改革的紧密结合，大力提升毕业生就业质量。在此背景下，高校怎样培养符合就业市场预期，为“一带一路”建设培养适销对路的高素质专门人才，尤其是会计专业人才显得尤为重要。

一、“一带一路”建设对高校会计人才培养的机遇与挑战

（一）“一带一路”建设对高校会计人才培养的机遇

2015年，我国企业共对“一带一路”相关的49个国家进行了直接投资，投资额同比增长18.2%。2015年，我国承接“一带一路”相关国家服务外包合同金额178.3亿美元，执行金额121.5亿美元，同比分别增长42.6%和23.45%。据此可以看出，“一带一路”建设的实施极大刺激了沿线国家与地区的经济增长，激发了新的市场需求，这必将带来财务、会计、金融、贸易等方面就业岗位需求的大量增长，增加了高校毕业生的就业机会，进而为高校财会人才的培养提供了良好契机，尤其是为外向型管理会计人才的培养提供了契机，对物流会计人才需求也在不断扩大。随着“一带一路”建设的不断发展，会计人才不仅要处理国内业务，更多的是面向国际，需要国际化的复合型人才，如精算师、国际财务管理师、国际财务顾问师、国际注册财务顾问师等。“经济越发展，会计越重要”。会计是一门国际通行的商业语言，作为支持互联互通的基础要素，在“一带一路”建设的实施过程中发挥着“基础设施”的作用。伴随大量跨境项目的投资建设，跨境投资主体对会计人才

的需求日益增大。“一带一路”建设提倡合作发展，旨在促进金融业、能源开发、基础设施建设等不同双边及多边经贸领域之间的相互发展，这就需要核算会计、成本会计、往来会计等多方面的支持。同时，跨国的法律服务、会计信息服务、税务服务、审计服务、咨询服务，尤其是设计人民币业务的服务，对于会计行业是巨大的机会。

（二）“一带一路”建设对高校会计人才培养的挑战

会计专业知识是涉外复合型会计人才必备的知识，它不仅包括传统的财务会计知识，还包括管理会计知识以及会计信息化等知识。“一带一路”建设是促进共同发展、实现共同繁荣的合作共赢之路，是与未来巨大的预期收益相伴的，还有复杂经贸往来中难以避免的财务风险。这就要求涉外会计人才必须具有非常专业的财务知识，唯有如此才能应对复杂多变的财务风险。国际知识是敲开别国大门的钥匙。涉外会计人才不仅要了解沿线国家和地区会计准则、金融制度和税法差异，通晓国际规制，还要具有敏感的市场经济意识，熟悉国际流行的公司合营融资模式（如 PPP 模式）与国际资本运作流程等通识知识。此外，还需了解沿线国家和地区的投资政策、历史文化传承、民俗风情等。

同时由于“一带一路”涉及的区域非常辽阔，包括全球 60 多个国家和地区，既有发达国家，又有发展中国家和转型经济体，各国经济发展不平衡，政治经济体制差异呈现出鲜明的区域特征。经济政治制度的多元化导致企业所面临的外部环境更加复杂，这就要求涉外会计人才拥有较好的适应能力、应变能力和抗压能力，并且在面对变化多端的国际环境时能够积极调试、处理压力、应对挑战、抓住机遇，从而促进国际交流和国际谈判。

二、“一带一路”背景下高校职业生涯规划的理念创新

（一）在“一带一路”建设中培养学生的核心价值观

一个民族、一个国家，最持久、最深层的力量是全社会共同认可的核心价值观。地方高校应牢固树立为区域经济、社会发展服务的理念，以“一带一路”建设为契机，切实围绕地方为区域“一带一路”规划及后期推进提供理论引领。地方高校的首要任务是提升人才培养质量，随着“一带一路”建设的深层推进，人才是关键。高校要科学定位，对接国家及地方发展战略，

做到学科、专业建设与国家政策相适应。在大学生职业规划过程中，高校要加强思想引领，着重塑造学生的核心价值观，让学生用脚踏实地的行动投身于“一带一路”的建设中，用社会主义核心价值观凝魂聚力构筑中国梦。

（二）在“一带一路”建设中培养学生的核心能力

随着“一带一路”建设的实施以及在经济全球化、互联网金融和大数据迅猛发展的背景下，企业的跨境投资需要大量涉外复合型会计人才，而涉外复合型会计人才的能力构建可从培养财会学生的专业核心能力方面着手。会计人才就业应具备的核心能力包括：会计职业能力，人际关系能力，信息加工能力，领导决策能力，职业素养。

会计职业能力：对会计人来说，专业能力包括岗位决定的对专业知识的掌握与熟练运用，如总账会计需要掌握会计准则、单位会计制度、税法、经济法等专业知识，才能把握具体业务的处理方式。专业能力的要求由行业、岗位、单位性质等因素决定，所要求的是对具体业务类型的综合掌握。随着经济的复杂化，会计工作也变得更加复杂，会计人要掌握的新知识、新技能不断出现，如某些公允价值的计算需要用复杂的数字模型。

人际关系能力：主要是指日常工作中尊重他人、与他人有效合作、善于协作、主动诉求的能力。在当代社会，人际关系能力至关重要，良好的人际关系不仅有利于个人的职业发展，而且对个人的职业发展也大有裨益。

信息加工能力：信息加工能力是指管理创新主体对信息的处理能力，主要包括对信息的理解能力、分析能力、评价能力和综合能力。信息加工主要包括：信息的输入、筛选、贮存、传送、提取、处理。“一带一路”涉及多项跨境投资业务，信息量巨大，这就要求财会人员具有较高的信息加工能力，从而加快公司发展的步伐。

领导决策能力：领导决策能力是指领导者或经营管理者对某件事拿主意、做决断、定方向的领导管理效绩的综合性能力，包括：经营决策能力、经营管理能力、业务决策能力、人事决策能力、战术与战略决策能力等。“一带一路”建设的实施需要财会人员具有开放的提炼能力、准确的预测能力、准确的决断能力。

职业素养：与钱打交道的工作性质决定了这个岗位的特殊性，外部的诱惑结合内部的压力，职业道德显得尤为重要。会计职业素养的内涵，不仅是“能力”，而更强调“人的内在品质”。会计职业道德主要表现为需要遵守诚信、客观、尽职、行为合规等原则，是从事会计职业的最基本的要求。

三、“一带一路”建设背景下高校职业生涯规划的路径创新

（一）培养模式的“嫁接式”融合

通过心理测试与职业规划测试量身定做培养计划，针对不同会计人员职业生涯及所需职业能力，强化职业生涯与专业实践能力有机嫁接、知能贯通的渗透融合。在“一带一路”建设背景下，要将会计学专业人才培养方案国际化。要制订符合社会需求的人才培养方案，仅仅依靠高校是不够的，还必须有企业、政府以及会计准则委员会的参与，即通过产、学、研、政结合，形成与社会需求紧密联系的国际化的会计学专业人才培养方案。

涉外会计人才的“嫁接式”融合，可通过开发双语实验教材，设立双语教学资料的特色实验室，组织学生开展一系列实践体验项目，包括去跨国公司短期实习、参加国际学术交流会议、到国外大学短期学习培训等。另外，还要重点支持一定数量的学生开展创新性实践项目，提高学生国际实践和国际交流能力以及科研创新能力。

（二）课程体系的“立交式”融合

设计基于高水平实践能力培养的课程模块，创设多种形态、适应多样化需要的“立交式”课程体系，促进职业生涯规划课程与案例分析、模拟训练、求职技巧等交叉融合。高校还可以根据本校实际情况与“一带一路”沿线国家的高校进行结盟，通过网络课程共享平台、共享海内外教学实践基地等方式，使大学生能够针对“一带一路”建设对自己的职业生涯有一个较为明确的规划。

在国际化特色课程群的建设方面，要重点建设能够提升学生国际视野、国际交流能力的课程，增加提高学生听、说、读、写等方面外语水平的课时数，要求学生能够掌握国际会计学的前沿信息，设置相应的课程，提高学生的初步科研创新能力。

（三）培养过程的“嵌入式”融合

积极借力事业导师，将实践能力培养嵌入目标定位、理论学习，以及职业生涯规划方法和技巧中；理论学习嵌入实践应用课程；开设求职工作坊、

个体咨询、模拟训练，促进实践能力与各环节互动融合。

以重庆工商大学会计学院为例，为了提高会计学专业学生的综合素质，结合广大企业对会计专业人才的实际需要，提高学生的综合就业能力，针对大二学生开设了“卓越会计人才实验班”。实验班采用校企联合培养模式，分为校内学习和企业学习两个培养阶段。

（1）校内培养阶段：校内学习阶段的培养要求和培养模式，各专业应根据通用标准和行业标准自行制定。校内培养阶段要采用研究性、探究式教学方式，实行个性化培养，着力培养学生的学习能力和创新意识。

（2）企业学习阶段：企业学习阶段是“卓越会计人才实验班”成败的关键。本科培养累计有 1 年时间在企业学习和做毕业设计（论文）。制定“企业培养方案”，并细化到每一周的学习安排。企业学习阶段要着力培养学生的实践能力和组织协调能力。

学院选派最优秀的教师担任实验班基础课程的教学工作，优先聘任有实战经历的教师担任学业导师。在企业学习阶段，学校将聘请合适的会计师担任兼职教师和事业导师，为学生授课和进行专门指导。实践证明，该项“卓越人才培养计划”对大学生的职业生涯规划大有裨益。

（四）实践平台的“汇通式”融合

建立综合实训中心，积极拓展实训基地，构建“学校—政府—企业—学生”教育发展联合体，促进各实践能力培养资源的协同融合。

切实加强校地融合，与校外单位创新共育财会人才。与国内大中型企业开展深入合作，接纳学生成建制顶岗实习。依托财会校企共同体，打造财会人才订单培养平台。针对企业与高等院校供需信息不精准、校企对接不全面不深入的问题，可推动我国企业结成战略联盟并开展深度合作，采取柔性订单模式培养高等技能型财会人才。

将工匠精神融入教育教学中，使学生乐业、敬业、专业。从专业认知入手，引领学生了解社会大会计的背景与前景，培养其浓厚的专业兴趣；培养学生的财会职业情怀，塑造学生坚持、敬业、精益求精的品质精神；做好学生的职业生涯规划指导，老师教、师傅带，让学生把握财会岗位成长规律，努力成为卓越的财会“名匠”。

打造开放共享的国际财会人才培养项目。积极推动与“一带一路”沿线国家和地区的财会教育合作，开展财务、会计、审计人才以及财会师资培训，将高等院校打造成“一带一路”建设的智力支撑平台，打造成促进财会转型升级的人才资源储备库。

参考文献

[1] 杨云升. “一带一路”建设与外语人才培养[J]. 海南师范大学学报（社会科学版），9：130-134.

[2] 杨宝，甘孜露，沈珍. “一带一路”倡议与会计人才培养路径创新[J]. 管理工程师，2：68-73.

[3] 李颖芳. “一带一路”政策对大学生就业的导向作用的探究[J]. 中外企业家，14：194-195.

[4] 段胜峰，彭丽芳. “一带一路”背景下国际化人才培养路径[J]. 长沙理工大学学报（社会科学版），1：103-107.

[5] 兰飞，蒋园园. 财会专业国际化人才培养体系的构建[J]. 财会月刊，15：123-125.

[6] 崔婕. “一带一路”倡议发展机遇下河南高校管理会计人才的培养[J]. 商业会计，12：125-127.

[7] 姜珍. “一带一路”倡议对当代大学生就业的深刻影响[J]. 高教学刊，5：25-26.